D1876084

गोस्वामी तुलसीदास की जीवनगाथा

प्रसिद्ध कथाकार
स्वर्गीय अमृतलाल नागर जी
को
सादर समर्पित

इस पुस्तक का प्रकाशन अयोध्या शोध संस्थान द्वारा प्रदत्त वित्तीय सहायता से किया गया है। इसमें उल्लिखित तथ्यों तथा अभिव्यक्त विचारों की जिम्मेदारी लेखक की है, अयोध्या शोध संस्थान का नहीं है।

लोकभारती प्रकाशन
पहली मंजिल, दरबारी बिल्डिंग, महात्मा गांधी मार्ग,
प्रयागराज–211 001
शाखाएँ : 1–बी, नेताजी सुभाष मार्ग, दरियागंज,
नई दिल्ली–110 002
अशोक राजपथ, साइंस कॉलेज के सामने,
पटना–800 006
1, अनमोल सोराबजी संतुक लेन, धोबी तलाव,
मरीन लाइंस, मुम्बई–400 002
वेबसाइट : www.lokbhartiprakashan.com
ई-मेल : info@lokbhartiprakashan.com

पहला संस्करण : 2018
तीसरा संस्करण : 2024

© डॉ. योगेन्द्र प्रताप सिंह

विकास कंप्यूटर एंड प्रिंटर्स
ट्रॉनिका सिटी–201 102
द्वारा मुद्रित

GOSWAMI TULSIDAS KI JIVANGATHA
by Dr. Yogendra Pratap Singh

ISBN : 978-81-8031-272-4

मूल्य : ₹795

गोस्वामी तुलसीदास की जीवनगाथा

योगेन्द्र प्रताप सिंह
पूर्व प्रोफेसरतथा अध्यक्ष
हिन्दी विभाग
इलाहाबाद विश्वविद्यालय, इलाहाबाद

लोकभारती प्रकाशन

भूमिका

गोस्वामी तुलसीदास जी का सबसे महत्त्वपूर्ण योगदान है, अपने युग की विशृंखलित, टूटी तथा बिखरी हुई कड़ियों को जोड़कर उनके बीच समन्वय स्थापित करना। अकबर तथा जहाँगीर का समय अपेक्षाकृत भारतीय समाज के लिए अधिक शान्त तथा उत्पीड़नशून्य माना जाता रहा है, लेकिन उनके पूर्ववर्ती विदेशी आक्रमणों, लूट एवं धार्मिक उन्मादवाद के प्रभाव से भारतीय समाज पूरी तरह से टूट चुका था। गोस्वामीजी का अवतरण इसी कालखण्ड में हुआ था। उन्होंने हिन्दू जाति की सामाजिक, धार्मिक, राजनीतिक टूटन का जितना अधिक एहसास किया है, उससे ज्यादा उन्होंने इसको बड़े धैर्यपूर्वक जोड़ने का भी प्रयास किया। सर जार्ज ग्रियर्सन ने ठीक ही कहा है, महात्मा बुद्ध के बाद भारतीय इतिहास में यदि कोई दूसरा समन्वयवादी महापुरुष हुआ है तो वह हैं, गोस्वामी तुलसीदास।

समन्वय समाज को जोड़ने का एक चिन्तनगत आधार है ताकि हम अपनी बिखरी हुई शक्तियों को एक करके अपने युग विशेष की संरचना में लगा सकें। समन्वय वह मुख्यधारा है, जो हमें अपने इतिहास और अपनी परम्परा से टूटकर बिखर जाने और एकाकी एवं शक्तिहीन हो जाने से बचाता है। गोस्वामी तुलसीदास जी का समन्वयवाद इन दोनों दृष्टियों से अग्रणी है। उसने एक ओर भारतीयों को टूटने, बिखरने तथा अलग-थलग होकर नष्ट होने से बचाया है तो दूसरी ओर, भारतीय परम्परा में हमें जोड़कर शक्तिहीन एवं विनष्ट हो जाने से हमारी रक्षा की है।

तुलसी ने अपनी जीवनयात्रा हनुमान से शुरू की जबकि चित्रकूट एवं उसके आसपास उस समय शैवधर्म का प्रभाव अधिक था। हनुमान के द्वारा वे राम से जुड़े। उनके गुरु नरहरिदास ने उन्हें भागवत पुराण एवं श्रीकृष्ण की लीलाभक्ति से जोड़ा। शेष सनातन जी ने उन्हें वाल्मीकि, अध्यात्म एवं याज्ञवल्क्य रामायणों से जोड़ा। धीरे-धीरे वे ज्योतिष से जुड़े। अपने मित्र मधुसूदन सरस्वती के साथ उन्होंने अद्वैत वेदान्त से अपने को जोड़ा और श्रीरामचरितमानस में नारद, शांडिल्य, भगवत पुराण एवं अध्यात्म रामायण के चारों भक्तिरूप एक साथ पाठक को मिल जाते हैं। उसके लिए पृथक् ग्रंथ के अध्ययन की आवश्यकता नहीं है। श्रीरामचरितमानस में काशी की शिवनगरी में राम का शिव समर्थन एवं अयोध्या के रामानुज मत के साथ आचार्य वल्लभ के लीलावाद का समन्वय एक अद्‌भुत प्रकरण है। शिव का अद्वैत आगम मत एवं लीलावेदान्त का समन्वय मानस की लोकप्रिय अवधारणा है। सांख्यमत, कर्म

तथा मीमांसा दर्शन, तपवाद श्रीराम में परिपूर्णता प्राप्त करते हैं। अपने युग की समस्त अवधारणाएँ एवं उसके पूर्व की धर्मचर्चाओं से तुलसी का कहीं कोई विरोध नहीं है। सम्भव है, प्रारम्भिक अवस्था में अन्य धर्मों के प्रति कहीं कोई प्रतिक्रिया रही हो किन्तु 'विनय पत्रिका' तक पहुँचते-पहुँचते कवि का मन समग्र समन्वय में एकनिष्ठ हो चुका था। वे विनय पत्रिका में महात्मा बुद्ध की वन्दना करते हुए कहते हैं कि—

प्रबल पाखंड महिमंडलाकुल देखि निंद्यकृत अखिल मख कर्मजालं।
शुद्ध बोधैक घन ज्ञान गुनधाम अज बुद्ध अवतार बंदे कृपालं।।

'विनय-पत्रिका' के प्रारम्भिक छन्दों को देखने पर यह नितान्त स्पष्ट हो जाता है कि उन्होंने पहली बार उस युग में जीवित तथा प्रचलित धर्मों को रामभक्ति सूत्र में बाँधकर उसे अखण्ड भारतीयता का स्वरूप दिया था। श्रीरामचरितमानस तो उनके धार्मिक समन्वयवाद का मूलाधार ही है।

धार्मिक समन्वय के साथ-साथ वर्णभेद को तोड़ने वाला उनका जातीय समन्वयवाद सर्वाधिक महत्त्वपूर्ण है। तुलसी ने अपने युग के उपेक्षित जनसमुदाय को मानवीय मूल्यों के मानकों पर आँका तथा उन्हें 'नरत्व' का श्रेष्ठ आसन दिलाने का प्रयास किया। उनके राम उनके इस कार्य में सदैव सहयोगी रहे हैं।

तुलसी की एक और भी महत्त्वपूर्ण विशेषता है, वह यह कि वे सदैव इसी बात का समर्थन करते रहे हैं कि नैतिक मानवीय मूल्यों की संरक्षा से ही मानव समाज की स्थायी सामाजिक संरचना सम्भव है। दया, स्नेह, प्रेम, आत्मीयता, अहिंसा, ममता, समत्व जैसे मूल्य ही समाज को स्थायित्व प्रदान करते हैं। राजधर्म का दायित्व है, समाज को ऐसे ही मूल्यों की स्थिरता के लिए तत्पर करना। तुलसी का 'रामराज्य' आज के लिए भी सामाजिक संरचना का दीर्घजीवी एवं स्थायी आदर्श है।

ऐसे कालजयी महाकवि की जीवनी उनके अन्तर्साक्ष्यों को केन्द्र में रखकर लिखने का यह प्रयास सुधी विद्वानों के सामने है। गोस्वामी तुलसीदास जी ही एक ऐसे कवि हैं, जिनका जीवन चरित उनके जीवन काल से ही लिखा जाता रहा है। उसी क्रम में, उनके जन्म के चार शतकों बाद की यह जीवनगाथा भी उसी परम्परा की धरोहर है।

१४ मार्च, २००७

योगेन्द्र प्रताप सिंह
१५/६, स्टैनली रोड,
सिविल लाइन्स, इलाहाबाद

भारतीयता विश्व में सदैव सारी मानव जाति के लिए मंगलमय स्वप्नों को साकार करने वाली श्रेष्ठतम चिन्तनधारा रही है। इस भारतीय चेतना पर अनेकों बार संकट के बादल मँडराए हैं और ऐसे संकटपूर्ण क्षणों में कोई-न-कोई महापुरुष उत्पन्न होकर अपने श्रेष्ठतम विचारों द्वारा उन संकटों को समाप्त करता रहा है। इस सम्बन्ध में एक बात विशेष रूप से ध्यान में रखने की है कि जब हम भारतीय संकट की बात करते हैं तो वह देश की भौगोलिक सीमा को तोड़कर अखिल मानव जाति के संकट के यथार्थ रूप से जुड़ा दिखायी पड़ता है।

संकटापन्न भारत की इन मानवतावादी मान्यताओं को स्थापित करने वाले मनीषियों में ऋषि कवि वाल्मीकि, महाकवि व्यास, महात्मा गौतम बुद्ध, स्वामी महावीर और आधुनिक युग में महात्मा गाँधी जैसे महापुरुषों के नाम लिये जाते हैं। आज गोस्वामी तुलसीदास जी को भी इन्हीं महापुरुषों की श्रेणी में हम श्रद्धा और गौरव के साथ रखते हैं। ये ऐसे सन्त महाकवि हैं कि जिनके द्वारा स्थापित व्यापक मानवीय मूल्य उनके आराध्य 'श्रीराम' के साथ श्रीरामचरितमानस के रूप में भारत के निर्धन समाज की कुटिया से लेकर महलों तक व्याप्त हैं।

× × ×

गोस्वामी तुलसीदास जी का जन्म एक गरीब दुबे ब्राह्मण परिवार में चित्रकूट से पन्द्रह किलोमीटर पहले विक्रमपुर नामक गाँव के 'दुबे का पुरवा' नामक मुहल्ले में संवत् १५८९ (सन् १५३२) भादों मास, शुक्ल पक्ष एकादशी, दिन मंगलवार को मध्य दिवस के पुण्य पर्व पर हुआ था। इसी दुबे के पुरवा को बाद में विस्तार करके 'राजापुर' नाम से व्यावसायिक बस्ती के रूप में बसाया गया। इनके पिता कर्मकांडी पंडित आत्माराम दुबे एवं श्रद्धामयी माता हुलसी थीं। उस मध्य दिवस में न बहुत तेज धूप थी, न बादलों की गहरी छाया ही थी। प्रभु श्रीराम जैसे अखिल लोक विश्रामदायी सद्यःजात शिशु का रोदन सुनकर-कहँरती हुई हुलसी की आँखें खुल गईं। एक क्षण के लिए अन्तर्मन की उमंग एवं खुशी की पीड़ा में डूब गई। दो दिनों से खाना नहीं दिया गया था, केवल पानी तथा दूध पिलाकर चुनिया ने परसों व्रत कराया था ताकि प्रसव में परेशानी न हो। खेंड़ी नहीं गिरी थी। हुलसी छटपटा रही थी।

सुब्बी नाल काटने के लिए बड़े मान मनुहार के बाद आयी और आते ही घर में घुसने के बाद ललकारा, "अरे दुबे महाराज! जय जयकार हो! बेटवा हुआ है।" दुबे ओसारे में टहल रहे थे, क्या हुआ, जानने के लिए। और दो दिनों से भूखी हुलसी का हालचाल जानने के लिए। एकाएक सुब्बी के उठाने पर शिशु रोदन कर उठा। परमानन्द में डूबे दुबे जी पागल की भाँति तेज कदमों से टहलने लगे। अर्द्ध मूर्च्छित-सी हुलसी अर्ध खुली पलकों से केवल देख सकती थी। उसने देखा कि शिशु को सूप में रखकर उसका नारा काटा गया, देह पोंछी गयी, गरम पानी से उसे साफ किया गया और उसे गोदी में उठा लिया गया। पुत्र की आनन्दभरी लिप्सा में हुलसी की चेतना जैसे स्वयं लौटी पड़ रही थी। सुब्बी चिल्ला रही थी—दुबे को सम्बोधित करके। हुलसी आनन्दमग्न सुन रही थी—माता कौसल्या जैसी। "चौबे जी, नेग लाओ, अब तो बेटा पैदा हुआ।" घर में भूना चना भी नहीं, मन बैठ गया। दुबे की आवाज उसे सुनाई पड़ रही थी, "अरे सुब्बी! बोल क्या चाहिए!" वह कह तो गए राजाओं की तरह आनन्द में, लेकिन घर में देने को था ही क्या? हुलसी ने धीमे से आर्द्र स्वर में उत्तर दिया, "बहन सुब्बी! इस एक बेटे के अलावा मेरे पास, इस समय कुछ भी नहीं है। मेरी खेंड़ी भी नहीं गिर रही है। मरूँगी कि जिऊँगी, लेकिन अगर जी गयी तो समय पर समझूँगी। मेरे हाथ में देख! केवल एक चूड़ी बची है, जिसे उतार कर देती हूँ, तो अशुभ हो उठेगा। मेरी दुर्दशा—न अन्न, न जेवर, न जमीन, बस यही छपरा है। सुब्बी, बेटा तुम्हारा है। अपना आशीर्वाद दो, सब कुछ तुम्हारा है।"

दुबाइन की बात सुन सुब्बी हलक गई किन्तु धैर्य के साथ बोली, "दुबाइन! लाल जुग-जुग जिए!" आर्त्त पीड़ा से दलकती हुलसी की गोदी में बच्चे को लिटा दिया। माँ को पुत्र सुख का यह प्रथम अनुभव था। अन्तश्चेतना में थिरकती वात्सल्य वासना की एक ऐसी लहर उठ रही थी जिसकी हर बौछार शीतलता भरे आनन्द से भिगो रही थी। बाहर खड़े आत्माराम दुबे को सुब्बी धमका रही थी, "दुबे, नेग देना या न देना, लेकिन तीन दिन कमरे में घुसना न! सूदक बचाए रखियो।" दुबे की पुत्र-दर्शन की लालसा पर पानी फिर गया। चौथेपन में बेटा हुआ, कर्मकांडी पंडित को सुब्बी शास्त्र बता रही थी, "तीन दिन का सूदक है, पण्डित पंडिताइन के कमरे में न घुसना।"

सुब्बी बाहर क्या गई, शोर मच गया। पुरोहित चौबे को लाडला हुआ। लोग इनके दरवाजे तक आते। चौबे आर्थिक पीड़ा से दंशित तथा आर्त्त, मुस्कराकर अपनी व्यथा छिपाते, सबकी माँग सुनते, हाँ-हाँ करते, राजा दशरथ की भाँति सारा धन-धान्य लुटा चुके, कुछ भी नहीं बचा देने को। तभी गाँव में डफले की ताल पर पैर थिरकाने वाली रमजानी बधावा बजाने पहुँच गई। ललकारा,

"दूबे को लाल हुआ" और डफ पीटी ढप, ढप, ढप। पैर थिरका, फिरंगी की तरह नाच कर दूबे के सामने खड़ी हो गई, "नेग दो पंडित, नेग दो।" उसके बधावे के बाजे सुनकर बच्चे घेर कर खड़े हो गए। दूबे काका के भरे आँसू थम नहीं रहे थे। इसको कुछ न दिया तो नाक कट जाएगी। घर में खाना नहीं, हुलसी की खेड़ी गिरी नहीं, पिलाने को दूध नहीं, वह चारपाई पर कँहर रही है।

घर में एक पुराना लोटा था, एक फूटी थाली तथा कटोरी थी, एक पुरानी चारपाई और एक झिलंगा खटिया पर फटी कथरी। इस सारी सम्पत्ति के बीच वर्षों के बाद एक बेटा हुआ। बधावे वाली रमजानी, डफली पीट-पीट के नाचती हुई ललकारती जा रही थी, "दूबे नेग दो।" अन्दर लेटी हुलसी दुबे की पीड़ा समझ रही थी। हुलसी ने अपने को थोड़ा सम्हाल लिया और बोली, "महाराज! हमारा कटोरा दे दो, थाली आपकी बची रहेगी! दे दो, मैं पत्ते पर खा लूँगी।" आत्माराम दुबे की आत्मा धिक्कार उठी, "सुनो, लक्ष्मी जी! कैसा अन्धेर करती हो, पति थाली में खाएगा—और घर की लक्ष्मी दोने में। आगे अब और बेटा न होगा। अपनी थाली ही दे दें।" हुलसी ने कहँरते हुए प्रतिवाद किया, "स्वामी! यह कैसे होगा। स्वामी पत्ते में खाएंगे और दासी कटोरे में? मेरी सौगंध कटोरा ही दे दें।" आत्माराम ने हुँकारी भरी, "ठीक कहती हो लक्ष्मी! अब हम दोनों ही पतौअे में खाएँगे" और घर से निकाल कर थाली तथा कटोरी दोनों रमजानी को सौंपा और बाहर से आकर पत्नी के दरवाजे के सामने बैठ गए। एक लोटे के अलावा अब उनके घर में कोई सम्पत्ति नहीं बची थी। वे परिताप भरे मन से बड़बड़ाए, "प्रभु! हमने कौन-सा ऐसा कार्य किया था कि कष्टों के कंटक हर क्षण चुभ-चुभ कर साल रहे हैं।" पत्नी अन्दर से बोली, "चिन्ता न करो स्वामी। स्वामी! पार्वती माता की कृपा से तुम्हारे तुलसीदल पैदा हुआ, यह सब कुछ देगा। परिताप छोड़ो। देखो, चन्द्रमा से भी गोरा है।" आत्माराम दुबे को बेटा देखने की ललक हुलसी। उन्होंने दूर से बेटे को भरपूर नजर से देखा, तब तक सुब्बी ने खखारा।

उनकी दहकी हुई क्षण भर के लिए थमी पीड़ा को सुलगाते हुए उसने बताया, "महाराज! यह गुड़ सतावर में गरम दूध है, लेकर पीते ही खेंड़ी गिर जायेगी। नहीं, दुबाइन हाथ नहीं आएँगी।" कहाँ दुबे कर्मकांडी ब्राह्मण, कहाँ सुब्बी के घर का उसके बर्तन में दूध। लेकिन हुलसी के जीवनदान के लिए सब कर्मकांड मिथ्या है। वह बोले, "सुब्बी तुम्हीं पिला दो; क्योंकि सूतक में घर के अन्दर घुसने का अधिकार मुझे नहीं मिला है, तुम्हें ही है।" उसने दुबाइन से परिहास करते हुए कहा, "देखो! हम बेटवा बरे ललात रहे। तुम्हार छाती न ओगरइ तो हमहीं आपन दूध पिलाइ देई।" हुलसी ने आँखें खोली, उसे लगा यह

कोई देवी की प्रतिमूर्ति खड़ी है। आँख झँपी, फिर खुली, "अरी बहन! प्यास से छटपटा रहे हैं—पानी!" सुब्बी ने कटोरे का दूध थम्हा दिया। वह एक झटके में पी गई। पीने के बाद होश आया—फिर लोटे से उड़ेल कर दूसरी बार भी दूध थम्हाया। वह एक झटके में पी गई। फिर होश आया—पंडित ने कटोरा तो बधावे में दे दिया है। फिर पूछा, यह कटोरा तथा लोटा किसका है?" "बहन!" सुब्बी ने हँस कर उत्तर दिया, "घबराओ न बहन, केवल दूध सतावर तथा गुड़ हमारे घर का है। बाकी सब लोटा-कटोरी बड़कइयाँ दूबे का है। अपने घर में उबाला—इसलिए कि दूसरे लोग मुझे अपने घर में घुसने नहीं देते।" बाहर से सुब्बी की आवाज सुन रहे आत्मा राम दुबे को लगा, जैसे उनके परिताप और ताप दोनों एक साथ जुड़ गए हों। पंडित जी की आत्मा पीड़ा का क्षणक्रम एक क्षण के लिए भंग हो उठा।

मुनिया की सास चुनिया ने पैलगी करके पूछा, "पंडित जी! भाभी और बचवा तो ठीक हैं न, और बिना उनके उत्तर की प्रतीक्षा किए वह सौर में घुस गई और बोली, "बहन! मैं मैंके चली गई थी। आई तो सुना कि दुबे को लाल हुआ है। और चहक कर तुलसी को गोद में उठा लिया। सुब्बी खड़ी देखती रही। चुनिया बोली, "आज सपने में हनुमान जी ने मुझे कहा था कि जा, दुबे के पुरवा और आत्मा राम का जो बेटा हुआ है—वह तुम्हारे ही हाथों पलेगा।" चुनिया की गोद में बालक मचलने लगा और उसे लगा जैसे उसके स्तनों से दूध की धार टपक रही हो। तुलसी अन्नपूर्णा के पय से तृप्त हो रहे थे। एक क्षण के लिए हुलसी गर्म दूध पीने के बाद कसमसाई और खेंड़ी बाहर गिर पड़ी। सुब्बी पतौड़े में रखकर उसे बाहर भूमि में गाड़ आई। उनकी पीड़ा तो कम हुई किन्तु कमजोरी के कारण देह शिथिल थी।

चुनिया के आने से आत्माराम को राहत मिली। दो दिनों से भोजन नहीं बना था। घर में था भी क्या? पड़ोसी तथा परिवार जन जैसे आत्माराम की परीक्षा ले रहे हों। आत्माराम अपने ही दुःख में व्याकुल थे। उन्हें अपनी व्यथा कहने का भी समय नहीं था।

शिशु को माँ की बगल लिटा कर चुनिया घर गई। दो भेली गुड़, जौ का आटा तथा दाल लेकर आई। बाहर ओसारे में खाने का इन्तजाम करके उसने आत्माराम एवं हुलसी को गुड़ पानी पिलाया—फिर आराम से रोटी दाल बनाकर बर्तन ढूँढ़ने लगी तो घर में एक लोटे के अलावा कुछ भी नहीं था। दुबे जी उसकी मनोदशा समझ रहे थे—बोले, "भइया, घर में थाली कटोरी भी नहीं है। हम दोनों जन पतौए पर रखकर खा लेंगे।" चुनिया ने प्रतिवाद किया, "मैंके से आई हूँ।" भाई के लड़के की थौने में नई थाली मिली है। दो हैं और वह झपट कर

घर गई और दोनों उठा लाई। पंडित आत्माराम दुबे तब तक स्नान आदि से निवृत्त हो चुके थे। रोटी दाल से उनकी आत्मा को तृप्ति मिली। हुलसी केवल दाल पीकर रह गई।

चुनिया दाई हुलसी की अन्नपूर्णा थी। कर्मकांडी आत्माराम संताप में कर्मकांड के लिए भटकते, परन्तु पुत्र रत्न से सुखी थे। गरीबी सहते अलग थे। भीख, उधार, कृपा-याचना, दान जो भी मिलता, जुटाते। अलसी-गुड़-सोंठ, सतावर-जो भी सम्भव था, उस प्रसविनी हुलसी के लिए करते किन्तु हुलसी को पुत्र-प्रसव के बाद लगा, जैसे उसकी देह की सारी शक्ति निचुड़ गई हो। निकासन हुई, चुनिया और झुनिया दोनों पण्डित आत्माराम के यहाँ हाजिर थीं। नवजात शिशु रोता तो रोता ही रहता। हुलसी के अमृतपय का स्राव न के बराबर था और चुनिया जब पहुँचती और उस शिशु को गोद में लेती तो व्यायी गाय जैसी स्वयं पयश्रवा हो उठती। रोगग्रस्त हुलसी के लिए अब वह अन्नपूर्णा थी और सन्तान वियुक्त चुनिया के लिए जैसे तुलसी ही उसका सलोना शिशु हो। रोते हुए शिशु को जब वह छाती से लगाती तो शिशु मग्न होकर उसका स्तनपान करने लगता। आत्माराम चौबे ने देखा, उनके मुँह से निकला, "यह बालक तो जन्म से ही भिखमंगा है।" हुलसी ने प्रतिवाद किया, "चुनिया अन्नपूर्णा है। महाराज! यदि मैं न रहूँ तो यही इसकी माँ होगी।" अपनी गहराई गरीबी के अपमान में झुलसे आत्माराम भिक्षाटन के लिए निकल पड़े।

आज तुलसी के जन्म का दसवाँ दिन था। प्रसूति रोग से ग्रस्त माता हुलसी कराह रही थी। उठा नहीं जाता था, करवट बदला नहीं जाता है। कँहर नहीं पा रही थी। उतान लेटी केवल टुकुर-टुकर-देखतीं। चुनिया की गोद में बालक को देकर मर्मान्तक पीड़ा में बोली, "चुनिया अब मैं नही बचूँगी। तुलसी माता की तीन वर्ष सेवा की थी। यह मेरा तुलसीराम है। हुलसी का राम है।" उनकी आँख मुँदती हुई फिर खुली—मानों चुनिया चतुर्भुजी अन्नपूर्णा के रूप में मुस्कराती कह रही हों, "देवी! चिन्ता न करें। देवों ने मुझे पोषण का भार सौंपा है। यह तुम्हारा तुलसी है। राम कह कर एक बार हुलसी कराहीं और सदा के लिए उनकी आँखें मुँद गई। चुनिया चिल्लाईं, "अरी भौजी को का भवा, अरी भौजी!" हुलसी के प्राण पखेरू उड़ गये थे। चुनिया ने झकझोर कर जगाया, "भौजी-भौजी।" शरीर निर्विकार। चीख पड़ी, "हाय राम-हाय दैया।" उसकी बड़ी बहू मुनिया दौड़ती हुई आई, "अरी! क्या हुआ?" सारी बातें सुनकर कोहराम हो उठा। जिसके घर में एक नारी थी, वह भी नहीं रही, लेकिन नारी कंठों से निकले कोहराम ने पूरे टोले को विषाद से आकंठ डुबो दिया। तीसरे प्रहर आत्माराम लौटे। उन्हें घर के बाहर ही समाचार मिल चुका था। घर में अन्न नहीं, सोने की खटिया नहीं, टूटा-

फूटा मकान और सब कुछ छोड़कर गृह देवी का देवलोकवास तथा १० दिन पूर्व जन्मे शिशु के पालन-पोषण का संकट! मन जैसे आर्त्तपीड़ा से भरा हो। घर में प्रवेश करते ही चुनिया की गोद में शिशु को देखा। वह राग-द्वेष रहित पीड़ा-क्लेश मुक्त उन्हें लगा—'यही जीवन जो शिशु के मुख पर झलक रहा है यही सब कुछ है।'

सारी आपदाओं से घिरे, माँग-जाँचकर यमुना नदी पर श्राद्ध कर्म करके वे निवृत्त हुए और थके, पस्त, परास्त लौटे-मध्यरात्रि से कुछ पूर्व। झिलगे के टाट पर शिशु लेटा था, खटोले के पेरुआ पर हाथ रखकर चुनिया भूमि पर बैठी-बैठी सो गई थी। आहट पाकर शिशु रोया, चुनिया जाग पड़ी। बाबा, बाबा कहकर थपथपाने लगी। जब ऊपर आँख उठाई तो आत्माराम दुबे खड़े थे। उसने उठना चाहा—पण्डित, आत्माराम उस अनाथ चुनिया से आर्त स्वर में बोले, "बेटी! मेरा जीवन कर्म पूरा हो गया। अब यह घर तेरा है। यह बालक तेरा है। बड़े होने पर यदि कभी यह बालक माँ-बाप का समाचार पूछे तो सच-सच बता देना छिपाना मत।" और उसी क्षण मुँह पीछे करके चल पड़े। चुनिया ने पुकारा, "बापू, बापू!" और बापू के चरण की ध्वनि धीरे-धीरे शून्य में विलीन होती जा रही थी। आत्माराम दुबे फिर राजापुर नहीं लौटे। चुनिया देवी से सुनी मात एवं पितृ त्याग की यह घटना तुलसी के जीवन में बराबर याद आती रही—

'तनु तज्यो कीट कुटिला ज्यों मातु पिताहूँ।'

× × ×

माता ने पहले साथ छोड़ा, पिता असहाय चुनिया दाई को सौंप सदा-सदा के लिए गृह-पुत्र त्याग कर अरण्यवासी हो गए। कर्मकांडी ब्राह्मण कुल का बालक चुनिया जैसी दासी के हाथ में पड़ गया। नियति का विधान—किसी को कुछ नहीं ज्ञात—सर्वथा अज्ञात।

दूसरे दिन दूर के रिश्ते में आत्माराम के भाई जीवाराम सूर्योदय की बेला में आत्माराम के घर आए। चुनिया झाड़ू बुहारू लगाकर बच्चे को तेल मालिश कर रही थी। जीवाराम ने उससे भइया आत्माराम के विषय में प्रश्न किया तो उसने साफ-साफ बता दिया और बोली, "वह यह ढोटा और यह छपरा मुझे देकर चले गए और कहा कि अब नहीं आएँगे। चाचा बतावौ, का करी—ढोटा तो छाती से चिपका रहता है, छोड़ता नहीं—मैं का करूँ?" जीवाराम अतिशय उदार, ढलती उमर के व्यक्ति थे। पाँच पीढ़ी पहले के सम्बन्धों से जुड़े आत्माराम के चचेरे भाई। बोले, "घबरा न, भइया जो ढोटा सौंप गये हैं, तू उसे पाल-पोष और यहीं रह।

दोनों की जतन के लिए यहाँ अम्मा को रख देते हैं, तुम्हारा अकेला रहना ठीक नहीं'' और इस प्रकार तुलसी के पिता के रिश्ते में छोटे भाई की माँ ने तुलसी की दादी बनकर चुनिया और शिशु की सुरक्षा के लिए साथ रहना प्रारम्भ किया। इस प्रकार शिशु तुलसी के जीवन का एक नया अध्याय शुरू हुआ।

शिशु तुलसी की आँखों से भावुकता छलकती थी। देखते तो एक टक देखते ही रहते थे। चुनिया सेवा करती, दादी जतन। भूमि पर कथरी बिछाकर दोनों सोतीं। बीच में तुलसी। लोग पूछते यह बालक दूध कहाँ से पाता है? चुनिया मुँह देखती रहती तब तक बोलती, आपकी गइया नहीं है, का।'' चिढ़ाने वाले दूबे पुरवा के अहमन्य कर्मकांडी पूछते, ''तुम्हारी गौ तो बिसुक गई है। झूठ क्यों बोलती हो, अम्मा? कहो चुनिया अपना दूध पिलाती है। दादी बिगड़ जाती। जाओ-जाओ पिलाती तो है, बिरादरी बाहर कर देना। ये नहीं पूछते-जाचते माँ मर गई, बाप संन्यासी हो गया, इस अनाथ की कौन मदद करे?'' चिढ़ाने वाले मजा लेते, चल देते। वह चुनिया को समझाती, ''देखती नहीं, एक अनाथ को पालकर तू गौरी पार्वती बनी है। राम की सेवा करते हुलसिया को तुलसी मिला है। घबड़ा न बच्चा जीवाराम तो है ही। खाने को मिलता रहेगा। तू हुलसी के इस अनाथ को राम भरोसे पाल, परोपकार और सेवा के लिए जाति नहीं देखी जाती।'' दोनों बात कर रही थीं, तब तक मुनिया दासी भी आ गई। उसने चुनिया से पूछा, चुनिया अम्मा! नहीं चलोगी क्या?'' दादी माँ बोलीं, ''बेटी! भइया आत्माराम इस छोरा और छपरे को इहके सौंप के साधू बन गए हैं, अब ई यहीं रहेगी जब तक मैं और यह छोरा रहेगा।'' मुनिया ने ताने देकर दादी से कहा, ''क्या इसके साथ रहने से जाति नहीं जाएगी?'' दादी ने उत्तर दिया, ''नहीं मुनिया! अब यह चुनिया नहीं, एक अनाथ को पालने वाली गौरी पार्वती है। अब वह कहीं नहीं जाएगी।''

तुलसी चुनिया दासी और अपनी बूढ़ी दादी के हाथों पलते रहे। साल भर बीत गये। स्वामी कार्तिकेय की भाँति गंगा की गोद में पलते तुलसी का लावण्य निखर रहा था। गौरांग वर्ण, घुंघरारी लटें, सपाट लम्बा छरछरा शरीर। दादी मान कर डिठौना अँगूठे छाप माथे पर डाल देतीं। एक दम अजीब था, शरीर कभी अपनी फटी धोती से लपेट देतीं, कभी कथरी बिछाकर उस पर पौढा देतीं और शिशु तुलसी अपनी घुटने तक फैली लम्बी बाहें इधर से उधर पटकते। दादी तथा चुनिया दोनों निछावर थीं, तुलसी की घुँघरारी लटों पर।

जीवाराम आज हनुमान जी के मंदिर पर गए थे। वे दिखा रहे थे, गाँठ में प्रसाद के रूप में चने की पुटकी और पत्ते पर सिंदूर। दादी ने सिंदूर लेकर

तुलसी के माथे पर टीक दिया। शिशु तुलसी किलकारी मार कर किलक पड़ा। हनुमान और तुलसी का यह पहला सम्पर्क था। दादी ने किलकते शिशु को फटे लूगे में लपेट कर छाती से लगा लिया। जीवाराम बोले, "यह प्रसाद (चने) खाएगा नहीं। हालाँकि दो दतुलिया ऊपर निकल आई हैं।" उन्होंने प्रसाद चने को तुलसी के माथे से छुआ दिया। मंगल मूरति मारुतिनंदन साक्षात् जैसे उसे आशीर्वाद दे रहे हों। तभी न जाने कहाँ से पीछे के पेड़ से झपट कर एक बंदर औचक पण्डित जीवाराम की पोटरी छीनकर भागा और पेड़ पर बैठ गया। सभी भौंचक्के रह गए। "वानर कहाँ से आया जीवाराम! जै हो हनुमान बाबा की", हाथ जोड़कर दुहाई देने लगे। फटी पोटरी से एकाध दो चने चखकर वानर ने पोटरी नीचे फेंक दी और पेड़ पर ऊपर जा बैठा। जीवाराम ने दौड़ कर पोटली ले ली। तब तक उनके पास पके आम का एक फल भद्द से गिरा। मानो रंक ने निधि प्राप्त की। चुनिया ने हाथ से उठाकर माथे से लगाया और बोली, "देख! दादी! यह बानर नहीं, रामदूत हनुमान हैं, तुम्हारे लाडले के लिए यह फल दिया है।" दादी तथा चुनिया ने दोनों ने दौड़कर देखा। सर्वथा पका आम का फल! चुनिया चहक पड़ी, "वानर राजा दे गए हैं, बचवा के लिए।" दादी ने उत्तर दिया। चुनिया, अब तक इस अनाथ के नाथ हम-तुम और जीवाराम थे, अब हनुमान जी भी आ गए—चिन्ता न करो" और जीवाराम को आदेश देती हुई बोली, "जंगल वाले नान्दी तोरा (नन्दिग्राम) हनुमान जी थे मंदिर में अब हर मंगर जाव, "और हुलसती हुई आम की ढिपुनी तोड़कर उसे थोड़ा गुलगुला कर तुलसी को चटानें लगी।" परमानन्द में मग्न किलकारी मार-मार कर बालक आम तब तक चाटता रहा, जब तक वह चुक न गया। आम की गुठली फोड़कर उसमें कली निकाली। आधी दादी ने दाँत न होने के कारण चुनिया को खाने को दे दी। चुनिया को कितना आश्चर्य हुआ, जब उस गुठली के गूदे के स्वाद में जरा भी कसेलापन नहीं लगा। माँ का स्थान पा चुकी चुनिया आनन्दमग्न थी, शिशु को आनन्दमग्न देखकर दादी चारों तरफ पेड़ पर वानर देवता देख रही थीं, वह न जाने कहाँ खिसक गया था। जीवाराम भूख से परेशान चने को ही धर्म, अर्थ काम-मोक्ष के चतुर्थ पुरुषार्थों से उपमित कर रहे थे। अब जीवाराम दुबे का प्रति सप्ताह का मन्दिर जाने का कार्यक्रम तय हो चुका था। बीहड़ सँकरा, कँकरीला पंथ, झाड़-झंखाड़ पहाड़ी उतार-चढ़ाव, बेर की झाड़ियों के काँटों का घेराव, पाँव में पनही नहीं, अँगोछे लपेटे उबेने बदन-पहुँचते ही पुजारी के पाँव छूते। तुलसी और वानर की कथा बड़े रोचक ढंग से सुनाते स्वामी जी को।" स्वामी जी हँसते, आशीर्वाद और प्रसाद देते चने के हिस्से को बढ़ाकर और कहते, "जीवा! जा, बच्चे लायक मेरे पास कोई फल नहीं हैं,

आशीर्वाद हैं, उसे ये हमारे हनुमान जी ही देंगे, प्रभु श्रीराम देंगे—तू नहीं जानता रे—

सेवक सुत पति मातु भरोसे। रहइ असोच बनइ प्रभु पोसे''

तुम सब बहाने हो। उसके नौकर, पुत्र, पति, माता, पिता सब कुछ राम जी है। राम जी उसका पालन करेंगे और राम के बहाने वह बिन सोच के रहेगा। प्रभु ही जिसका पालन-पोषण करें—उसकी किसको चिन्ता है?

जीवाराम तन्मय सुन रहे थे, तभी उस पेड़ के पत्तों में खड़खड़ाहट हुई और घप्प से गिरा एक आम। स्वामी जी हँस पड़े, "जीवा देख! पेड़ के ऊपर डाल के पीछे हनुमान जी छिपे सुन रहे हैं। यह फल ले जा। पिछले मंगलवार को घर पर दे गये थे। जा आज यहाँ से प्रसाद रूप में ले जा।" जीवाराम ने स्वामी जी के पैर पर माथा रख दिया। आँसुओं से स्वामी जी के पैर भींगने पर चौकन्ने हो गए। "अरे जीवा! उठो, जाओ शिशु को फल खिला देना। गुठली तुम खा लेना। छिलका घर वालों को दे देना, जाओ—

रहइ असोच बनइ प्रभु पोसे''

जीवाराम की समझ में नहीं आ रहा था। साधारण बुद्धि के भिक्षाटन करके जीविका चलाने वाले निष्कलुष ब्राह्मण। हनुमान की जै जैकार करते गाँव पहुँचे।

तुलसी के दो साल होते-होते जीवाराम काल कवलित हो गए। बचे एक बुढ़िया 'दादी—चुनिया—तुलसी। टूटी झिलंगी-खटिया—फटी धोती का बिस्तर—कथरे की रजाई—कहीं-कहीं हवा घुसने वाले छेद। एक ओर दादी, दूसरी ओर कोलिन चुनिया और बीच में तुलसी। दोनों अपने-अपने चिथड़े आँचरों से ढाँके कथरे को ओढ़कर जाड़ा बिता रहे थे। सबेरे उठते ही सबसे पहले चुनिया आग सुलगाती। एक कटोरी में पानी और एक कसोरे में चावल-दाल डालकर रख देती। तुलसी की खिचड़ी पकती। वह फिर टूटे पलड़े लेकर कंडे बीनने निकल जाती। दादी-शौचादि से निवृत्त हो खटोला आग के पास खींच लेती और तुलसी को मल्हराने लगती—

"राजाराम बोला भैया राजा राम बोलाऽ
सीता राम बोला भइया हनुमान बोलाऽ''

तुलसी को एक ही पंक्ति याद हुई, 'लामा लाम बोलाऽ।'

वह तुलसी को शौचादि कराती। मुँह धुलाती और फिर बगल में पड़े पथरे की ओर संकेत करके हँसती हुई कहती, "आओ भइया! खिचड़ी पक रही है।" तुलसी पत्थर की उस टुटही चौकी पर गाते—

"राम बोलौ, राम बोलौ, राम राम भइया''

दादी खिलखिला पड़ती और कहती, "देखो तुम्हारी खिचड़ी रामजी ने जल्दी से पका दी। उतार कर लकड़ी से चला देती हूँ। तुम्हारा पालन पोषण राम जी कर रहे हैं। जरा फिर गाओ।"

तुलसी तन्मय होकर गा रहे हैं—

'राम बोलौ राम बोलौ राम राम भइया'

तभी खट-खट की आवाज सुनकर दादी ने मुँह घुमा कर देखा। हनुमान मंदिर के स्वामी जी दो तीन लोगों को साथ लिए खड़े हैं, दादी ने आकर माथा चरण पर रखा। आशीर्वाद पाकर थोड़ा स्वस्थ हुई। देखा, स्वामी आकर बालक को देख रहे थे। अपने में तन्मय दो साल का नादान शिशु आँखें मूँद कर अपनी दादी की आज्ञा के पालन में तन्मय था—

रामबोलौ राम बोलौ राम राम राम भइया।

दादी की तन्द्रा भंग करने की मुद्रा को रोकते हुए स्वामी जी ने हाथ से रुकने का इशारा किया और विकारमुक्त बाल शिशु को तन्मय रामासक्ति की मुद्रा में देखकर उन्हें कौतूहल और विस्मय हुआ। तब तक स्वामी के पीछे एक बूढ़े को खाँसी आई। शिशु की तन्द्रा टूट गई और भीड़ देखकर वह चौंककर विचलित हो उठा, "दादी, दादी!" स्वामी ने तुलसी को उठाकर छाती में चिपका लिया, उसी प्रकार जैसे बँदरिया छाती से बच्चा चिपकाती है। स्वामी जी तन्मयावस्था में बोले, "दादी! मुझे इसे देखने का आज रात में स्वप्न हुआ। देख रहा हूँ—यह तो बाल शुकदेव है। नहीं, नहीं 'राम बोला' है। दादी इसका नाम तुलसी के साथ-साथ 'राम बोला' अब होगा।" तुलसी स्वामी की छाती से इस प्रकार चिपका था, जैसे माँ हुलसी के अंक में हो।

दादी जी ने खटोला झाड़कर बिछा दिया तब तक गोबर-कंडे लेकर चुनिया भी आ गई। स्वामी जी ने उसे ध्यान से देखा, वह अन्नपूर्णा जिसका पालन करती हैं, महावीर हनुमान जिसके रक्षक हों, विपत्ति क्या करेगी? 'हे प्रभु! हे राम!' और फिर प्रकृत रूप होकर प्रसाद देकर बोले, "तुम लोग चिन्ता न करो, आत्माराम गए, जीवाराम गए, हुलसी गई, अब इस बालक की खोज खबर हम रामबाबा लेते रहेंगे", फिर बिना देखे, तुलसी को चुनिया को थम्हा कर स्वामी जी चले गए। तुलसी की खिचड़ी अब तक ठंडी हो चुकी थी। चुनिया ने पत्थर की चौकी पर तुलसी को बैठाकर कसकुट की कटोरी सामने रख दी। भूखे तुलसी खिचड़ी खाने लगे परन्तु उन्हें आज उसमें स्वाद नहीं आ रहा था। उन्हें लगा उनके नयन मार्ग में कोई श्यामल छवि आकर अटक गई है—तन, मन, वाणी सबसे वे शिथिल थे।

तुलसी का तीसरा वर्ष पूरा हो चुका था। क्वार के महीने में सावाँ-कोदौ पक चुके थे। दादी को बुखार शुरू हुआ। दिन भर तबियत हल्की—चौथे पहर में जाड़ा देकर बुखार चढ़े—एक सप्ताह हो चुका। चुनिया कोदौ काट के अपनी लहनी चकौठी ले आई थी। पिटने से पीटकर कर दाने निकाल रही थी। दादी—पानी—कहकर कहर उठीं। चुनिया लोटे में पानी लेकर दौड़ी। दादी अर्धतन्द्रा में चौंककर आँखें खोल बैठीं। सिरहाने पर बैठकर चुनिया ने उनको टेक कर उठाना चाहा। दादी उठ नहीं पाईं, हाथ से इशारा किया, मुँह में पानी डाल दे। दादी का थोड़ा-सा मुँह फैला, उसने पानी डाल दिया। दादी ने सिर हिलाया। फिर, धीरे-धीरे आँखें बंद कीं, सदा के लिए आँखें बन्द हो गईं। चुनिया ने दादी-दादी कहकर हाथ से सिर हिलाया। दादी के प्राण पखेरू उड़ चुके थे। "हाय दादी! हाय दादी!" कहकर वह चिल्ला पड़ी। आसपास दूबे के पुरवा की औरतें, बच्चे, मर्द इकट्ठे होने लगे। तुलसी दादी के सिर पर हाथ रखे रो रहे थे।

मन राखन चौबे बोल उठे, "कितना अभागा है तुलसी। जन्मते ही माँ-बाप उठ गये। समरथ चाचा चल गए। आज अन्तिम सहारा दादी भी चल बसी।" राम रक्षा से न रहा गया—बोले, "भइया! सबका सहारा राम है। आज चौथे में पड़ा है। कल बड़ा होकर कुछ न कुछ करेगा ही। देखो, चेहरा मड़ियार मोती जइसन चमक रहा है। रो न बच्चा, हम सब हैं।" तुलसी अचेत—अभी न लोक जानते थे न परलोक जानते थे। दादी की अपनी समझ से मरने का अचेत अनुभव आज हो रहा था। किसी ने कहा भैया दादी तो चौबेन परिवार की हैं। जमुना किनारे दाह कर्म कराइके मुक्त करो। देखते-देखते सारा बैर-भाव परहेज खतम कर चुका था। टिकटी पर रखी दादी को तुलसी देख रहे थे। क्या समझ रहे थे? स्वयं उन्हें भी पता नहीं। एकाएक राम नाम सत्य है—बोलकर—अर्थी उठाकर लोग चल पड़े। तुलसी 'राम राम' ही जानते थे। दौड़कर चुनिया दादी तुलसी को कंठ से लपटा कर चीख पड़ी, "हाय दादी, मैया।" तुलसी को दादी-दादी सुनाई पड़ रहा था किन्तु मन में गूँज रहा था—'राम नाम सत्य है' क्या है? यह दादी हमेशा के लिए गईं—क्या राम भगवान के पास, फिर मन में सोचा रहने दो—शाम को पूछेंगे 'राम-नाम सत्य है' है क्या?

दो घंटे बाद सब सन्नाटा हो गया। दादी की अर्थी यमुना में प्रवाहित हो उठी। चुनिया गोदी में तुलसी को लिए शान्त थी। आज इस तुलसी को क्या खिलाए? समझ में नहीं आ रहा था, फिर कोदौं तो पीट रही थी—जो जाकर सूप से पछोरा और दो सेर कोदौं सहेज कर रख दिया। ओखली के पास तुलसी को पानी पिलाकर मूसल लेकर बैठ गई और कोदौं कूट कर साफ किया। आज दोनों

का भोजन कोदौं का भात होगा। किससे भात खाया जाय? चुनिया चौंकी। मुँह बनाकर अपने से बोली—'नमक पीस कर डाल देंगे उबलते कोदौं के भात में—लेकिन सलोना कैसे भात कोदो खाएगा?' यह सच है कि मृत्यु के दिन घर में भोजन नहीं बनता—फलहार बनता है। तुलसी तथा चुनिया के लिए नमक भात यही अलोना थे। दिन भर के भूखे तुलसी खाये जा रहे थे। चुनिया भूख से त्रस्त कोदौं के भात को अमृत जैसा खा रही थी और तुलसी—

हुतौं ललात कृषगात खात भरि मोद पाइ कोदौ कनै।

तुलसी का शरीर गोरा, छरहरा-लम्बी बाहें—गठा हुआ, शिथिलता शून्य देह, आकर्षक थे। उनके बाल और काली आखें...

अब तुलसी की गुरु चुनिया रह गई। चार साल पूरे हुए। वे बच्चों में खेलने जाते। चुनिया कुटौनी-पिसौनी करती। जो पाती दोनों जितना अटता-बँटता—आधे पेट-पूरे पेट खाकर—खटोले पर चिपट कर सो रहते। सबेरे नहाते। रोज, पथरे की चौकी पर राम-राम जपते और देखते कि कोई हमजोली खेलने को निकल रहा है तो उठकर उसका हाथ पकड़ कर खेलने चले जाते।

उन्हें शायद ही कोई तुलसी कहता। स्वामी का रखा नाम 'राम बोलवा' कहकर प्रायः सभी पुकारते। दूबे के पुरवा में तिरस्कृत तुलसी प्यास के मारे किसी से पानी मांगते तो सुनने को मिलता कि राम बोलवा के लिए बरतन नहीं है। जब वे अँजुरी पसारते, ऊपर से पानी डाल देते और औरतें तुलसी के मुँख, आँख नाक पर इतनी ज्यादा धार मारतीं कि उनका मुख कम-से-कम पानी पाता लेकिन तुलसी पीते जरूर पानी और शाम को चुनिया की गोदी में बैठकर खेलते, "माई! घर में हम बरतन में खाते हैं—कटोरी में, लेकिन बाहर मुझे राम बोलवा कहकर ऊपर से अँजुरी में पानी पिलाते हैं, नाक आँख में पानी भर उठता है।" आँख भरकर चुनिया कहती, "भैया राम बोला! चिन्ता न करो, राम जी सब देंगे। सबका घमंड तोड़ देंगे। तुलसी को याद आ गया और पूछ बैठे, "दादी को ले जाते समैं सब 'राम नाम सत्य' कह रहे थे—ई का है?" गुरू चुनिया बोली, "हाँ भैया, जन्मने के पहले यही सच था, जन्म लेकर जब तक आदमी जीता है—राम ही सच है—और मरने के बाद भी वही सच बचा रहता है। 'राम नाम सत्य है' बाकी सब झूँठ। ये लोग जो तुम्हें दुत्कारते हैं—झूँठ-मूँठ है। सब एक दिन मर जाएँगे। जमुना मैया में फेंक दिए जाएँगे। हमेशा के लिए।" तुलसी थोड़ा विचलित हो उठे, "माई तुमको भी।" चुनिया ने उत्तर दिया, "हाँ भैया—मुझको भी।" तब तुलसी दास ने पूछा, "मेरा कौन रहेगा?" तब चुनिया ने गुरु की तरह उत्तर दिया, "कहा न राम जी रहेंगे—रामबोला के लिए।" अबोध तुलसी को क्या सूझेगा—चुनिया समझ नहीं पाई।

तुलसी पुनः बोले, "माई तुम न जाओ, राम जी से हाथ जोड़ेंगे, तुमको न ले जाएँ।"

अपने सलोने रामबोला को चुनिया ने गले से चिपका लिया। तुलसी अपने मन में ही दादी के मंत्र का पाठ करने लगे—'रामबोला, रामबोला, राम राम भइया।'

हनुमान मंदिर के स्वामी को तुलसी की याद कभी-कभी आती। पथरा पर जैसे रामबोला रामबोला कहते समाधिस्थ बालक का स्मरण कर मुस्कराते और कभी-कभी हालचाल लेने प्रसाद देकर अपना शिष्य भेजते और वह शिष्य आज भी आया। बालक तुलसी उस शिष्य को पहचानते थे। उसे देखकर दौड़े—पैरों पर गिर पड़े। उसने 'राम-राम' का आशीर्वाद देकर पोटली थम्हा दी। पोटली हाथ में लेकर तुलसी रो पड़े। शिष्य ने पूछा, "रामबोला, क्या भयौ? काहे रोवत हौ?" तुलसी ने दादी के मरने का समाचार दिया। तब तक कंडे लेकर चुनिया भी आ गई थी। विस्तारपूर्वक सारी बातें की। चुनिया ने अपनी सारी चिन्ता एक-साथ रखी, "इस दूबे के पुरवा के लोग इसे हेय समझते हैं, इसे बर्तन नहीं छूने देते। जो भी जिसके मुँह से निकलता बकते रहते हैं। स्वामी जी! मैंने इसे पाला है, जाति तो नहीं बिगारी। है तो यह आत्माराम दुबे का ही छोरा। कोयल के बच्चे को कौआ ही पालता है, तो निकलती कोइल ही है। हुलसी मैया की ही कोख से जन्मा है और मैं तो इसकी दाई हूँ।" तुलसी ने टोकते हुए यही कहा, "नहीं तुम मेरी मैया हो" और पाँच वर्ष के होते हुए भी उसकी गोदी में बैठ गए। स्वामी रामदास के शिष्य ने आश्वासन दिया कि आप लोग घबड़ाएँ न, सारी बातें मैं स्वामी जी से कहूँगा और इस बालक की तो कुछ जुगाड़ करेंगे, अनाथ नहीं रहेगा। स्वामी रामदास का शिष्य दोनों को सान्त्वना देता हुआ चला गया। गोदी से सटे चुनिया दासी की नजर तुलसी पर पड़ी और माँ जैसी ममता—कलपती सोचने लगी—माँ-बाप का एकलौता बेटा, देवता जैसी देह। कपड़ा देखौ न, अपना लूगा फाड़कर कच्छा बना दिया। दस जगह से फटी-देह पर उपड़ी पड़ी है। एक क्षण के लिए उसे घूरा। हाथ पकड़ कर बैठाकर गगरी से पानी ले आकर कपड़ा उतरवा कर नंगा करके नहलाने लगी। आज रगड़-रगड़ कर नहला रही थी और तुलसी प्रतिरोध कर रहे थे, माई, "देह न रगड़ौ, पिरात है, किन्तु माई ने दो तीन गगरी पानी डाल के नहवाया, कच्छा पहना कर शरीर पोंछा। चेहरा आइने जैसा चमक उठा। वात्सल्यभरी चुनिया ने कलेजे से लगाकर उसका मुँह चूम लिया। माता की ममता तथा प्यार में तुलसी देह की रगड़ और पानी की ठंडक भूल गये। स्वामी की पुटकी खोली। चना का परसाद और एक लड्डू था। तुलसी ललक कर लड्डू की ओर बढ़े, माँ ने उनके

मुँह में डाल दिया। लड्डू का स्वाद जीवन में पहली बार मिला। थोड़ा-सा ऊपर का भाग निकाल कर कहा, "ले माई! देख, कितना मीठा है।" वह मुँह फेरती रही लेकिन तुलसी ने उसके मुँह में जबरदस्ती डाल दिया। वह पैर फैलाकर बैठी, खाकर हँस पड़ी और अपने पैरों पर तुलसी को बैठाकर पुटकी खोली और जैसे ही शुरू किया, एक लाल बन्दर लपक कर आया पास में, चुनिया डरी नहीं। तुलसी डरते हुए बोले, "अरे माई! भागो! नहीं, काट लेगा।" चुनिया ने कहा, "दो से तीन भले। ये हनुमान जी हैं, रामबोला! जो तुम्हें सताएगा—उसे नोचेंगे।" तुलसी सहमे हुए बोले, "अच्छा—हनुमान जी! हनुमान जी" और चुनिया ने आधी मुट्ठी चना निकाल कर आगे रख दिया। एक-एक चना बीन कर बानर खाने लगा। तुलसी को बड़ा विस्मय हो रहा था। वे जिन वानरों से डरते थे, वह आज उनके साथ चना खा रहा है। साहस करके एक मुट्ठी चना निकाल कर वानर के सामने डालते हुए कहा, "हे हनुमानजी खाओ। स्वामी बाबा ने भेजा है। आज से आप हमारे साथी हुए।" वानर ने खीसें निपोर दीं। तब तक शिवचरन दूबे कहीं से निकले और तीनो की पंगत देखकर हँस पड़े और बोले, "अरे चुनिया! इस बनरवा को कहाँ से बुला लिया। तुलसिया को काट खाएगा—भगाव" और हः हः बोले तो वह भी खों-खों करता तन गया। शिवचरन दुबे गाली देते हुए भागे, "इ कुलच्छनी तुलसियवा गाँव में रहे लायक नहीं है।" वानर फिर आकर बैठ गया। अबकी बार तुलसी से सटकर। तुलसी मन ही मन हनुमान-हनुमान का स्मरण करने लगे किन्तु उसके आचरण को देखकर आश्वस्त हो उठे। तीनों ने छककर चने खाए। एक वक्त का पूरा भोजन, शाम को देखा जाएगा।

दूसरे दिन सुबह नाँदी तौरा के हनुमान मंदिर के स्वामी रामदास चार पाँच शिष्यों के साथ दूबे के पुरवा में पधारे। गाँव में खलबली मच उठी। कई सम्भ्रान्त उनके संग हो लिए और वे सीधे तुलसी के छपरे के पास आकर खड़े हुए। चुनिया कंडे बीनने के लिए पलड़ा लेकर निकल रही थी। स्वामी जी को देखकर वह पलड़े को फेंककर उनके पैरों पर जा पड़ी और बालक तुलसी भी दौड़कर अपनी माँ का अनुकरण करने लगे। स्वामी आशीर्वाद देकर तुलसी के सिर पर हाथ फेरने लगे। बालक को लगा जैसा उसका पिता उसे प्यार दे रहा हो। आँख उठाकर स्वामी जी को देखा—स्वामी जी का स्नेह तुलसी के नेत्रों से डूब कर जैसे उनके मर्म पर जाकर रुक गया हो। बोल पड़े 'बाबा'। स्वामी ने कहा, "रामबोला, बाबा नहीं 'राम' कहो। तुलसी का मर्म 'राम मय' हो गया। भरा पूरा चुनिया के हृदयागार जैसा। बाबा चुनिया को सम्बोधित करते हुए बोले, "अरी बेटी! दादी भगवान के यहाँ गईं, मुझे खबर भी नहीं दी।" बीच में पंडित शिवचरन दूबे बोल

पड़े, "कौन दस मन का भंडारा था, जो नेवता जाता।" स्वामी उत्तर देना चाहते थे, लेकिन शान्त रहे और चुनिया से कहा, "बेटी! बेटी! अब इस गाँव में इस बालक का कोई आश्रय नहीं है, इसे मैं मन्दिर ले जाऊँ तो ठीक रहेगा।" चुनिया "सन्न रही! स्वामी जी! मेरा कलेजा मुझसे अलग हो गया तो मैं कैसे जियूँगी! मैं इसे नहीं छोड़ सकती स्वामी जी।" स्वामी जी ने आग्रह किया, "तू भी चल?" नहीं स्वामी जी! तुलसी के बाबू दूबे जी ई छपरा सौंप के गए हैं। मैं जीते-जी, इसे नहीं छोड़ सकती! और क्या करूँ? हाय राम।" वह रोने लगी। तुलसी दौड़ कर चुनिया से चिपट कर सिसक पड़े। दोनों का आगध स्नेह देखकर स्वामी बोले, "बेटी! ठीक है, तू यहीं रह। भगवान तेरी रक्षा करेगा लेकिन महीने में एक बार इसे ले आकर मंदिर में हनुमान जी के दर्शन करा दिया कर।" 'हनुमान' के नाम पर बालक तुलसी चौंक पड़े और एकाएक उनके मुँह से निकल पड़ा, "वह तो स्वामी जी कल आए थे। पास में बैठकर आपकी परसादी खा रहे थे।" चुनिया ने प्रतिकार किया, "धत्, वह तो बूढ़ा वानर था...।" तुलसी ने उत्तर दिया, "वानर नहीं, वही हनुमान जी थे। हमने उनको सपने में आज देखा था। वे खड़े हुए और बढ़ते चले गए, आम के पेड़ बराबर। वे हमे देखते रहे, मैं उन्हें देखता रहा।"

स्वामी जी को इस वार्ता में परम सुख मिल रहा था और हँस कर बोले, "राम बोला! जिसको देखा, वही हनुमान जी तो हमारे मंदिर में रहते हैं। तुम्हारी याद करते और बुलाते हैं। कब आओगे?"

बालक तुलसी ने हामी भरी, "बाबा जी! माई के साथ कल आऊँगा।" स्वामी जी अचरज से सिर पर हाथ फेर कर आशीर्वाद देते चले गए। सारे गाँव को एक साथ अचरज हुआ। स्वामी इसको कैसे जान गये। आज चुनिया की चिंता कामदगिरि से भी बड़ी दिखी। ओढ़न-कपडा एक नहीं, मंदिर कैसे जागा जाए? तुलसी को हिदायत देकर, खटोले पर घर की रखवारी के लिए बैठकर वह अपनी बहू मुनिया के घर गई और सांकल खट-खटाकर घर में घुस गई। चुनिया से उसकी बहू मुनिया नाराज रहती थी। इसलिए कि वह जूँठा बर्तन मलने का अपना काम छोड़कर एक बच्चे को पाल रही थी। भीख माँगकर, कटाई, बुनाई करके, गोबर कंडा पाथकर—वह जीवन बिता रही थी। ललकारी—बोली, "क्यों, आज क्या घट गया?" चुनिया की आँख जब मुनिया से मिली तो वह रो पड़ी। कुछ भी हो, खून का रिश्ता न सही तो पति का रिश्ता, तो था। वह उसके पति की माँ थी। चुनिया रोकर बोली, "बेटी। हम तुलसी की अब माई हैं और तुलसी हमार बेटवा! उसे मर कर भी नहीं छोड़ूँगी।" और सिसक पड़ी। मुनिया ने सास को गले लगा लिया। उसकी ममता से वह हार गई। आँसू पोछते हुए बोली,

"माँ! चिन्ता न करो! तुलसी हमरौ बेटवा है—बाँमन न मानिहैं, न मानैं, भगवान राम तो मानिहैं और उसे बगल बैठाते हुए बोली, "बोल का जरूरत है?" उसने अपनी सारी समस्या बताई तो वह उठी और अपनी टूटी झँपोली खोलकर एक पुराना लूगा, ओढ़नी, निकाल कर थम्हा दी। चुनिया बोली, "तुलसी के लिए तो फटहा कच्छा भी नहीं है।" मुनिया ने सान्त्वना दी, "घबरा न", और झपोली से सफेद कपड़ा निकाल के दिखाया। ये रात में श्मशान घाट से अँधेरे में चुरा के लाई थी, पड़ा है। इसी का कच्छा, अँगरखा सीकर देंगे। हम सबेरे लेकर आएँगे। तू रात मुँह अँधेरे नहा लेना, तब तक हम आ जाएँगे। दो कोस की दूरी है पाँच साल का लेरुआ—किसी तरह से ले चलेंगे।

वह अपने प्रेम और रिश्ते के दबाव में काँपती दुबे के पुरवा में आई और उस दृश्य को देखकर हैरान थी। खटोले पर बानर बाबा और तुलसी बचवा दोनों कुछ गप्प जैसे लड़ा रहे थे। कसकुट की कटोरी पड़ी थी। 'लगता है, दोनों ने खूब पानी पिया है' चुनिया को देखकर बानर भाग चला और तुलसी दौड़कर चुनिया से लिपट गए। पहली बार तुलसी को जीवन में प्रतीक्षा करनी पड़ी थी। अपनी माँ और बाप, स्वामिनी, घर परिवार की अनुपस्थिति में एक बानर उनका साथी बनकर उनके पास रहा। सिवबरन दूबे का पिछवाड़ा था, उसके बाद किसी का भी घर नहीं। सब कुछ एकान्त। तुलसी जैसे अपने इस छपरे में एकान्त जीवन का पूर्वाभ्यास कर रहे थे।

नाँदी तौरा मंदिर विक्रमपुर के दूबे के पुरवा से पाँच कोस की दूरी पर था। था तो पुराना, लेकिन साफ सुथरा था। बगल में रामदास की कोठरी थी। उत्तर मुख हनुमान मूर्ति गेरू से पोतकर सजाई गई थी। गले में गेरू की मालाओं का मोटा जाल उन्हें लपेटे था। विशाल पूँछ पर्वत की ऊँचाई छू रही थी। किसी तरह तुलसी चुनिया-मुनिया की पीठ पर लद कर, पैदल, रुककर, दौड़ लगाकर जगह-जगह सुस्ता कर नाँदी तौरा पहुँचे, तब चुनिया ने उन्हें मंदिर के पास बिठाकर कहा, "वह देखो अपने हनुमान जी को।" तुलसी पहली बार हनुमान जी को देखकर रोमांचित हो उठे। उनके पैरों पर लेट कर प्रणाम किया, तब तक चुनिया ने महाराज जी को अपने और तुलसी के आने की खबर दी। महाराज रामदास ने शिष्यों से कहा, "लाओ, राम बोला को यहाँ लाओ।" शिष्यों ने जाकर देखा कि तुलसी हनुमान की चरण पर पड़े हैं। उठाकर महाराज के पास ले आए। तुलसी के माथे पर अंजनी नन्दन का सिंदूर पुता देखकर स्वामी जी बोले, "रामबोला! हनुमान जी की चरण वन्दना की और माँगा क्या?" रामबोला ने उत्तर दिया, "मैं क्या माँगता? केवल 'राम-राम' के और मैं कुछ नहीं जानता। हनुमान जी और रामजी—अब हमारे दो

स्वामी हो गए। जो चाहेंगे देंगे, मैं उनका दिया मानकर सब कुछ ले लूँगा।'' स्वामी रामदास तुलसी से सहज प्रसन्न थे। अपने पास बैठाया, चार लड्डू सामने रख दिया। तुलसी ने चुनिया की ओर देखा। स्वामी समझ गए। दो-दो लड्डू चुनिया-मुनिया के लिए मँगाया। पहली बार जीवन में जी भरकर उन्होंने चार लड्डू खाए थे और हनुमान जी का दर्शन भी किया था। स्वामी जी ने एक पुटकी में चने बँधवाकर चुनिया को थम्हा दिया और कहा, अभी ठंड है, घर पहुँच जाओ, नहीं धूप होगी'' और रामबोला को बुलाकर स्वामी जी ने उनके सिर पर स्नेह से हाथ फेरा। बोले, "बच्चा! जा।'' महीने-महीने आ जाया करो। राम जी रक्षा करेंगे। वही तुम्हारे माता-पिता सब कुछ है।'' पाँच वर्ष के बालक ने अपनी समझ के आधार पर अनुभव किया था, हनुमान जी को, राम जी को। और वह चुनिया मुनिया के साथ विक्रमपुर लौट आया। उसने आज तक राम जी नहीं देखा था, आज उसके मन में राम जी को भी देखने की कसक उठ रही थी। वह मन-ही-मन राम के विग्रह का खाका खींचता रहा। तुलसी के मन में मंदिर वाले हनुमान जी रच-पच और बस गये। शाम को चुनिया के पास बैठे, "माई! हनुमान जी बहुत बड़े थे। एक दम बगल—हाथ में पहाड़ लिए थे।'' चुनिया उनके लिए रामायणी बन गई। तुलसी खोद-खोदकर पूछते और चुनिया ने जितना हनुमान के विषय में सुना था, बताती और पूरी कथा में तुलसी ने राम को, सीता मइया को, लछिमन भइया को और रावण के विषय में सुना-समझा। राम कथा का पहला पाठ तुलसी ने चुनिया से सुना-समझा। राम कथा का पहला पाठ तुलसी बाबा को चुनिया दाई ने पढ़ाया था! पाँच वर्ष का बालक। मन में कथा की अटूट निष्ठा भरी थी और चुनिया के अलावा तुलसी के पास और कोई नहीं था। वे बैठते तो इस राम कथा के बारे में सोचते फिर मन बनाते कि किसी से इसकी चर्चा की जाए। कोई पंडित नहीं, कर्मकांडी अवश्य थे लेकिन तुलसी समाज में त्यक्त जैसे थे। कोई लोटा भर पानी पिलाने को तैयार नहीं था। उन्हें दूबे ब्राह्मण का पुत्र नहीं मानते थे और जो मानता भी था, वह दुतकार देता था। कहीं दरवाजे पर रोटी के लिए न खड़ा हो जाए। समवयस्क साथी दुतकार कर बुलाते। तुलसी जितना जानते थे, सहते। वे समझ चुके थे कि राम को जानने की उनकी कसक इस गाँव में पूरी नहीं हो सकती।

धीरे-धीरे तुलसी सात साल के हो गए। हनुमान में भक्ति और चुनिया के वात्सल्य के अलावा उनके पास कुछ नहीं था। फागुन का महीना था, चुनिया को संग्रहणी हो गई, दवा क्या करे? पण्डित जी के पास गई उन्होंने उसे तुलसी के पत्ते का रस पीने को कहा। वह तुलसी के पत्ते का रस पीती रही। एक-दिन, दो

दिन-चार दिन। मुनिया को पता लगा, वह दौड़कर आई और अपनी कोठरी में चलने को कहा। चुनिया ने इनकार कर दिया और आर्त्त स्वर से उसका कंधा पकड़कर बोली, "बहू, आज रात में हुलसी माता आई थीं.. मुझे बुलाया है, अब मैं जाऊँगी। इस तुलसी को देखना।" तुलसी हकबक—आँख डब डब कर बोले, "माई का है, का कहत हौ?" चुनिया ने पुचकार कर कहा, "कुछ नहीं बेटवा, मुझ अनाथ के नाथ तुम हो और तुम्हारे अब भगवान राम हैं" और उसने तुलसी को अपने पास खींच कर बैठा लिया, फिर मुनिया से बोली, "बेटी! मेरी अन्तिम इच्छा है कि तुम आज यहीं रह जाओ।" मुनिया दुखी आर्त्त कुछ न बोली और छप्पर के नीचे पथरा पर बैठ गई। तुलसी भूना चना खाकर पानी पीकर सो गये। चुनिया कराहती रही। मुनिया उसे देखती रही और रात को एक बजे उसने कराह कर अन्तिम विदाई ले ली।

पत्थर पर सोते तुलसी की ओर टकटकी लगाए मुनिया दहाड़े मार कर चिल्ला उठी। तुलसी जगे, टोला-परोस के लोग भी जग गए। चुनिया की मृत्यु की खबर पाकर किसी ने उसके प्रति सहानुभूति नहीं प्रकट की। पड़ोसी शिवबरन ललकारते रहे, "इ कुलच्छनी तुलसी का कहैं। माँ को, बाप को, दादी को, चाचा को, चुनिया को खा गया।" तुलसी में अब तक थोड़ी समझ विकसित हो चुकी थी। किससे विरोध करते, किसका समर्थन लेते। कोई अपना नहीं था। चुनिया माई राम के यहाँ गई, उसका अब क्या रह गया। सवेरे गाँव वाले मुनिया के अनुनय विनय पर उसकी काया को यमुना में प्रवाह कर आए और तुलसी बचे अकेले। वह कहाँ जाएँ, क्या करे। प्यास लगी, दौड़े गगरी की ओर। थोड़ा-पानी था। कस्कुट की कटोरी में लेकर पिया, राहत मिली। क्या खाएँ? कोठरी-ओसार पर चारों ओर निगाह दौड़ाई। लटकती हुई पुटकी दिखाई दी। पहुँच नहीं सकते थे, टुटहा खटोला खींचा। पैर रखकर पुटकी निकाली। देखा थोड़ा-सा चना था। खाया और खाकर पानी पिया और लेट गए। सोचने लगे, कौन खाना देगा, क्या खायेंगे? अपराह्न सन्ध्यापूर्व उठे। पहले मुनिया के यहाँ गए, मुनिया का दरवाजा बन्द था। आगे बनिया का घर था। तुलसी दुकान पर चिल्लाए—भूख लगी है। सेठ का लड़का राजा, जो तुलसी का समवयस्क था, निकला। तुलसी और राजा एकाध-दो बार मिल चुके थे। राजा को देखकर तुलसी थोड़ा सकबका गए और समवयस्क साथी के सामने स्वाभिमान जागा लेकिन राजा ने आत्मीयता के साथ तुलसी का हाथ पकड़ कर पास की खटिया पर बैठाया और स्वयं बैठ गया। मुरझाया चेहरा, निस्तेज आँखें सब कुछ कह रही थी। राजा घर के अन्दर जाकर लाई गुड़ ले आया और बोला, "खाव-खाव! शरमाओ न।" तब तुलसी को लगा इससे अच्छा साथी शायद ही कोई हो। तुलसी भुखमरे की तरह लाई पर हाथ

फेरने लगे और तब तक वह पानी लेकर आ गया और उसके पीछे थीं राजा की अम्मा। फटे गुदली में लिपटे सात साल के बच्चे को देखकर उसे दया लगी और पास जाकर अपने बेटे का पुराना अगौंछा-फतुही ले आई और कहा, "बचवा, इसे ले जाकर घर में पहनना। इस झिगुंली को उतार कर फेंक देना। तुम्हारी अम्मा, हुलसी महारानी थी। दुर्भाग्य था, वह तुम्हें पैदाकर राम जी के यहाँ चली गईं और वह बेचारी चुनिया दासी भी मर गई। चिन्ता न करो, संसार में दिखता नहीं। सबका मालिक भगवान है। रामजी सबको खाना देते हैं। बोल-चाल सुनकर घर के अन्दर से सेठ रघुवीर निकले और तब तक तुलसी लाई गुड़ खाकर पानी पी चुके थे। आगे अँगौछा और फतुही देखकर सेठ बोले, "अरे रजवा का कपड़ा कहाँ यहाँ फेंका है" और उठाने को लपके तो सेठाइन ने तेज आवाज में कहा, "नहीं, ई दान कर दिया है, राम बोलवा को।" सेठ बड़बड़ाये 'तुलसिवा को घरौ दान कर दो, कमाई दान कर दो। फिर यह मरे के बचे।' तुलसी सुन रहे थे। धीरे से बोले, "मइया, ई कपड़ा रख लेव। बाबू नाराज हैं।" तब तक सेठ के लड़के राजा ने प्रतिवाद किया, "नहीं तुलसी, तुम ले जाओ। हम फिर बनवा लेंगे।" सेठ की हुंकार चुभ रही थी। तुलसी ने कपड़ा छोड़ा और सेठाइन सेठ को हाथ जोड़कर चल दिए लेकिन राजा नहीं माना। थोड़ी दूर जाने पर तुलसी ने पलटकर राजा को देखा तो राजा ठिठक गया और बोला, "बड़े भइया! काहे परेशान हैं। माई ने कपड़ा हँसकर दिया है। का रखा है। भइया तुलसी मेरी अम्मा भी तो तुम्हारी ही अम्मा हैं। उनके प्रेम से जो मिला, इसे ले लो। दुखी होंगी।" राजा के प्रति यह पहली कृतज्ञता थी—तुलसी ने उसका पुराना गमछा और फतुई ले ली। वे राजा और उसकी अम्मा के स्नेह को सोचकर चुप रहे। लेकिन सेठ का अपमान सालता रहा।

तुलसी की अब नई जीवनचर्या शुरू हुई। कोई नहाने-खाने के लिए पूछने वाला नहीं था। चुनिया गई। मुनिया से कोई मतलब नहीं। क्या करें? चुनिया से तुलसी को सम्हालने की जिम्मेदारी लेने के बाद भी वह नहीं आई। उन्होंने राजा का गमछा लपेट लिया। चैत लग चुका था। मच्छरों का प्रकोप शुरू था। तुलसी कथरी लपेटे पथरा पर बैठे थे। न कोई बोलने वाला, न सुनने वाला। शाम को अकेले रहना पड़ेगा। थोड़ा एकान्त का भय लगने लगा। एकाएक हनुमान जी याद आए। पर्वत के ऊपर तक फैली लाल पूँछ और हाथ की गदा का चित्र मन में बना। एक पर्वत जैसा लम्बा शरीर जो स्वप्न में देखा था और जिसे मंदिर में आराधा था दोनों एक हो गए। बालक बुदबुदा पड़ा, "हे हनुमान जी! तुम्हीं मेरी माँ हो, तुम्हीं मेरे बाबू हो, तुम्हीं मेरी चुनिया मैया हो, तुम्हीं मेरी दादी हो, तुम्हीं मेरे चाचा हो। इस अनाथ के तुम्हीं सब कुछ हो। बताओ, महराज! हम कहाँ

जाई, का खाई, का करी।'' बालक तुलसी हनुमान को बुला रहा था। तब तक पैरों की आहट से ध्यान भंग हुआ। मुनिया चिल्ला रही थी, ''तुलसिया! कहाँ है?'' तुलसी ने उत्तर दिया, ''पथरा पर बड़ी माई।'' मुनिया चार रोटी, बासी दाल ले आई थी। तुलसी के सामने रख दिया और बोली, ''कटोरा ले आ। दाल उड़ेल ले। रोटी खा कर सो जा। देखो, भइया, मैं चार घर की नौकरानी हूँ। चौका-बरतन, सफाई, गोबर पथाई दिन भर खटती हूँ। मेरा भरोसा नहीं। तू अपना इन्तजाम कर।'' तुलसी बासी दाल अपनी कटोरी में उड़ेल रहे थे। रोटी देकर वह चली गई। तुलसी ने आज छक कर खाया, एक रोटी बची। कपड़े में बाँधकर टांग दिया, छप्पर की छान में।

अपने नाँदी तौरा के हनुमान को याद करते-करते खटोले पर सो गए। निश्चिन्त सोते रहे। सबेरे उठे। हनुमान का नाम लेते बैठ गए, बैठे रहे।

आज पानी खत्म था। सात वर्ष के तुलसी कुएँ से पानी नहीं निकाल सकते थे। गागर नहीं उठा सकते थे। शौच तथा स्नान के लिए पोखरा चुन लिया, लेकिन पीने का पानी? अपनी गगरी लेकर दूबे के कुएँ पर गए। औरतों ने तुलसी की गगरी देखी—कहा, ''मटका ले के चला है। उधर बैठ अभी जगत खाली नहीं।'' डाँट तथा दुतकार से भयभीत अपनी खाली गगरी लेकर वे जमीन पर बैठ गए। एक ब्राह्मणी ने न छूने की हिदायत करके अपने गगरे का आधा पानी उनकी गगरी में डाल दिया और कहा, ''ले जा, तेरे पीने के लिए बहुत है। खबरदार कभी कुएँ की जगत पर न चढ़ना।'' मरता क्या न करता! चुपचाप अपमान से भरे छलकती गगरी उठाकर धीरे-धीरे चल दिये। पोखरे पर जाकर नहाये गमछा लपेटा—राजा की सफेद बंडी पहन ली और आकर बैठ गए। ऊपर उनकी कल वाली रोटी पोटली में बँधी थी। खोली। आज बासी दाल भी न थी। थोड़ा नमक ले आकर बैठे तो उनके पुराने साथी बूढ़े बानर बाबा आ धमके। तुलसी ने उन्हें देखकर हर्ष से पुकारा, ''आओ साथी हनुमान जी! कल से पुकार रहे थे—आओ'' और आधी रोटी तोड़कर उनके सामने रख दिया—एक टुकड़ा नमक भी। किन्तु लड्डू खाने वाले हनुमान जी ने नमक न छुआ। तुलसी ने नमक रोटी खाकर कटोरे में पानी पिया। तब तक बन्दर बाबा रोटी खाकर चले गए थे। किससे बतिआएँ? कोई आगे, न पीछे, न बगल? अकेले निपट अकेले और कुछ न सूझा तो अपनी राग अलापने लगे—

राम बोल राम बोल राम बोल भइया।

आवाज में पीड़ा थी, अन्तरंगता की, एकाकीपन की। असहाय और निराश्रित के लिए आलम्बन की याचना की किन्तु स्वर की तरंगे अपने प्रभाव से मन को छू रही थीं।

दिन के दूसरे प्रहर में उनकी भूख चटकी। कहीं कुछ न था। घर में दो चार टुकड़े नमक, आधी गगरी पानी। उठे और दो कटोरी पानी पीं गए—एक झटके में।

सोचा कल सेठ की तरफ गया था। आज उधर नहीं जाऊँगा। आज ठकुराने चलूँ। जैसे ही उन्होंने बाबू रतन सिंह के दरवाजे पर पेट उघार कर दिखाया—'सरकार! भूख से पेट ऐंठत बा'—ठाकुर उठे और वह दो रोटी जो कुत्तों के लिए रखे थे—तुलसी को थमा दिया। तुलसी ने देखा-रोटी बासी है, केवल रोटी ही है। वे आगे बढ़े। रोटी देखकर कुत्ते भी भौंकने लगे। वे बाबू साहब के चबूतरे पर चढ़ गए। बाबू साहब हें हें करने लगे। तुलसी चबूतरे पर ही खड़े खड़े रोटी खाने लगे डर के मारे। कुत्ते छीन न लें। तीन चार झटके में रोटी खा गए और फिर आँख उठाकर बाबू रतन सिंह को देखा। बोले, "भाग यहाँ से। कुत्ता का हिस्सा खा गया, पेट नहीं भरा। अभी कुत्ते तुम्हें चबा डालेंगे। चबूतरे के पीछे से उतर कर चले जाओ। चलो, हमारे साथ दुआर बटोरो, बासन धोओ। तुलसी सब कुछ सुनकर उत्तर न देते। जो मिलता खा लेते। पूरे गाँव भर के सिर पर वे जैसे छुआछूत की बीमारी के संकट बने थे। अब करीब उम्र बढ़कर एक साल और पूरी होने वाली थी। तुलसी आठ वर्ष के हो चुके थे। क्वार का महीना लग चुका था। वह समझ चुके थे कि संसार में बड़वाग्नि से भी बड़ी पेट की आग है। उसमें जो भी चाहे डालते जाओ, बुझेगी नहीं।

इधर तुलसी ने एक काम और करना शुरू किया। चुनिया की घास काटने वाली परसुल रखी थी। वह पथरा जिस पर बैठा करते थे दो भागों में रेखांकित कर दिया। एक भाग आसन के लिए और दूसरा भाग आराध्य के लिए। पत्थर के ऊपर वाले भाग में परसुल के नोक से ठोकरें मारकर हनुमान जी बनाना चाहते थे। उसमें दिन भर लगे रहते। भूख लगती तो दौड़ के पानी पी लेते। लेकिन आज उन्हें मालूम नहीं भूख क्यों नहीं तंग कर रही थी। हनुमान के दो पैर बनाए और उसी से जुड़ा भारी भरकम बेडौल शरीर फिर हाथ बनाने लगे। जगह कम होने के कारण हनुमान जी का पर्वत धारण छोटा पड़ रहा था किन्तु पूँछ नाँदी तौरा वाली हनुमान की थी। सूर्यास्त के पूर्व उनके हनुमान तैयार हो उठे। फिर उन्हें ध्यान में आया इसे गेरू से रंगे कैसे? गेरू मिले कहाँ? बड़े उत्साह से, बिना भ्रम तथा संकोच के सेठ रघुबीर की दुकान की ओर चल पड़े। संयोग से सेठ नहीं थे, सेठाइन तथा राजा दोनों ने तुलसी को बैठाया। सेठाइन ने पूछा, "कुछ खाया-आज!" भोजन के नाम पर तुलसी को रोटी की याद आई, "नहीं अम्मा। आज दिन भर से भूखे हैं।" वह गई और एक कटोरी में साग तथा छः पूड़ियां लेकर लौटी और बोली, "मंगलवार को हमारे

यहाँ यही बनता है तुलसी!'' तुलसी को खाने के पूर्व हनुमान जी याद आ गए। खाना छोड़कर कहा, ''अम्मा सुनो!'' राजा चौंका, ''अरे राम बोलावा! पूड़ी काहे छोड़त बाटे।'' सेठानी भी अचरज में। तुलसी बोले, ''आज मंगलवार है, सबेरे से लगे हैं। पथरा पर हनुमान जी को बनाने में। हनुमान जी बन गए हैं। हम गेरू माँगने आए थे, उनको रंगने के लिए।'' सेठानी हकबका गईं, ''तूने हनुमान जी को बनाया है, चल-चल हम देखेंगे। राजा तू बैठ।'' सेठानी हनुमान जी की बचपन से भक्त थी। पड़ोस में ही तो है। एक भेली गुड़-दसांग लेकर उठीं। तब तक तुलसी ने फिर गेरु की याद दिलाई। सेठानी बोली, ''हम लेते हैं—तू पूड़ी सब्जी बाँध ले, घर पर खा लेना।'' तुलसी अकेले थे, छोर में पत्तल सहित बाँध कर सेठानी के पीछे चल पड़े। सेठानी ने जाकर तुलसी की रेखाकृति देखी। उन्हें रेखाकृति में चमक-सी लगी और घूर कर फिर देखा। एक रेखा चमकी फिर सामान्य हो गई। सेठानी को समझ में नहीं आया कि पत्थर चमक रहा है या रेखा या तुलसी का तेज चमक रहा है, या हनुमान की कृपा! उन्होंने श्रद्धापूर्वक जल माँगकर हनुमान को गेरू से पोता। घी लगाने का आश्वासन दिया। जैसे गेरू की रेखा से अलग थी। पुनः ठीक किया। आग में दसांग डाल कर पूजा की। हवन किया। गुड़ की भेली तोड़कर हनुमान जी को चढ़ाया फिर तुलसी को प्रसाद देकर जाते-जाते कह गईं कि तू रोज सबेरे नहा कर पूजा किया कर। तेरे सारे संकट दूर हो जाएँगे हनुमान जी की कृपा से। तुलसी हर्षित थे। उसकी पहली कृति की पूजा सेठाइन ने की। भोज भंडारे में छीन-छीन कर पूड़ी खाने वाले तुलसी ने बैठकर आराम से आज पूड़ी सब्जी खाई। उन्हें लगा यह सब हनुमान जी ने दिया है। यही मेरे सब कुछ है, फिर खटोला खींच कर पत्थर के पास लाये। हनुमान जी का पैर छूकर वह नीचे लेट गये। दिन भर के थके, रात भर सो रहे।

तुलसी पर हनुमान जी की पूजा का नशा प्रारम्भ हुआ। कभी-कभी उन्हें याद करते-करते आँख भर जाती। पिता आत्माराम को वे पहचानते नहीं थे। हनुमान जी ही उन्हें पिता लगे। माता हुलसी को देखा नहीं था। वही हनुमान सब कुछ दिखे। चाचा जीवाराम, चुनिया सब कुछ हनुमान से जुड़े। कभी तन्मय होते, कभी अभिभूत होते, और संकट की सोच में होते तो कभी अपने निराश्रित होने के कष्ट का अनुभव करते। सब कुछ हनुमान जी के सामने सुनाते। राजा का पुराना अंगौछा और बंडी-गंदी-मैली कुचैली! रात को पोखरे में नंगे नहाकर बाहर उसे लपेट लेते फिर चारों ओर परखते कोई देख तो नहीं रहा है। सब कुछ हनुमान जी के सामने बैठकर याद करते। इस हनुमान सेवा में उन्हें एक लाभ जरूर मिला। सेठानी चोरी से हनुमान की पूजा के लिए एक भेली गुड़ रोज राजा

से भेजने लगी। तुलसी सेठानी की हनुमान पूजा देख चुके थे। वे आग में एक रोड़ा गुड़ डालते, फिर हनुमान जी के मुँह के पास ले जाकर एक रोड़ा रखते—कहते, "खाओ-खाओ—स्वामी जी, भगवान खाओ! इसके अलावा हमारे पास कुछ भी नहीं है। फिर उनका पैर छूकर खटोली पर आराम से बैठकर आधी भेली से अधिक गुड़ खा जाते। पानी पीते। हनुमान का नाम लेते। भूख लगने पर दरवाजे-दरवाजे लग जाते जो भी मिलता—आकर हनुमान को दिखाते और कहते, "बाबू आज मिसिर टोला में यही भीख मिली है। आप को नहीं दूँगा। जूठा है कि साफ, कुत्ते के आगे का है कि गाय के नाद का, बच्चे का जूठन है कि पैर की कुचली है। आपको देंगे तो पाप होगा—बाबा।" और कहकर उसे खा लेते और खाने के बाद इस तरह तृप्ति का अनुभव करते जैसे चारों पुरुषार्थ उन्हें एक साथ मिल गए हों।

आज कई महीने बाद तुलसी का नाँदी तौरा के स्वामी रामदास की ओर से बुलावा आया। उनका शिष्य संदेश कहने आया था। तुलसी पूजा करके उठने वाले थे। स्वामी रामदास के शिष्य को पत्थर, चित्रांकित हनुमान तथा तुलसी की पूजा को देखकर बड़ा आश्चर्य हुआ। पूजा के बाद होम तथा हनुमान को प्रसाद भोग लगाया फिर खटोले पर उसको बैठाकर तुलसी ने उसके सामने गुड़ रख दिया। उसके पश्चात् दोनों ने गुड़ खाए, कटोरी में पानी दिया। तुलसी ने गुरु श्रीरामदास को प्रणाम निवेदित करके जानना चाहा, वे ठीक हैं, स्वस्थ हैं? उनके शिष्य ने आशीर्वाद देते हुए कहा, "प्रिय रामबोला! स्वामी जी ने याद किया है। अरे, वह तुम्हारी अम्मा नहीं दिखाई पड़ रही हैं? कहाँ हैं?" चुनिया अम्मा की याद आते ही तुलसी की आँखें डबडबा आईं, फिर बहने लगीं। हिचकी लेते हुए वे बोले, "राम जी के यहाँ गईं भैया, हमें अनाथ छोड़कर।" शिष्य ने आश्वासन दिया, "देखो! हनुमान जी तो लोक के नाथ तुम्हारे संरक्षक हैं, अनाथ क्यों?" तुलसी के आँसू चूते रहे। किसी तरह शान्त कराकर स्वामी जी के शिष्य ने कहा, "स्वामी ने तुम्हें कई बार याद किया है। आ जाना कल।" तुलसी ने प्रतिवाद किया, "भैया मैया के साथ एक बार गया था। पाँच कोस का रास्ता है। मुझे मालूम नहीं। कहो तो तुम्हारे साथ ही चलूँ।" स्वामी के शिष्य ने हामी भर दी किन्तु 'हनुमान' जी को देखकर तुलसीदास को याद आया—इनकी पूजा कौन करेगा? ये अकेले रहेंगे। नहीं, नहीं, फिर विचार कौंधा सेठाइन अम्मा से कह दें और उन्हें बैठाकर सेठ रघुबीर के घर की ओर दौड़ पड़े। सेठ-सेठानी कुछ आपस में बात कर रहे थे। तुलसी खुशी से चिल्ला पड़े, "अरी अम्मा! नाँदी तौरा के हनुमान जी वाले महन्त के आदमी मुझे बुलाने आए हैं। जा रहा हूँ। हमारे हनुमान जी अकेले हैं। सबेरे जल चढ़ा दिया करना।" सेठ जब तक कुछ समझते, सेठानी

बोली, "ठीक है बच्चा! तू जा, हनुमान जी कल्याण करें तुम्हारा", और तुलसी भागे। सेठानी ने सारा प्रकरण सेठ को विस्तारपूर्वक बताया तो वे हँस पड़े और बोले, "अच्छा! बताया क्यों नहीं। गृह देवता की पूजा कर आया करो, जब तक न आए।"

उबेने पैर तुलसी कुश, काँकर, पत्थर, झेलते स्वामी जी के मन्दिर तक पहुँच गए। चुनिया माई की याद, उसकी गोदी, पुचकार उन्हें याद आ रही थी। जैसे ही चबूतरे पर चढ़े, मध्यकाल की सेवा करके स्वामी जी मंदिर से निकल रहे थे। तुलसी उनके पैरों में जा लगे। स्वामी ने आत्मीयता से तुलसी के सिर पर हाथ फेरा। इस अप्रत्याशित स्नेह-स्पर्श से उनके श्यामल कमल नयन डबडबा आए। तुलसी का हाथ पकड़े स्वामी कोठरी में ले आए, सेवक पीछे-पीछे थे। तुलसी को स्वामी ने बगल में बैठाया और चुनिया के मरने तथा अनाथ होने का समाचार जानकर बड़े दुखी हुए। शिष्य ने तुलसी के हनुमान के रेखांकन का हँसकर परिचय दिया और व्यंग्य में कहा, "स्वामी! यह हनुमान का पुजारी बन गया है।" निश्छल गुरु की आँखों ने एक बार शिष्य को देखा फिर बोले, "राम जतन! सुनो! स्वामी महावीर ने स्वप्न दिया था कि बालक तुलसी को यहाँ बुला लो, नहीं मैं तो उसके पास जा रहा हूँ। तुम्हारी कथा से लगता है, वह चित्र कोई साधारण गेरूरंगा चित्र न होकर प्रभु स्वामी महावीर जी का क्रियावेश है। उनकी इच्छा वहीं जाने की है, तुलसी तू अब यहीं रह। प्रभु श्रीराम तुम्हारे माता-पिता, स्वामी सब कुछ हैं, तुम्हारे रक्षक स्वामी महावीर हनुमान जी हैं। तुझे यह आश्रम कैसा लगता है?"

विक्रमपुर के पुरवे में घर पर टुकड़े माँगने वाले तुलसी को आज हनुमान की कृपा का एहसास हो रहा था। एक आसक्तिमयी ममता उस गरीबी के ऊपर थी जो उनके मन को दूबे के पुरवा की ओर खींच रही थी किन्तु तुलसी को अन्यमनस्क देखकर स्वामी जी बोले, "क्या बात है, रामबोला! बताओ, प्रभु हनुमान के मंदिर में रहने में कोई कष्ट तो नहीं है?" तुलसी ने हामी भरते हुए स्वामी जी से एक प्रश्न किया, "स्वामी जी! फिर, हमारे हनुमान जी वहाँ अकेले रह जाएँगे।" स्वामी जी ने समझाया, "पुत्र! चिन्ता न कर। ये सब महाशक्तियाँ हैं, इन्हीं से सम्पूर्ण प्रपंचात्मक सृष्टि जुड़ी है। तू बाद में समझेगा। वहाँ जब तू जाएगा तो देखेगा—भक्तों की भीड़ मिलेगी। भक्तों के रक्षक स्वामी महाबीर हनुमान जी हर जगह हैं। भक्तों की रक्षा के लिए गदा लेकर! तू निश्चिन्त होकर यहीं हनुमान की सेवा में रह। यही आज हनुमान जी ने स्वप्न में मुझसे कहा है। भूखे, भिखारी, टुकड़े के लिए दरवाजे-दरवाजे दौड़ते, कुत्तों एवं गायों से रोटी छीनकर खाने वाले तुलसी के लिए उनके स्वामी ने सेवा के

लिए मंदिर में आज स्वयं बुला लिया। इतना बड़ा आश्चर्य, उनके हिसाब से न आज तक देखा गया और न सुना गया।

रामबोला तुलसी नाँदी तौरा मन्दिर में हनुमान स्वामी के भक्त श्रीरामदास की कुटी में स्थिर हो गए। दूसरे दिन प्रातः स्वामी रामदास ने उनका सिर मुड़वाकर विधिवत् स्नान कराया, बाद में गंगाजल छिड़का। एक शिष्य गेरुआ गमछा लिए खड़ा था—एक अधोवस्त्र के रूप में दूसरा ऊपर शरीर पर लपेटने के लिए। तुलसी इस सारी प्रक्रिया के बीच स्थिर एवं उत्सुक थे। आठ वर्ष की वय-चारों तरफ से धक्के खाए—आश्रम पाकर आश्वस्त थे किन्तु राजापुर याद आ रहा था। हनुमान जी याद आ रहे थे। स्वयं और उस पथरे पर स्थित हनुमान के अलावा उनका और कोई नहीं था। गुरु ने वस्त्र पहनाने के बाद तुलसी से पूछा, "तुम्हें हनुमान जी का दास बनना होगा। भक्त तो सब हैं। खरीदे हुए दास की भाँति, सब भाँति से समर्पित रहना होगा। तुलसी ने उत्तर दिया, "स्वामी जी! मैं हूँ तो उनका ही दास।" फिर गुरु, तुलसी को हनुमान जी की प्रतिमा के सामने ले आए। बाँह पीठ मरोड़ कर और पीठ मींज करके उस पीठ पर एक थपकी दी और बोले, "प्रभु! महावीर यह आज से आपका क्रीतदास हुआ। इसे अंगीकार करें।" तुलसी ने हनुमान के चरणों पर अपना शीश रख दिया। उनके अन्तर्मन में आवाज हुई—'तुलसी तू मेरे स्वामी श्रीराम का दास बन।' जैसे तुलसी उत्तर दे रहे हों। मैं तो श्रीराम के दास के दास का दास हूँ। आँखें खुलीं। एक चमक-सी पैदा हुई। स्वामी रामदास ने रामबोला तुलसी के माथे पर गेरु पोत दिया। तुलसी उनके चरणों में लिपट गए। स्नेह से सहलाते हुए उठाया और अपने चारों शिष्यों का चरण स्पर्श करने के लिए कहा। तुलसी ने सभी का चरण स्पर्श किया और उन शिष्यों ने तुलसी को अंक से लगा लिया। तुलसी अर्थात् रामसेवक इस प्रकार 'हनुमान स्वामी' के दास हो गए।

मंदिर का वातावरण तुलसी को घर के वातावरण से सर्वथा भिन्न लगा। अब उन्हें घर-घर रोटी के टुकड़ों के लिए लालायित नहीं होना था। अब उन्हें सारे गाँव वालों के अपशब्द भी नहीं सुनने को मिलते थे। उनका चित्त स्थिर हो चला था। स्नान, पूजा, ध्यान, हनुमान की आरती एक वक्त खोंची और शाम को रोटी यह उनकी दिनचर्या में चल पड़ी थीं। तुलसी के साथी शिष्यों में एक थे—अच्युतानन्द जी। काशी में तीन वर्षों तक विद्याध्यन भी किया था और मंदिर में सबसे प्रबुद्ध थे। तुलसी को संस्कारित करने का दायित्च अच्युतानन्द जी के ऊपर पड़ा। प्रतिदिन तुलसी को वे एक प्रहर संस्कृत वर्णमाला, अष्टाध्यायी के सूत्र, वाल्मीकि रामायण एवं अध्यात्म रामायण बाँचकर सुनाते। तुलसी बड़े ही कुशाग्र एवं प्रबुद्ध संस्कारों के बालक थे। वे जो सुनते, दूसरे दिन अपने अग्रज गुरु को सुना देते।

महीने भर में उनको हनुमान स्तवन संवाद याद हो उठा। स्वामी तुलसी की कुशाग्रता से आनन्दित थे। उनके सारे शिष्य पूजा के कार्यों में तुलसी को आगे करके विश्राम चाहते थे किन्तु तुलसी ने अर्चन, स्तवन, वन्दन आरती के सारे मंत्रों को कंठस्थ कर लिया और जो भी पूजा प्रक्रिया—जैसी भी होती थी या उन्हें जैसी बतायी गई थी—कोई कोर कसर नहीं छोड़ते थे।

तुलसी का गौरवर्ण इस शुचिता के वातावरण में अधिक निखर आया था। उन्नत ललाट, भव्य मुख मंडल, दीप्त माथा और सस्वर कंठ। जब वह तन्मयीभूत दशा में हनुमान की आरती उतारते और स्तुति शुरू करते तो कंठ की झंकार सुनकर वायु भी स्तम्भित हो उठती थी। स्वामी रामदास अनुभव करते कि प्रभु हनुमान और हनुमान के प्रभु श्रीराम जी ने अपने तेज का एक अंश देकर इस बालक को इस पृथ्वी पर भेजा है।

यह नाँदी तौरा मन्दिर आबादी से दूर था। फिर भी, आसपास के गरीब जन अपनी मनौती लेकर मंगल को आ जाया करते थे। एकाध-दो लोग शनिवार को भी आते थे और बाकी दिनों सन्नाटा जैसा था। गरीब किसान हनुमान भक्त पानी में भिगोए या उबाले चने या कोई-कोई भूना चना हनुमान जी के लिए लेकर आया करता था। आरती, पूजा रामबोला तुलसी की जिम्मेदारी पर थी और खोंची अच्युतानन्द के जिम्मे थी। अच्युतानन्द को ध्यान रखना पड़ता था कि दसवें हिस्से से ज्यादा खोंची न निकाली जाए। किन्तु सन्त परिवार में एक सदस्य की संख्यावृद्धि के कारण इधर भी न कमी हो और न भक्तों को लगे कि मन्दिर में खोंची के नाम पर लूट हो रही है। मंगलवार या शनिवार को ही कुछ खोंची निकलती बाकी, भक्त जन सीधा वगैरह लेकर आते वह अलग रख लिया जाता। खोंची की बात स्वामी जी के सामने रखी जाती और शिष्यों की पंगत उनके सामने लगती। छोटी-छोटी पत्तलें रखकर—स्वामी जी समझाकर एक दो मुट्ठी जो अँटती सबकी पत्तल में रखते और लगभग उतना ही हिस्सा स्वामी जी का भी होता। इस खोंची के साथ कभी कभार भक्तगण चढ़ावे में गुड़, बताशा, मिठाई, लड्डू भी चढ़ा जाते, जैसी व्यवस्था होती। खोंची इतनी कम होती कि किसी के पेट भरने का सवाल नहीं था किन्तु तुलसी जैसे नये सदस्य के लिए यह तय था कि दोपहर को खोंची मिलेगी तो।

शाम को कभी लिकड्डु लगता, कभी चावल या खिचड़ी ही पक जाती थी किन्तु अब वह भूखे पेट नहीं रहते। प्रायः उनका पेट भर जाया करता था। तुलसी का मन धीरे-धीरे यहाँ लग रहा था। अगर न भी लगता तो जाते कहाँ? कोई संगी-साथी तथा आत्मीय जन उनके पास नहीं था। उनके मन में सदैव केवल एक ही चिन्ता रहती थी कि सेठानी अम्मा उनके हनुमान को जल चढ़ा रही हैं कि

नहीं। जब भी अवकाश पाते बैठकर यही सोचते। उनकी सबसे बड़ी आत्मीय धरोहर उनके हनुमान जी ही थे।

× × ×

तुलसी के जाने के बाद सेठानी के हनुमान पूजन और अर्चन में और भी अधिक तत्परता आ चुकी थी। प्रातः ब्रह्म मुहूर्त में वे स्नान करके अपनी पूजन सामग्री लेकर हनुमान चबूतरे पर आकर बैठ जातीं—जल अर्पित कर हवन करतीं फिर गुड़ का भोग लगातीं और जो भी मिलते उनके बीच प्रसाद का वितरण करतीं। अब बड़े सबेरे छोटे बच्चे एकत्रित होने लगे थे और बड़ों में भी उत्सुकता उत्पन्न होने लगी थी।

आज सबेरे जब सेठानी हनुमान पूजन के लिए चबूतरे पर आईं तो रामहरष दूबे पहले से बैठे खखार रहे थे। सेठानी बिना ध्यान दिए जब पूजा को बैठीं तब फिर खखारे। सेठानी बिना ध्यान दिए जब पूजा को बैठीं तब फिर खखार कर बोले, "देखो, सेठाइन ई भूमि हम दुबे परिवार की है। तुलसी को, हम नहीं बोलते थे। पूजा पाठ करके कब्जा करने का मन बना लिया है क्या? सेठानी ने मंत्र जाप करते हुए अपने उग्र तेवर में उत्तर दिया, "जब तुलसियवा भूखन दाना-दाना के लिए गाय-बैल के हौदा-हौदा में हाथ डालकर दाना हेरत रहा तो आप कहाँ थे", उसने हनुमान जी को स्थापित करके इसे हमें सौंपा है, और जब तक वह आता नहीं, मुझे यहाँ आने से कोई रोक नहीं सकता।" राम हरष लाठी पटकते हुए बोले, "तुलसी आके रहैं, हमे कोई एतराज नहीं, लेकिन ई हमरे घर का पछवार है। दूसरे को कब्जा न करै देइहौं।"

दोनों का सबेरे-सबेरे शोर-शराबा सुनकर कई लोग आ गए। स्वयं सेठ, उनके लठैत, राजा तथा एक दो पड़ोसी, सभी ने मिलकर आपत्ति की। पूजा पाठ का मामला है, इसमें जमीन हथियाने का क्या सवाल? लेकिन रामहरष दूबे की चिल्लाहट बन्द नहीं हो रही थी। अन्त में, सेठ ने नाराज होकर कहा, "अच्छा देखते हैं। कल तुलसियवा को बुलाकर यहीं हनुमान मंदिर और एक बड़े चबूतरे की प्रतिष्ठा करके बनवा देते हैं। देखते हैं, तुम कितने बड़े जोधा हो।" फिर, एक लठैत की ओर मुखतिब होते हुए बोले, "बच्चा, जा अभी जा, नाँदी तोरा से तुलसी को बुला ला। अब यहाँ हनुमान जी का मंदिर ही बनेगा। अपने पक्ष में न देखकर लाठी पकड़कर लँगड़ाते रामहरष दूबे घर चले गए।

शाम को सेठ के अनुचर ने पहुँचकर सारी बातें तुलसी को बताईं। स्वामी जी ने उसकी बातें सुनकर दूसरे दिन प्रातः अच्युतानन्द के साथ तुलंसी को विक्रमपुर भेज दिया। स्वामी जी की इच्छा थी कि तुलसी के पथरा पर मंदिर बन

जाए और अच्युतानन्द को सहेज दिया कि मंदिर बने तो भूमि पूजन कराकर तथा भलीभाँति मूर्ति का संस्थापन करा कर तब आना।

शाम को अपरान्ह अच्युतानन्द के साथ तुलसी विक्रमपुर पहुँचे, सेठ के घर। तुलसी का सौम्य, दीप्त, केशविहीन आभामंडित चेहरा देखकर सेठानी तथा सेठ दोनों हाथ जोड़कर प्रणाम कर रहे थे। तुलसी भावुकता से सजल होकर बोले, "सेठानी अम्मा—पायँ लागूँ। आपको हम हनुमान जी की सेवा का भार देकर चले गए थे। चलौ उनकी प्रदच्छिना तो कर लेई।" सेठ और सेठानी अपने पुत्र राजा तथा सिपाहियों के साथ पथरा तक गए। तुलसी जैसा छोड़कर गए थे, उसी साज-सज्जा में उन्हें लगे हनुमान जी। प्रणत भाव से हाथ जोड़कर तथा माथा टेककर प्रणाम किया। गाँव के दस-पाँच लोग पहुँच चुके थे। तुलसी की भव्य आकृति आज सबको अपनी ओर खींच रही थी। फटे कच्छे वाला धूल धूसरित यही बालक क्या रोटी के लिए बिलबिलाता, दोपहरी-दोपहरी द्वार-द्वार घूमा करता और दुतकार खाकर भूखा घर चला जाता। पीले गेरुए वस्त्र के गमछे से पूरी तरह आच्छादित यह आठ वर्ष का सुन्दर शरीर एवं गौरवर्ण का बालक सूर्य की तरह दीप्त लग रहा था। सबमें श्रद्धा जग रही थी। तब रामहरष आकर बोले, "अरे! तुलसिया का ई जमीन सेठ को बय कर दी है क्या?" तुलसी ने उत्तर दिया, "कक्का नहीं! लेकिन हनुमान जी सेठानी अम्मा के अधिकार में रहेंगे।" सेठ गाँव वालों से चिल्लाकर कह पड़े, "और कुछ पूँछना है तो पूछ लो। शाम को तुलसी चला जाएगा। यहाँ हम चबूतरा बनाकर हनुमान जी की स्थापना करेंगे। जिसको तुलसी से पूछना जाँचना है, पूछ-जाँच ले। बाद में किसी की बात नहीं सुनेंगे।" रामहरष थोड़ा ताव में आए लेकिन सेठ के यहाँ से सबका काम चलता था। उनके लठैत थे, पैसा और प्रभाव था। बाकी लोगों ने हामी भरी। अच्युतानन्द जी अवसर पाकर बोले, "भूमि पूजन करके हम ईंट का न्यास करा देंगे। शायत आज है। उसके बाद चाहे चबूतरा बनाये, चाहे मंदिर।" तुलसी ने भी हामी भरी और देखते-देखते मंदिर का बधावा बजने लगा। भूमि पूजन अपनी सेठानी अम्मा को माता के स्थान पर बैठाकर तुलसी ने किया। लड्डू का प्रसाद चढ़ा। प्रसाद पाने को भगदड़ मच गई। चबूतरे का कार्य शुरू हुआ। जलपान के बाद सेठ ने चाँदी का एक रुपया अच्युतानन्द को और एक तुलसीदास को दिया। तुलसी को चुनिया दासी की बहू मुनिया दिखाई पड़ी। तुलसीदास ने उसे इशारे से बुलाया। तुलसी के शैशव रूप को देखकर मुनिया को पुराने दिन याद आ गए। तुलसी बोले, "अम्मा आज माई (चुनिया) नहीं है, तो तुम हो। लो, हम पैसा रुपया क्या करेंगे। यह रुपया लो" और उसके ना ना करते रहने पर भी जबरदस्ती

तुलसी उसके हाथ में चाँदी का सिक्का थमा कर सन्तुष्ट हो उठे। सेठ तथा अच्युतानन्द को यह अच्छा नहीं लगा, किन्तु वे बोल भी नहीं सकते थे।

तुलसी को अब परमशान्ति थी कि पथरा के हनुमान की आज प्रतिष्ठा हो गई।

जाते-जाते वे वह गठरी तथा बरतन जो चुनिया का था, मुनिया को देते गए और कहा कि अपना घर समझकर इस ओसारे पर अब तुम्हारा अधिकार रहेगा। तुलसी अपना एतबार किसे दिखाते—उसी को जो उनका था और इस गाँव में अब उनके आत्मीय शेष थे—राजा की माँ सेठानी अम्मा, चुनिया माई की बहू अम्मा और पथरा के हनुमान जी।

सबको प्रणाम करके वे आज अच्युतानन्द के साथ नाँदी तोरा लौट आए। अब उनके मन में पहली जैसी अशान्ति नहीं थी। स्वामी जी का चरण छूकर अच्युतानन्द ने विक्रमपुर के मन्दिर की सारी जानकारी दी।

स्वामी जी समझ गए। आज से उठने वाली अशान्ति का बीज इस बालक रामबोला के मन से हनुमान महाप्रभु ने निकाल दिया। तुलसी प्रसन्नचित्त थे।

धीरे-धीरे तुलसी दस वर्ष के हो रहे थे।

चैत्र की नवरात्रि थी, मन्दिर को साफ-सुथरा किया जा रहा था। स्वामी जी के परम मित्र स्वामी नरहरिदास जी आज आने वाले थे। सूकर क्षेत्र गोंडा के स्वामी पुराण एवं रामकथा के अपने युग के श्रेष्ठ मर्मज्ञ पंडित तथा वक्ता! चारों तरफ गाँवों में भी खबर करा दी गई थी कि स्वामी नरहरिदास जी नाँदी तोरा मंदिर पर आज आ रहे हैं। उनका प्रवचन है। स्वामी जी के तखत का आसन रखकर उस पर चटाई और चद्दर बिछा दिया गया था। बाकी सभी के लिए भूमि-आसन था। शाम होते-होते लगभग दो सौ लोग तक आ चुके थे। अपराह्न में अपने दो शिष्यों के साथ स्वामी नरहरिदास जी मन्दिर पर पधारे। स्वामी जी ने परिचय देकर के शिष्यों को दण्डवत कराया। तुलसी की बारी आई तो उस गौर वर्ण के आजानु-बाहु, छरहरे घुँघराले बालों वाले बालक को गेरुए वस्त्र से ढके देखते रह गए। चरण स्पर्श करते ही स्वामी ने उसके सिर पर स्नेह से हाथ रखकर कहा—'प्रिय राम कहो'। तुलसी के कंठ से 'राम' शब्द फूटा। स्वामी जी ने पुनः शिव का मंत्र पढ़ा—कहा कहो—'राञ् रामाय नमः' का स्वर हुआ। स्वामी जी ने, तुलसी का कंठ पकड़ कर उस पर दाहिने हाथ की तर्जनी से कुछ लिख-सा दिया। तुलसी अविचलित निश्चल—जैसे प्रत्यक्ष जटाजूट संयुक्त धनुष बाण लिए श्याम वर्ण राजकुमार दीख पड़े। फिर अनायास ही उनके हृदय से स्फोट हुआ—'राम' राञ् रामाय नमः'। स्वामी जी ने तुलसी को मुक्त कर दिया। भीड़ स्तब्ध देख रही थी। स्वामी नरहरिदास जी बोले, "मैं कब से अपने हृदय में संचित् 'श्रीराम का

प्रसाद' किसी को अर्पित करने की सोच रहा था। आज श्रीराम ने उसे अनायास ही मेरे पास भेज दिया। मैंने अपना सब कुछ दे दिया। आज से इसके हृदय के विमल विलोचन उघर गए। यह दूसरा नरहरि होगा।'' भीड़ स्वामी जी की जै जैकार कर उठी। स्वामी जी अपने और अपने सखा रामदास के शिष्यों के साथ कुटी के अन्दर चले गए। भीड़ तख्त के आस-पास भूमि पर बैठ गई।

जलपान करके मंच पर स्वामी जी आ बैठे। स्वामी रामदास भी उन्हीं के बगल मंच पर बैठ गए। शेष शिष्य भूमि पर। स्वामी जी का प्रवचन आज भागवत् भक्ति पर होना था। भागवत् की वन्दना का दायित्व शिशु तुलसी पर सौंपा गया। तुलसी हाथ जोड़कर खड़े हुए समग्र जड़ एवं चेतन के बीच की सम्पूर्ण द्वैतता जैसे अद्वैतता बनकर फैल चुकी हो। आकंठ भावगत् स्वर में डूबे तुलसी ने स्तुति की—

निगतकल्पतरोगलितंफलं
शुक मुखादमृत द्रव संयुतम्।
पिवत् भागवतम् रसमालयो
मुहरहो रसिकाभुविभावुका।

समग्रतः शान्त, निर्जन, एकान्त, निस्तब्ध एवं रवहीन। स्वामी नरहरिदास जी ने अमृत तुल्य इस स्वर को नहीं सुना था। चारों तरफ श्रोताओं में तन्मयीभूतता। स्तुति की समाप्ति के बाद लगा—जैसे समाधि टूटी हो। नरहरिदास जी एकटक देखते रहे गए। पूरे प्रवचन तक उनका ध्यान रह रह कर तुलसी के कंठ पर आकर्षित रहा।

कथा समाप्ति के बाद आरती हुई। स्वामी ने प्रसाद ग्रहण किया। स्वामी जी ने शिष्यों के बाद और अन्त में नरहरिदास जी ने प्रसाद ग्रहण किया।

आज तुलसी की स्वर भंगिमा तथा चित्ताद्वैत की आध्यात्मिक अभिव्यक्ति ने सभी को अपनी ओर आकर्षित किया था।

× × ×

स्वामी नरहरिदास सबेरे चलने को तैयार हुए और स्वामी रामदास के सामने प्रस्ताव रखा कि यह तुलसी देवपुत्र है और इसके देवत्व के विकास के लिए हमारे साथ इसे जाने दीजिए। स्वामी रामदास के तुलसी मोह ने प्रश्न किया, ''अरे, इस चौथेपन में पुत्रवत् यह मिला है, इसे यहीं रहने दीजिए।'' शिष्य अच्युतानन्द ने समझाया, ''स्वामी जी! लोक के लिए मोह छोड़िए। आप दशरथ की भाँति तुलसी-राम को नरहरिदास को सौंप दें। मेरे पास जितना कुछ है—इस शिशु को छः मास में आत्मसात् करा दिया। प्रतिभा की ऐसी प्रखरता मैंने नहीं देखी है, आज तक।''

स्वामी नरहरिदास के हाथों में सौंपकर अन्त में स्वामी रामदास स्वस्थ हुए। स्वामी जी, अपने शिष्य को साथ लेकर पहले चित्रकूट गए। तुलसी ने पयस्विनी नदी देखी, फिर कामदगिरि देखा। घूमते-घूमते झरने के साथ हनुमान मूर्ति की हनुमान धारा देखी। सीता रसोइयाँ, भरत कूप, राम का आश्रम जो भी सम्भव था, गुरु नरहरि ने सब कुछ दिखाया और एक सप्ताह बाद उसी मार्ग से लौटे जिस मार्ग से राम वन से अयोध्या गए थे। अक्षय वट, गंगा-यमुना, त्रिवेणी, भरद्वाज आश्रम और फिर आगे श्रृंवेरपुर, गंगा नदी, केवट घाट, मार्ग में पड़ने वाली नदियाँ, नन्दिग्राम, अयोध्या के टूटे-फूटे खंडहर, हनुमान-कोट, सरयू नदी और अन्त में, सूकर क्षेत्र के अपने आश्रम में पहुँच गए। तुलसीदास ने गुरु से सारी रामकथा जबानी सुनी, श्रीराम जी से जुड़े स्थल देखे। लगभग एक मास के बाद गुरु आश्रम सूकरक्षेत्र की तिमुहानी के पास उन्हें विश्राम का समय मिला।

इस यात्रा परिक्रमा में वे राजापुर तथा नान्दीतौरा दोनों स्थानों को भूल गए। प्रातः स्नान करके गुरु द्वारा प्रदत्त 'ॐ राञ् रामाय नमः' शब्द मंत्र का जाप करते—भावात्मक तादात्म्य की अन्तर्चिन्ता करते और गुरु के शब्दों को हृदय में उतारते।

अच्युतानन्द के बाद गोस्वामी तुलसी को दूसरे गुरु मिले। दीक्षा गुरु, ज्ञान गुरु तथा प्रवचन विद्या के प्रकांड विद्वान प्रवचन गुरु स्वामी नरहरिदास। अयोध्या के आसपास के वे अपने ढंग के अकेले विद्वान पंडित थे।

स्वामी अपने आश्रम पर प्रतिदिन अपराह्न नियमित प्रवचन करते थे।

प्रातः स्नान-ध्यान-पूजा एवं नित्य नैत्यिक कर्म से निवृत्त होकर तुलसी तख्त के नीचे गुरु चरणों के पास बैठे। स्वामी जी तुलसी को थोड़ी देर देखते रहे फिर बोले, "तुलसी श्री अच्युतानन्द से क्या पढ़ा?" तुलसी ने संक्षेप में बताया, "थोड़ा-थोड़ा सब कुछ—वेद तो था नहीं जो मंत्र उनकी स्मृति में थे, उन्हें मुझे दिया है।" स्वामी जी बोले, "इस अध्ययन काल में अच्छा क्या लगा?" तुलसी ने बताया, "मुनि वाल्मीकि रामायण लेकिन वेद पढ़ने की मेरी इच्छा है।"

स्वामी ने आश्वासन देते हुए कहा, "तुमको जरूर वेद अध्ययन करने का अवसर प्राप्त होगा किन्तु आज इस बात को हृदय में धारण कर लो, वैदिक साहित्य का सारतत्त्व गीता में है। तुलसीदास ने पूछा, "गुरुदेव क्या मैं पूछ सकता हूँ कि गीता का सारतत्त्व कहाँ है?" स्वामी ने निःसंकोच भाव से उत्तर दिया, "वाल्मीकि रामायण में।" तुलसी ने पुनः जानना चाहा, "वाल्मीकि रामायण का मूलसार तत्त्व कहाँ है?"

स्वामी नरहरिदास ने कहा, "भागवत पुराण में, जो मैं प्रवचन में कहता हूँ—उसे तुम रोज सुनो। कुछ ऐसा उपाय निकालो कि वेद, गीता तथा पुराण का

सार देश के लोगों के मन तक पहुँच जाए। तभी सबका कल्याण होगा। प्रभु श्रीराम ने तुम्हें इसीलिए मानव जन्म दिया है।''

उस दिन से तुलसी प्रतिदिन गुरु नरहरिदास का प्रवचन सुनने लगे। यह प्रवचन भागवत पुराण तथा राम कथा दोनों को एक साथ जोड़ता था—श्री कृष्ण को श्रीराम के साथ और श्रीराम को श्री कृष्ण के साथ।

अब तुलसी का गेरुआ वस्त्र बदल चुका था। एक धोती तथा अँगरखा—सिर पर श्वेत चंदन-भुजाओं तथा वक्ष पर भी चन्दन पंक्तियाँ लगती थीं।

तुलसी ने अपने जीवन का नया अध्याय शुरू किया।

नियमित २०-२५ श्रोताओं के बीच स्वामी जी मंच पर आसीन होते थे। तुलसी स्वामी की चरण पादुका मूर्ति की तरह सामने रखकर कथा श्रवण के लिए तत्पर हुए। आज भागवत पुराण की माखन चोरी कथा का स्वामी नरहरिदास जी ने कथावाचन शुरू किया। भागवत वन्दना के क्षणों में तुलसी को ऐसा लगा जैसे गुरु स्वयं भागवतमय हो गए हों। भावाद्वैत का अद्‌भुत रूप! अधमुँदी आँखें! ध्यान बालकृष्ण पर। यशोदा कृष्ण को दुतकार रही हैं—कृष्ण क्या कर रहे हो? कृष्ण ने उत्तर दिया, ''तुम्हारे नूपुरों के पदाघात के घर्षण से मेरी उंगली जल गई है, उसी को बुझा रहा हूँ, माखन में डालकर शीतल कर रहा हूँ।'' मैया बहाने से मुस्करा पड़ी। पुनः दूसरे दिन चोरी करते हुए, पकड़ा तो कृष्णा रो पड़े। माता ने कहा, ''यह सब कुछ तुम्हारा है।'' गोपियों के घर में घुस-घुस कर श्रीकृष्ण जो माखन चोरी करते थे और यह माखन लीला हम भक्तों के लिए आनन्दमयी है। स्वामी जी, माखन लीला का रहस्य बताते हुए कह रहे थे—भगवान के लिए दो ही बातें महत्त्वपूर्ण हैं—लीला शरीर क्या है, लीला कर्म लोक कर्म से क्यों जुड़ा!

तुलसी तन्मयभाव से सुन रहे थे, स्वामी नरहरि जी व्याख्या कर रहे थे, ''अवतरित देह ही लीला देह है और लीला देह में देही और देह का भेद नहीं है। जो इस देह को कुछ अन्यथा मानता है, वह समाज से त्यक्त और बहिष्कृत है। वैदिक परम्परा में श्री कृष्ण तथा राम सभी देह धारण करते हैं जिसे लीला शरीर कहा जाता है। यही लीला शरीर ही उपासना है।''

दस वर्ष के तुलसी इस लीला रहस्य को नहीं समझ पा रहे थे।

फिर स्वामी जी ने दूसरा प्रश्न उठाया, ''लोक में चौर्य कर्म आदि निन्दित है, फिर लीला कर्म में भगवान ने इसे क्यों स्वीकारा? प्रभु का कोई भी कर्म भक्तों के आनन्द के लिए है। गो, गोप, यशोदा, नन्द की जानकारी में यह माखन चोरी हो रही थी। कृष्ण माखन चोर थे। माखन के संग्रह के लिए नहीं, उसके दुरुपयोग के लिए नहीं, यहाँ माखन चोरी लक्ष्य नहीं—उल्लास, हास, परिहास, लीलानन्द लीला का हेतु है।''

तुलसी की समझ में बात नहीं आ रही थी। अपने और लोक समाज के आनन्द्र के लिए चोरी—जैसे, आनन्द ही सब कुछ हो?

स्वामी जी, स्पष्ट कर रहे थे, "भक्तों के मन तक जिस कर्म द्वारा लीलानन्द पहुँचे, देहधारी प्रभु सब कुछ सम्पादित करता है, अपनी वय लीला द्वारा। लीला कर्म लोक के आनन्द, विश्राम, शान्ति सभी की स्फूर्ति से जुड़ा है। वह देही का संसक्तिरहित निष्काम कर्म हैं।"

तुलसी की समझ में बात नहीं आई। आज श्रीराम के स्थान पर श्रीकृष्ण जी की कथा सुनी। उन्होंने स्वामी जी से जानना चाहा, "गुरुदेव! क्या श्रीराम जी ने भी ऐसी ही लीला की है?"

स्वामी जी ने उत्तर दिया, "हाँ, भगवान का देह धारण एवं आचरण एक जैसे हैं। जैसे कोई शिशु-चाहे राम हो या कृष्ण बिना उसकी शिशु लीला के, आगे का क्या रूप बनेगा? राम भी राजपुत्र थे। भाइयों के साथ, भूमि पर लोटते, कौशल्या को खिझाते, पालने पर गाते, आँगन में नाचते, नटखट बालक की तरह चारों ओर धनुष बाण लेकर अयोध्या की गलियों में घूमते। सारी की सारी शिशु लीलाएँ श्रीराम भी करते थे।"

तुलसी ने वाल्मीकि रामायण में यह सब नहीं पढ़ा था। राजपुत्र के चरित्र की यह लोकमयी परिणति क्यों? स्वामी जी पूछते, "तुलसी कोई बात हो तो और पूछो।" तुलसी हाथ जोड़कर चरण स्पर्श करते, "स्वामी जी! मन पर दबाव है, जब बात आएगी तो पूछेंगे।"

सभा का विसर्जन हुआ। तुलसी के मन ने आज स्वामी जी के प्रवचन से एक द्वन्द्व प्राप्त किया। श्री कृष्ण और श्रीराम की क्या लीला कथा है? स्वामी जी ने समझाया राम अनन्त हैं, और उनके गुण अनन्त हैं। वाल्मीकि उनकी लीला का गान नहीं करते। चरित्र द्वारा लोकादर्श की स्थापना चाहते थे। तुलसी की समझ में नहीं आया, गीता और भागवत को कैसे जोड़ें? एक और राम हैं, वह राम अपनी बाल्यावस्था में नकली धनुषबाण लेकर बच्चों तथा भाइयों के साथ नगर, पुर के मार्गों, सरोवर एवं सरिता के तटों पर टहल रहे हैं। कृष्ण तो गोप गाँव में जन्मे। वे तो लोक के थे। तुलसी को चिन्ता थी—चक्रवर्ती सम्राट के पुत्र राम क्या धूलि में लेटेंगे, जल में चन्द्र बिम्ब देखकर माँ से उसकी प्राप्ति के लिए झगड़ा करेंगे, कभी जूठी रोटी खाँयेंगे—तुलसी को राम के आभिजात्य एवं कृष्ण के जीवन की परम्परित विषमता का द्वन्द्व सता रहा था।

चतुर्थ प्रहर विश्राम के बाद गुरु के उपदेश के लिए उनकी पादुका आगे रखकर तख्त के नीचे बैठ गए। स्वामी जी ने प्रश्न किया, "अरे, तुलसी तुम मन-

ही-मन क्या सोच रहे हो?'' तुलसी ने स्वामी जी से बताया, ''इस समय मेरे चित्त में 'कृष्ण और राम तथा राम और कृष्ण' का मंथन हो रहा है।''

स्वामी जी हँसे, ''चिन्ता में डूबो, खूब सोचो। रामकृष्ण की भागवत लीला को मन की मथानी से खूब मथो। उसमें निश्चित ही, चिन्तन का नवनीत निकलेगा।''

तुलसी ने कुछ नहीं समझा।

स्वामी जी ने अपना पुराना प्रवचन दुहराया।

''तुलसी! वेद का सारतत्त्व गीता है। गीता का सार भागवत पुराण है और भागवत पुराण के नवम् स्कन्ध में श्रीराम की भी लीला कथा है। इस लीलावतार की कथा को श्रीकृष्ण के लीलावतार की कथा से जोड़कर देखो, राम की भी लीला लोकावतार की कथा बन जाएगी।''

स्वामी ने अपने पुस्तकाग़ार से भागवत पुराण एवं वाल्मीकि रामायण की एक-एक प्रति निकलवा कर तुलसी को दी और आज्ञा दी कि प्रतिदिन प्रातः एक प्रहर तुम भागवत पुराण सुनाओ और वाल्मीकि रामायण रात को एकान्त में पढ़ा करो।

नरहरि स्वामी ने तुलसी के गुणों को परख लिया था। सुन्दर वपु में सुन्दर मन को वे आध्यात्म ज्ञान से चमका देना चाहते थे। तुलसी की वाणी में अपूर्व माधुर्य था। मुख पर तेजदीप्त भक्ति थी। उन्नत ललाट, स्थिर नेत्र—यही तो महात्मा का बाह्य लक्षण है।

तुलसी ने वर्ष भर स्वामी नरहरिदास से भागवत पुराण का विधिवत् अध्ययन किया था और उसको प्रातः बाँच कर सुनाते भी थे। उन्हें अपने में यह अनुभव होने लगा था कि स्वामी नरहरिदास जी ही बैठकर भागवत सुना रहे हैं। रात्रि में स्वामी जी से वे अपनी शंकाओं का समाधान करते, शयन के पूर्व उनका मनन करते और प्रातः भागवत वाचन करते। स्वामी जी की कथा तुलसी रामायण से मेल नहीं खाती थी। एक दिन उन्होंने कौतूहल वश पूछा, ''स्वामी! क्या भागवत की कृष्ण कथा और रामकथा एक ही उद्देश्य से लिखी गई है?'' स्वामी जी ने उत्तर दिया, ''वत्स तुलसी! तुम्हारा भागवत पुराण अगले सप्ताह समाप्त हो जाएगा तो तुम 'अध्यात्म रामायण' पढ़ो। तुलसी ने पूछा, ''प्रभु! यह कौन-सी रामायण है।'' गुरु ने उत्तर दिया, ''साक्षात् भगवान शिव के मुख से कही गई रामकथा महाशक्ति देवी पार्वती को सुनाने के लिए कही गई थी।'' भागवत को शुकदेव एवं कवि पुंगव व्यास ने रचा था।'' स्वामी जी ने समझाया, ''इसी प्रकार शिव जी ने पार्वती जी के संदेह एवं मोह को नष्ट करने के लिए रामकथा कही थी।'' तुलसी आश्चर्यचकित थे। अभी तक उन्होंने वाल्मीकि

रामायण की रामकथा सुनी थी। गुरु ने दूसरी रामकथा का प्रस्ताव रखा। उनके मन में इस रामकथा के प्रति बार-बार जिज्ञासा—गुरु के प्रति नितान्त आस्था का गौरव भाव पैदा हो रहा था।

एक वर्ष में 'भागवत पुराण' की कथा समाप्त हुई। गुरु के चरणों में तुलसी ने अपना माथा रख दिया। उन्हें एक आज विचित्र अनुभव हो रहा था। मातृ-पितृ विहीन, संगी-साथी से सर्वथा शून्य, धन-सम्पत्ति से विरहित केवल गुरु कामना के आधार पर जीवनचर्या से भागवत् पुराण के रहस्य के ज्ञान की उपलब्धि से उनमें आस्था तथा विश्वास का भाव आया था। उनके मन में हनुमान तथा श्रीराम के साथ-साथ गुरु का तीसरा आधार स्थिर हुआ।

गुरु ने तुलसी को उठाकर पास बैठाया और उनका सिर सहलाने लगे। बारह वर्ष के अचेत बालक के मन पर आध्यात्मिक संस्कार की जो पर्तें जम रहीं थी, उनसे उसका मन-अन्दर-ही-अन्दर कुछ रच-बुन रहा था।

गुरु ने कहा, "तुलसी! देखो मैं अब अस्सी वर्ष का हो चला हूँ। तुम्हें कथा-प्रवचन का दायित्व सौपूँ। तुम अध्यात्म रामायण पढ़ लो।

अगले दिन से स्वामी नरहरिदास जी के एक शिष्य ने स्वामी जी के ग्रंथागार से एक हस्तलिखित प्रति निकाली। अध्यात्म रामायण के मंगल पूजन के बाद स्वामी जी के शिष्य ने उस कथा का प्रवचन करके गुरु नरहरिदास द्वारा उसके विवेचित संदर्भों की व्याख्या शुरू की।

तुलसी ने प्रश्न किया, "पार्वती जी को क्यों जिज्ञासा हुई और शिव ने रामकथा क्यों सुनाई? शुकदेव ने भी शिवमुख से ही चोरी से श्री कृष्ण कथा सुनी। शैवमत के आराध्य 'शिव' क्यों हमारे वैष्णव धर्म से जुड़ रहे हैं?"

प्रश्न टेढ़ा था। दोनों ने तय किया कि इस प्रश्न को प्रवचन के बाद गुरु से पूछा जाएगा। शिष्य अध्यात्म रामायण की रामकथा सुनाता रहा। कथा सुनने के बाद तुलसी अध्यात्म रामायण को ले जाते। भोजनोपरान्त विश्राम के बाद उसे पढ़ते और अब वाल्मीकि रामायण की रामकथा चित्त से छूटती जा रही थी। वे समझने लगे थे। भागवत पुराण में जो श्री कृष्ण लीला है, ठीक उन्हीं मान्यताओं से जुड़ी अध्यात्म रामायण की यह श्रीराम कथा है।

× × ×

शाम को स्वामी नरहरिदास की व्यासपीठ से कथा का समापन हुआ। श्रोतागण अपने-अपने घर गए। बचे केवल तुलसी और उनके शिष्य। स्वामी जी ने हँस कर कहा, "क्यों तुलसी, क्या प्रश्न है?" उनके शिष्य ने जानना चाहा, "स्वामी! शैवमत और वैष्णव मत भिन्न-भिन्न हैं। फिर शिव को रामकथा कहने की क्या आवश्यकता पड़ी? तुलसी ने यह प्रश्न मुझसे किया था। मैं

उसका उत्तर समझ नहीं पाया। स्वामी जी, आप ही इस प्रश्न का समाधान कर सकते हैं।''

स्वामी जी बड़ी तेजी से हँसे और बोले, ''वत्स! यह शास्त्र ज्ञान नहीं है। यह समय की आवश्यकता है। अब देश में गुरुकुल नहीं हैं। विद्याएँ एवं शास्त्र ज्ञान लुप्त होते जा रहे हैं, म्लेच्छों का आतंक है। सारे पुस्तकागार जलाए जा रहे हैं। मन्दिर तोड़े जा रहे हैं, धर्म गुरु मारे जा रहे हैं और वह समय आ रहा है, जब न शैव बचेंगे, न वैष्णव। न राम बचेंगे, न कृष्ण। न शिव बचेंगे, न पार्वती। मेरे जीवन का भी यही लक्ष्य रहा है। हिन्दू-हिन्दू के बीच का धार्मिक वैमनस्य मिटाओ। द्वैत-अद्वैत मत हिन्दू का ही है, शैव वैष्णव मत हिन्दू ही हैं, वैशेषिक एवं सांख्य हिन्दू मत ही हैं, बौद्ध और जैन-हिन्दू ही हैं। अगर हम अलग-अलग मंचों पर इकट्ठे होकर लड़ेंगे तो यह भारतीय संस्कृति बची-खुची भी नष्ट हो चलेगी। शिव रामकथा कहते हैं और राम समुद्र के किनारे रावण वध के लिए शिव की स्थापना सेतुबन्ध रामेश्वरम् के रूप में करते हैं। शिव ही राम हैं। राम ही कृष्ण हैं, कृष्ण-शिव-राम तीनों एक ही हैं। अध्यात्म के मूल में लोक है, लोक के मूल में मनुष्य है और मनुष्य के मूल में उसका नैतिक संस्कार। आज हम जिसे भक्ति कहते हैं, वही सबको एक मंच पर एकत्रित करने वाली भारतीय आध्यात्मिक चेतना है।''

गुरु नरहरिदास आवेश में बोलते जा रहे थे। स्तब्ध दोनों शिष्य, उनके शब्द आत्मसात् करते हुए जैसे गुरु के संकल्प का आत्म साक्षात्कार करते जा रहे हों।

स्वामी जी बोले, ''वत्स! तुलसी उठो, आओ और मेरे मस्तक पर हाथ रखो कि तुम इस आध्यात्मिक कथा द्वारा मेरी इस प्रतिज्ञा को जन-जन तक पहुँचाओगे।'' तुलसी ने गुरु के मस्तक पर हाथ रखा। आँखें छलछला उठीं।

स्वामी रामदास जी के आश्रम में उनके गले का कंठहार नरहरिदास द्वारा श्रीराम के मीलित 'मंत्र में आलिप्त एक दिव्य आलोचक बनकर तुलसी की अन्तश्चेतना गुह-आस्था से जुड़ गई।

स्वामी एवं शिष्य तुलसी दोनों अभिभूत थे।

स्वामीजी भागवत बाँचते, श्री कृष्ण लीला का रहस्य समझाते, कभी-कभी उसे रामकथा से जोड़कर उसके जनरंजक रूप को रंजक बना देते। गुरु राम कथा सुनाते। अध्यात्म रामायण से अनुशासित प्रायः रामलीला से जुड़ी रामकथा। अब तेरह वर्ष के तुलसी अचेत नहीं रह गए थे। शुरू में गुरु के बार-बार कहने पर भी अपनी तरह से रामकथा रहस्य समझते किन्तु अब अध्यात्म रामायण एवं भागवत पुराण का विधिवत् अध्ययन कर चुके थे। तुलसी ने गुरु श्री नरहरिदास जी से जानना चाहा, ''क्यों गुरुदेव क्या यही दो रामायणें हैं?'' श्रीनरहरिदास जी

ने कहा, "नहीं, अनन्त रामकथाएँ हैं। यहाँ केवल भुशुंडि एवं याज्ञवल्क्य रामायणें हैं। उन्हें तुम स्वयं पढ़ो और जहाँ संदेह हो, पूछ लो।" गुरु ने अपने ग्रंथागार से एक-एक करके दोनों रामायणें निकलवा दीं और तुलसी ने उनका विधिवत् अध्ययन किया। अब वे सीधे-सीधे स्वामी जी से अपने प्रश्न पूछ सकते थे। तुलसी को आए यहाँ चौथा साल था। वे चौदह वर्षों के हो रहे थे किन्तु उनकी जिज्ञासा के सामने सम्पूर्ण पुस्तकागार अब छोटा पड़ रहा था। गुरु को अब रह रह कर चिन्ता सताने लगी—अभी घड़ा पका नहीं है।

अब तुलसी गुरु की देख-रेख में कभी-कभी भागवत पुराण का प्रवचन भी करने लगे थे। उनकी स्वरभंगिमा, तन्मयता एवं व्याख्या पर गुरु प्रसन्न होकर एकचित्त भाव से सुनते थे। लगता था अब प्रवचन शक्ति तुलसी की भावना का अंग बन चली है।

गुरु के मन में तुलसी के भविष्य की चिन्ता थी। वे महर्षि वाल्मीकि, कवि पुंगव व्यास एवं शुकदेव की श्रेणी में उन्हें रखना चाहते थे। बिना किसी चर्चा के एक दिन शाम को अपने शिष्यों के समक्ष काशी में महाशिव के दर्शन के लिए यात्रा का प्रस्ताव रखा। कई वर्षों से गुरु निकले न थे। तुलसी राजापुर, विक्रमपुर, नाँदी तोरा, चित्रकूट तथा अयोध्या देख चुके थे। काशी यात्रा के लिए उन्हें बड़ी उत्सुकता हुई और प्रातः सूकर क्षेत्र से काशी के लिए गुरु के चरण चिह्नों का दर्शन करते हुए चल पड़े। दो दिनों की यात्रा के बाद स्वामी नरहरिदास अपने मित्र स्वामी शेष सनातन की पाठशाला एवं उनके गृह देलार्क कुंड सायंकाल तक पहुँचे।

उस समय पाठशालाओं के द्वार लोहे के बनते थे और यह निरन्तर भय रहता था कि कहीं किसी विदेशी सत्ता के अधिकारियों की दृष्टि उन पर न पड़े। गुरु शेष सनातन जी की पाठशाला उस समय की सबसे बड़ी पातशाला थी और पूरे देश भर के विद्यार्थी यहाँ विद्याध्ययन करते थे।

स्वामी नरहरिदास ने दरवाजा अपने शिष्यों से खटखटवाया। वह चरमरा कर आधा खुला और अन्दर से ही एक भृत्य ने पूछा, "स्वामी जी आप कौन है, और कहाँ से पधारे हैं?"

स्वामी जी ने उत्तर दिया, "जाकर अपने गुरुकुलपति से बताओ कि सूकरक्षेत्र से नरहरिदास मिलने के लिए आए हैं।" उसने अन्दर से दरवाजा बन्द करके कुलपति स्वामी शेष सनातन जी को स्वामी नरहरिदास के पधारने की सूचना दी। अपने अभिन्न एवं अग्रज तुल्य मित्र से मिलने के लिए शेष सनातन जी बिना खड़ाऊ पहने नंगे पैर तेजी से चल निकले। फिर, फाटक चरमरा कर खुला, दो तेज पुंज सामने खड़े थे। नरहरिदास जी ने शेष सनातन जी को अपने गले में भर लिया। उनका अंक मिलन समाप्त होते ही उनके शिष्य काशी के प्रकांड पंडित के चरणों पर गिर पड़े।

सिर पर हाथ फेर कर उन्होंने आशीर्वाद दिया। तुलसी उठकर झुके हुए उनके पीछे खड़े हो गए। शेष सनातन जी हाथ पकड़कर नरहरिदास को अपने बैठके में ले आए। छोटे-छोटे तखतों पर बिछे बिछावने के ऊपर मसलन्दें लगीं थीं, दोनों बैठ गए। उनका आदेश पाकर तुलसी भी बगल के तखत पर बैठ गए।

भृत्य अन्दर चला गया। जलपानादि की व्यवस्था के लिए। स्वामी जी नरहरिदास का समाचार पूछते हुए उनके शिष्यों की ओर उन्मुख हुए और तीनों में तुलसी की भव्यता से वे आकर्षित थे। स्वामी जी ने परिचय कराया, "ज्येष्ठ शिष्य मणिदास है, समस्त पुराणों तथा रामायणों का व्याख्याता, दूसरा शिष्य नन्ददास है, कृष्णभक्त पंडित और तीसरा...।" शेष सनातन ने उत्सुकतापूर्वक जानना चाहा। नरहरिदास ने बताया, "यह रामबोला तुलसीदास है, जन्मते ही इसने 'राम' शब्द का उच्चारण किया था और इसके पैदा होते ही माता-पिता दोनों इस संसार को हमेशा के लिए तज गए। यह चित्रकूट के पास विक्रमपुर गाँव के दुबे की सन्तान है। इसे मैंने नाँदी तोरा मन्दिर में स्वामी रामदास से प्राप्त किया है।" तुलसी ने शेष सनातन जी के श्रद्धापूर्वक पाँव छुए। शेष सनातन जी ने पूछा, "इस समय तुम्हारे परिवार में कौन-कौन है?"

तुलसी ने उत्तर दिया, "मेरे आश्रयदाता स्वामी महावीर हनुमान, मेरे माता-पिता प्रभु श्री राम और सीता यही तीन हैं। मेरे संरक्षक स्वामी जी हैं, यह आपको स्वयं बता चुके हैं। बस, मेरा कुटुम्ब इतना ही है।"

तुलसी की बातें स्वामी शेष सनातन जी को प्रिय लगीं और हँसते हुए बोले, "तुम तो भगवान भोलेनाथ के साथियों में हो, काशी ही तुम्हारे लिए अच्छी है।" बात आगे बढ़ती, तब तक परिचारक जलपान लेकर आ गया।

तुलसी के यज्ञोपवीत संस्कार में वर्षों का विलम्ब हो चुका था। स्वामी शेष सनातन जी पाँच वर्ष के छात्र का यज्ञोपवीत करके अपना बटुक ब्रह्मचारी बनाते थे। स्वामी नरहरिदास के प्रति उनके मन में आत्मतुल्य श्रद्धा थी। वे जानते थे कि यही एक विद्वान हैं, जिन्होंने लोक-शास्त्र दोनों को आज नए सिरे से जोड़ दिया है। वल्लाभाचार्य की लीला की लोकान्वयी व्याख्या और भागवत पुराण का जन-मन तक प्रचार इन्हीं की देन है। तुलसी के यज्ञोपवीत का सारा प्रबन्ध स्वामी नरहरिदास ने पिता के दायित्व के रूप में ही पूरा किया। वे तुलसी को अपना सम्पूर्ण ज्ञान समर्पित करके अब संन्यास का जीवन ग्रहण करने के इच्छुक थे। यज्ञोपवीत यज्ञ में तुलसी के पिता-माता का दायित्व स्वामी शेष सनातन ने नरहरिदास को ही सौंपा और उन्हें लगा कि लोक कर्म से वे अब मुक्त हुए। तुलसी को प्रतीत हुआ कि उनके अज्ञात पिता आत्माराम दुबे फिर से लौटे हों। दोनों दो अनुभवों में जी रहे थे। शेष सनातन ने तुलसी का हाथ पकड़ कर आश्रितबटु के

रूप में स्वीकार किया और उनके दण्डवत् करने पर उठाकर आत्मसात् कर लिया। शेष सनातन की पत्नी को सम्मान देते हुए वे चरणों में झुक पड़े। उन्होंने तुलसी की कथा अपने पति से सुन रखी थी। माता माँ की आत्मीयता में डूबी बटुक तुलसी के सिर पर हाथ फेरती बड़ी ही आनन्दित थीं।

आज तुलसी को फिर से एक नया आश्रय तथा नये अनुभव की पाठशाला मिली। वे शान्त 'हनुमान' और 'राम' का स्मरण कर रहे थे। प्रभु कहाँ तक चलना है—आत्मा की आवाज सुनाई पड़ती रही। ज्ञान सागर अनन्त है, चलते रहो, चलते रहो। तुलसी ने अनन्त ज्ञान सागर की यात्रा शुरू की, गुरु नरहरिदास जी की चरण पादुका की नौका पर बैठकर।

× × ×

आज सायंकाल स्वामी नरहरिदास ने शिष्यों को दशाश्वमेघ घाट पर शिव के दर्शन का आदेश दिया। तुलसी ने गुरु शेष सनातन से आज्ञा ली और उनकी इस गुरुनिष्ठा से वे बहुत प्रभावित हुए। उन्होंने स्वामी जी की आज्ञा से सायंकाल सभी शिष्यों के साथ दशाश्वमेघ घाट पर स्नान करके सायंकाल आरती के लिए घी की दीपवर्तिका निकाली और आम के पत्ते पर रखकर मंदिर में प्रवेश किया। स्वामी जी आगे-आगे गली में पीछे-पीछे उनकी शिष्य मंडली। तुलसी दशाश्वमेध की गलियों को पहली बार देख रहे थे और मुख्य गली के पहले अपना खड़ाऊँ उतार कर रख दिया। स्वामी नरहरिदास में अभूतपूर्व चैतन्य विकसित हो उठा और वे श्लोक का पाठ करने लगे—

निरानन्द परानन्द महानन्दस्वरूपकम्।
शिवशक्त्यात्म चैतन्य त्रयमेतन्निरुपितम्।।
चित्प्रकाशः परः शुद्ध शुद्धश्चान्तर्वहिरिवोदितः।
नित्यः सर्वात्मक सर्वः सर्वभावोद्भवो विभुः
सलोक इति विज्ञेयः स एवानन्द उच्यते।।

स्वामी नरहरिजी शिवस्तवन में मग्न थे। तुलसी को पहली बार शिव का माहात्म्य समझ में आ रहा था। अभी तक सामान्य शास्त्रों का आयोजन हुआ था। विश्लेषण सुना था। प्रभु हनुमान जी, श्रीराम एवं उनके समस्त विग्रहों तथा जगत्माता सीता के बारे में जाना था। लीला, भक्ति एवं सगुण-निर्गुण भक्ति के रहस्यों को समझकर परम्परा की रामायणें पढ़ी थीं। स्थल-स्थल पर शिव माहात्म्य अवश्य पढ़ा था किन्तु इस शिव मन्दिर के महाशिव एवं महाशक्ति के चरणों में आकर गुरु मुख से जिस चित् प्रकाश का महामंत्र सुन रहे थे, वह अद्भुत था। फिर भी, आज गुरु मुख से इस रहस्य को जानने की जिज्ञासा हुई। गुरु ने मन्दार

के पुष्प और धतूरे को शिवलिंग पर अर्पित किया और एक स्तुति पुनः की। तुलसी का माथा पकड़ कर रगड़ते हुए शिवमंत्र फिर पढ़ा और बोले तू आज एकाग्र भाव से शिवत्व में लीन हो जा।'' स्वामी जी ने तुलसी की रीढ़ पर उँगली रखी थी, शरीर सनसना रहा था। एकाएक ऐसा प्रतीत हुआ जैसे मस्तिष्क में एक दिव्य प्रकाश उत्पन्न हुआ हो और समस्त शिवलिंग अनन्त सूर्य की भाँति प्रकाश किरणों से दीप्त हो उठा। मस्तिष्क में उठने वाला प्रकाश जाकर उस महाप्रकाश में विलीन हो गया।

तुलसी शिथिल हो गए, पैर लड़खड़ाने लगे। स्वामी ने शिष्यों की ओर संकेत कर उन्हें थाम कर बैठा दिया। तुलसी चेतनाविहीन नहीं थे, लेकिन सम्पूर्ण आत्मशक्ति जैसे कहीं खो गई हो।

गुरु ने आदेश दिया, ''वत्स! शिव का ध्यान धरो।'' तुलसी शिथिल होते हुए भी शिवध्यान में डूब गए। थोड़ी ही देर बाद उनकी तन्द्रा टूटी। सजग होकर प्रणाम किया और स्वामी जी सभी को लेकर महाशक्ति पार्वती जी के दर्शन के निमित्त आगे आए। मार्ग पर दर्शन करके महाशक्ति के मंदिर में प्रवेश किया और स्तवन-वन्दन करके लौट पड़े। तुलसी को लगने लगा कि 'पार्वती परमेश्वर' ही जगत के पितर हैं। सम्पूर्ण चैतन्य एवं उसका उच्छलन शिव-पार्वती रूप है। इस वाराणसी नगर में श्रीराम-सीता की भाँति आप भी मेरे रक्षक माता-पिता बनें। हे प्रभु! हे माँ पार्वती! आप तो जगत के पिता-माता हैं।

× × ×

ज्ञान के दो पक्ष हैं—शास्त्र तथा स्वानुभव। स्वामी नरहरिदास स्वानुभव को परम ज्ञान मानते थे किन्तु स्वामी शेष सनातन जी अध्यापक-गुरु थे। वे शास्त्र के प्रमाण पर अनुभव को तौलते थे। उनके अनुसार चिन्तक का शास्त्र प्रमाण भी तो अनुभव है और इसीलिए वे निरन्तर पुस्तकों में रमे रहते थे। स्वामी नरहरिदास लौटकर बैठके में आए। एक परिचारक ने आकर उनका पैर धुलाया। मुँह-हाथ धोकर शिष्यों को भी श्रम मुक्त होने के लिए कहा। सब हाथ मुँह धोकर बैठ गए, जलपान आया। निवृत्त होने के बाद कनखियों से तुलसीदास को देखा। तुलसी कुछ थके से लग रहे थे। स्वामी जी के बगल में दूसरे तखत पर शेष सनातन जी बैठे थे। तुलसी ने अपनी जिज्ञासा छेड़ दी कि क्या महाशिव एवं महारानी पार्वती जगत पितर हैं? स्वामी नरहरि जी ने जो उत्तर दिया वह इस प्रकार था—

''सृष्टि अबोध शिशु है, और वह निरन्तर जड़ता से आवृत रहती है। ज्यों-ज्यों उसमें चैतन्य का विकास होता है—शिशुता की अज्ञानता अनुभव से ज्ञान की ओर बढ़ती है। शिव महाचैतन्य के रूप में हैं, और महाशक्ति अपने स्फुरण से

बार-बार चैतन्य पर आघात् देकर उसे जगाती है, आगे स्फुरित एवं स्पन्दित करती है। स्पन्दन एवं स्फोट निरन्तर ज्ञान की प्रक्रिया है। शक्ति की उपासना के बिना सृजन का, निर्माण का, रचना का, कला का, काव्य का स्फुरण नहीं होता और उसके लिए आधार हैं महाशिव। उनको व्यक्त होने के लिए अनेकानेक रूपों, चेष्टा विलासों, ललित क्रीड़ाओं एवं क्रियाओं द्वारा यह महाशक्ति उन्हें स्फुरित होने के लिए विवश करती है।'' शेष सनातन जी शिवसूत्र एवं अभिनवगुप्तपादाचार्य की मीमांसा का जब सन्दर्भ देने लगे तो स्वामी नरहरिदास जी ने कहा, ''महाशिव का 'स्पन्दन' तथा 'स्फोट' जीवन का व्यवहार है। परम विदुषों को आत्मशक्ति के विस्तार के लिए, शिव की अनन्त शक्ति से अद्वय के लिए इस शक्ति की शरण में जाना पड़ता है। शक्ति की शरणागति एवं उसकी अनुकम्पा समस्त विद्याओं की जननी हैं।'' शेष सनातन जी ने इसकी पुष्टि की, ''आत्मा नर्तक है, अन्तरात्मा रंगमंच है, इन्द्रियाँ दर्शक हैं। शिव का तांडव नृत्य इस अन्तर्शक्ति को आनन्दित करने के लिए निरन्तर होता रहता है।''

स्वामी नरहरि जी ने पुनः स्पष्ट किया, ''यह सब होते हुए भी निरन्तर इस नृत्य को स्वानुभव से जोड़े रहना शिव भक्त का दायित्व है। यही आत्मविकास की कुंजी है। यह सनातन परम सत्य है। शिव शक्ति आनादि हैं। श्रीराम तथा श्रीकृष्ण का अवतरण सृष्टि स्थापना के बाद हुआ था किन्तु सृष्टि के अवतरण का श्रेय सृष्टि माता पार्वती हैं। 'वे' जगतपितरौ के लिए चैतन्य स्वरूपा हैं। सबके रक्षक, सबके आश्रयदाता शिव-पार्वती हैं।

तुलसी का 'काशी प्रसंग' अपने में एकदम सर्वथा भिन्न अनुभव था, 'गुरु ने मेरी कुण्डलिनी जागृत करके, लगता है, मेरे चैतन्य को उस महाप्रभु के चैतन्य से जोड़ दिया है।'

× × ×

दूसरे दिन अपने दो शिष्यों के साथ श्री नरहरिदास जी सूकरक्षेत्र के लिए तैयार हुए। तुलसी को छोड़ दिया। तीसरे गुरु के यहाँ अध्ययन करने के लिए। स्वामी नरहरिदास तुलसी को सम्बोधित करके बोले, ''वत्स! जितना मेरे पास था, तुम्हें सौंप दिया और तुम्हारे गुरु शेष जी विद्या के अशेष रूप हैं। अब मैं संन्यास जीवन व्यतीत करूँगा। कभी-कभी समय निकाल कर सूकरक्षेत्र चले आया करना।'' तुलसी की आँखें स्वामी जी के मुखमंडल को देखकर भर आईं। इस समाज में निराश्रित को अपने जीवन भर की साधना तथा विद्या अर्पित करने वाले पितातुल्य गुरु 'नरहरिदास' की अपूर्व अनुकम्पा के स्नेह से अभिभूत अंधड़ में विरवे की भाँति वे काँपने लगे। गुरु ने आशीर्वाद दिया, ''वत्स! गुरु की कीर्ति को अपने कृत्य से जोड़कर उदात्त-भव्य रचना से समाज का कल्याण करना।

शिष्य के साथ गुरु भी अमर रहता है'' और पुनः तुलसी के सिर पर अपना हाथ फेरकर वे चल पड़े। तुलसी की इच्छा थी वे पीछे-मुड़कर देखें, किन्तु वे अविचलित भाव से मोहशून्य चले जा रहे थे। तुलसी की वय तेरह वर्ष की थी और नरहरि गुरु अस्सी वर्ष की वय के थे। तुलसी की संसक्ति उन्हें गुरु के लिए बार-बार उद्वेलित करती थी, किन्तु लगता था स्वामी नरहरिदास संसक्ति से मुक्ति देकर तुलसी को त्याग चुके हैं। उधर मुड़कर देखना नहीं चाहते। शेष सनातन जी ने तुलसी की इस द्वन्द्व दशा पर टिप्पणी दी, ''वत्स! तुलसी, इधर आओ, इसी तरह सबको एक दिन अपनी प्रिय-से-प्रिय वस्तु को त्याग कर बिना मुड़े, बिना पीछे देखे, आसक्ति के धागे को तोड़ देना पड़ता है।'' तुलसी ने अश्रुपूरित नेत्रों से शेष सनातन जी की ओर मुँह घुमाया और वे चरण छूकर भूमि पर बैठ गए।

स्वामी जी की पाठशाला और गृह साथ ही सम्बद्ध थे। बनियों, सेठों, जमींदारों, दानदाताओं एवं दर्शनार्थियों की सहायता से उनका गुरुकुल चलता था। इस पाठशाला की बड़ी चर्चा थी। शेष सनातन जी की विद्वत्ता के कारण उनके पास कुल पन्द्रह छात्र थे। चार-पाँच तो प्रारम्भिक कक्षाओं के, शेष प्रौढ़ हो चुके थे। सामान्यतया प्रारम्भिक वय के छात्रों को पन्द्रह वर्ष और शेष तुलसी जैसे उम्र वाले के लिए केवल दस वर्ष की शिक्षा-व्यवस्था थी। छात्र प्रौढ़ होकर यहाँ अध्यापन भी कर सकते थे, खाने-पीने की निःशुल्क व्यवस्था थी।

गुरुदेव के पास व्याकरण, काव्यशास्त्र, न्याय, वैशेषिक, वेदान्त, अद्वैत वेदान्त, ज्योतिष के छात्र अधिक थे। वैसे स्वामी सनातन सभी विद्याओं के पारंगत पंडित थे। इनका अपना पुस्तकागार था। अध्ययन का दिन बुधवार को पड़ता था। प्रायः अध्ययनरत विद्यार्थी अपनी रुचि की पुस्तकें ग्रन्थागार से प्राप्त कर लेते थे। वेद, वेदांग, ज्योतिष, कल्प, निरुक्ति, धर्मशास्त्र, स्मृति आदि के ग्रंथों की इस पुस्तकागार में विपुल सामग्री थी। वेष्टन में आवेष्ठित पुस्तकों की रक्षा का दायित्व अपने ज्येष्ठतम शिष्य को सौंपते थे। इस समय बटुकेश्वर इस दायित्व के निर्वाहक थे।

कुल मिलाकर, 'भारतीय वैदिक साहित्य' की यहाँ बहुत सारी पुस्तकें थीं और उनकी पाठशाला की ख्याति का कारण यह पुस्तकागार भी था। इसकी तुलना में उस समय पूरी वाराणसी में एक ही पुस्कालय था, वह था—कवीन्द्राचार्य का पुस्तकालय। तुलसी आरम्भिक छात्रों में नहीं के व्याकरण में पारंगत थे और संस्कृत ग्रंथों का अध्ययन कर लेते थे। सामान्य परीक्षा लेकर शेष सनातन जी ने उनसे अतिरिक्त अध्ययन का क्षेत्र पूछा। उन्होंने ज्योतिषशास्त्र एवं मीमांसा तथा वेदान्त दर्शन को अपना विषय बताया। पूर्व मीमांसा, कर्मकांड आदि के बाद स्वामी रामानुजाचार्य के मत में उन्हें विशेष रुचि हुई और तुलनात्मक रूप

से शंकराचार्य के अद्वैत वेदान्त का भी अध्ययन किया। इनके दो मित्र यहाँ विशेष रूप से साथ थे—एक थे, गंगाराम जी, जो ज्योतिषशास्त्र का अध्ययन कर रहे थे, दूसरे अद्वैतवेदान्त के रामाश्चर्य जी। तुलसी फलित ज्योतिष के व्यावहारिक रूप प्रश्नशलाका पर बल देते थे, गंगाराम ग्रहनक्षत्रादि पर। दूसरी ओर, रामाश्चर्य जी अद्वैत के लोकपक्ष पर बल देते। स्वामी नरहरिदास का यह सिद्धान्त पूर्णतः स्वीकार्य था कि सम्पूर्ण विद्याएँ लोकहित के लिए होती हैं, लोक के लिए, लोक कल्याण के लिए। साधारण-से-साधारण जन इन विद्याओं की अन्तरंगता का एकरूप है, उसे उससे पृथक् नहीं किया जा सकता। अद्वैतवेदान्त के छात्रों से विवाद का यह प्रकरण बराबर चलता रहता था।

स्वामी नरहरिदास जी की आत्मीयता से शेष सनातन जी रामबोला तुलसी का विशेष ध्यान रखते थे, और वे जानते थे कि हमारी सारी विद्याओं का सारतत्त्व वह भावरूप में समझ चुका है। उन्हें तुलसी के प्रकरण में शास्त्रपूर्व केवल दृष्टान्त की आवश्यकता थी। इसलिए उन्हें पुस्काध्ययन के लिए प्रेरित नहीं करते थे।

आज तुलसी को गुरु जी अद्वैतवेदान्त का माया पक्ष समझा रहे थे, इसी बीच परिचारक ने सूचना दी कि कोई लक्ष्मीबाबू सेठ आए हैं। उन्होंने आज्ञा दी, 'बुला लाओ।' "माया जो है ही नहीं—'मा' का अर्थ नहीं और या का अर्थ 'जो' अर्थात् जिसका अस्तित्व ही नहीं है किन्तु अपने व्यक्त काल में इस तरह चित्त को प्रभावित करती है कि मानों वही सब कुछ है। किन्तु उसकी वास्तविकता का बोध होने पर वह फिर 'माया' अर्थात् 'जो नहीं है' हो जाती है।" बीच में सेठ लक्ष्मीबाबू आ गए और तख्त पर सुआसन लगाकर बैठे गुरु जी का चरण स्पर्श किया। आज उनको आवश्यकता थी, मंगल-प्रवचन के लिए विद्वान की। सनातन जी, इसके पहले स्वयं आना चाहते थे। बोले, "क्यों रामबोला! आज प्रवचन के लिए जाओगे?" तुलसी ने उत्तर दिया, "क्यों नहीं। स्वामी जी! जैसी आपकी आज्ञा होगी।" तुलसी कह तो गए, लेकिन फिर पूछा, "प्रवचन किस विषय पर है गुरुदेव?" सेठ जी बोले, "भागवत पुराण पर।" तुलसी ने अपनी स्वीकृति दे दी। अपना स्थान, मुहल्ला, आवास, पड़ोस की पहचान बताकर सेठ जी चले गए।

माया का प्रकरण फिर शुरु हुआ। तुलसीदास जी ने पूछा, 'गुरुदेव! माया का दृष्टान्त क्या है?' उन्होंने समझाया, "जैसे स्वप्न में किसी का सिर कट रहा हो, जब तक नींद नहीं खुलती वह सत्य की तरह पीड़ा देती है, किन्तु नींद खुलने पर कहीं-कुछ भी नहीं।" स्वामी जी ने बताया माया की पहचान स्वप्न नहीं जागरण है।

"यह संसार भी इसी प्रकार है। पिता, पुत्र, पत्नी आदि सभी कुछ तभी तक हैं, जब तक बोध नहीं होता।"

तुलसी को स्वामी नरहरिदास जी का मत विपरीत लग रहा था—लोक के लिए अध्यात्म, और जब लोक असत्य है तो अध्यात्म कैसा?

तुलसी ने अपना प्रश्न सामने रखा, "गुरुदेव! यदि इस सृष्टि के सचराचर को माया की समझ आ जाए तो लोक का मीमांसा मार्ग क्या खंडित हो उठेगा? कौन कर्म करे, किसके लिए कर्म करे?"

स्वामी जी ने उत्तर दिया, "लोक स्वयं में संरक्षक है। सम्पूर्ण मानवजाति एवं कर्म को माया की प्रतीति जन्मते ही नहीं होती। साधना, अध्यात्म, चिन्तन, मनन एवं निदिध्यासन से अद्वैत की प्रतीति होती है। जब तक वह प्रतीति नहीं होती तब तक के लिए मनुष्य को कर्म मार्ग में रहना पड़ता है। इसीलिए संन्यास, वानप्रस्थ के बाद आता है। यही नहीं, गीता तथा भागवत् पुराण में अनासक्ति कर्मयोग एवं लीलाभक्ति मार्ग दोनों अद्वैत की पूर्वपीठिका के रूप में है।"

तुलसी ने जिज्ञासा रखी, 'गुरुदेव! वह कैसे?' यद्यपि इसे स्वामी नरहरिदास अपने ढंग से समझा चुके थे किन्तु उसकी पुष्टि वे गुरु मुख से सुनना चाहते थे। यह प्रकरण दूसरे दिन के लिए रख दिया गया।

तुलसी वाराणसी में नये-नये आये थे। गंगाराम शास्त्री स्थानीय छात्र थे और सभी मुहल्लों से भलीभाँति परिचित थे। गुरु ने उन्हें उनके साथ कर दिया। धोती पहने एवं उत्तरीय ओढ़े, गले में तुलसी की माला, केश मुंडित-माथे, बाँह और वक्ष पर चन्दन चर्चित गौरांग-छरहरे सौम्य तुलसी भागवत् पुराण को लाल वेष्ठन में लपेटे काँख से चिपकाएँ सेठ के आवास पर पहुँच गए। तब तक सेठ के दालान में तीस-चालीस श्रोता एकत्र हो चुके थे। तुलसी के आते ही सेठ लक्ष्मीबाबू ने उनका अभिवादन किया और गंगाराम शास्त्री के साथ उन्हें मंच पर बैठाया। स्वल्पाहार के बाद तुलसी ने आदरपूर्वक सामने काष्ठ की छोटी चौकी पर भागवत की पोथी रखकर उसे प्रणाम किया। तुलसी की मसें भींग रही थीं, पन्द्रह वर्ष के आसपास के रहे होंगे। इतने अल्पवय के बालक को व्यासपीठ पर देखकर श्रोताओं में परिहास का भाव उत्पन्न हुआ, किन्तु आश्चर्य भी था।

सेठ के आग्रह के बाद तुलसी भागवत पुराण की पोथी का सामान्य पूजन अनुष्ठान करके दो पलों के लिए गुरु के ध्यानरस में निमग्न हो उठे।

तुलसी के भागवत स्तवन की भावाद्वैतमयी तन्मयता पर स्वयं नरहरि स्वामी अश्रुपूरित हो उठते थे, साधारण श्रोताओं की बात क्या? भागवत की तन्मयी मुद्रा में स्वर लहरी के आरोह-अवरोह पर एक निर्जन निःशब्दता की शान्ति बिखर गई। श्रोताओं का चित्त स्वरमय हो उठा। पाँच श्लोकों के स्तवन के बाद सभी की आँखें खुलीं और तन्द्रा भंग हो उठीं। सेठ को लगा भगवान शुकदेव स्वयं प्रवचन के लिए पधारे हैं। सामने देखा, बैठक भर चुकी थी, बैठक के बाहर लोग खड़े

थे। धीरे से चिकनी भूमि पर चटाई बिछवा दी। रामबोला ने रास-पंचाध्यायी का प्रसंग रखा।

सबसे पहले उन्होंने परीक्षित का पक्ष रखा, प्रारम्भिक के रूप में, हे प्रभु! शुकदेव जी, प्रभु कृष्ण धर्म की धुरी हैं, श्रीकृष्ण ब्रह्म और लोक मर्यादा के रक्षक हैं। उन्होंने परायी नारियों को सम्मोहित करके इस प्रकार का निन्दित आचरण क्यों किया? साक्षात् शुकदेव की भाँति अपने अमर कंठ और अमृतवाणी से भागवत के श्लोकों की तुलसी ने जो झड़ी लगाई कि सारे श्रोता भक्ति के अमृतसागर में डूब गए। सूर्यास्त तक कथा समाप्त हुई, तुलसी की बाल छवि शुकदेव की हो गई। आरती के बाद चरण-स्पर्श, दक्षिणा में मुद्राएँ झरने लगीं। समापन के बाद चावल, आटा, दाल, नमक, खटाई का एक गट्ठर बँध गया। सेठ की आज्ञा से तुलसी जैसे चलने को उद्यत हुए, एक प्रवचन भगत आकर तुलसी के पैरों पर गिर पड़ा और बोला, "अगले मंगलवार को आप हमारे घर पधारें।" लोगों ने देखा बटुक सेठ एकदम प्रवचन के लिए लालायित सामने खड़े थे। तुलसी से हाथ जोड़कर स्पष्ट किया, "हम गुरुदेव शेष सनातन की पाठशाला के बटुक हैं। आप गुरुजी से बात कर लें, बिना उनके आदेश के हम कहीं नहीं जाते।"

सिक्कों की पोटली गमछे में और सीधा चद्दर में बाँधा था। सेठ का अनुचर गट्ठर पहुँचाने साथ आया था। गुरुआनी गट्ठर देखकर चौंक गईं तो सनातन जी ने अपने शिष्य के प्रवचन की जानकारी दी। पुटली का सिक्का लेकर गुरुआनी ने उसमें से चाँदी का सिक्का तुलसी को देना चाहा, तब तक तुलसी को स्मरण हो आया कि विदाई में चाँदी की मुद्रा सेठ ने जबरस्ती टेंट मे खोस दी थी। अपनी कमर के बगल से सिक्का निकाल कर तुलसी ने एक चाँदी का सिक्का गुरुआनी के हाथ पर रखकर चरण छुआ और बोले, "यह गुरुदक्षिणा है, गुरु के लिए।" बहुत आग्रह करने पर भी तुलसी ने कुछ भी न छुआ। उन्हें प्रवचन की जो ख्याति आज मिली थी—लगता था, जैसे स्वामी नरहरिदास जी का प्रवेश उनके अन्तरतम में हो चुका था। जिसने इस कथा को सुना, उनकी शुक कथा की खुलकर प्रशंसा की। गुरु आनन्दित थे, यदि प्रति सप्ताह यह कार्यक्रम चला तो हमारा गुरुकुल साधन-सम्पन्न हो जायेगा। तुलसी पर आज से गुरुआनी की परम अनुकम्पा जग उठी थी।

तुलसी की दिनचर्या गुरु नरहरिदास द्वारा बतायी गयी थी। प्रतिदिन प्रातः ब्रह्म मुहूर्त में जगना, शौचादि के बाद बनारस में गंगा स्नान, स्नान के बाद घाट पर पूजा एवं श्रीराम तथा हनुमान के आवेश में समाधिस्थ होने की क्रिया, समाधि-क्रिया के बाद भगवान भूत-भावन को जलार्चन एवं मंगल पाठ। माँ गौरी की वन्दना। लोटे में गंगाजल भरकर पाठशाला के द्वार स्थित गणेश तथा पार्वती

को जलार्चन कराना और कोठरी में आने पर गुरुआनी द्वारा भेजा गया जलपान के प्रसाद की प्राप्ति। तुलसी ने अपनी साधना में यहाँ भी राम जी के प्रति आलस्य तथा हनुमान के प्रति गहरी आत्मीयता में कमी नहीं आने दी।

आज गुरुदेव के सामने जब नतमस्तक हो चरण स्पर्श करने के बाद भूमि पर बैठे तब उन्हें गुरु के नेत्रों में अपने प्रति अत्यधिक आत्मीयता दिखाई दी। उन्होंने अत्यन्त प्रेम से पूछा, 'वत्स! पिछला पाठ क्या था?' तुलसी ने उत्तर दिया, 'गीता के अनासक्ति योग एवं भागवत लीलाभाव के बीच एकनिष्ठता।'

स्वामी शेष सनातन जी को सारे प्रसंग हस्ताक्षतावत् थे। बोले, शिष्य! जब लोक आश्रम व्यवस्था से संन्यास-कर्म के प्रति अनिष्ठा का भाव रखकर गृहस्थ जीवन को सब कुछ मानने लगा तो समाज में संकट उत्पन्न हुआ। वैदिक मान्यताएँ नष्ट न हों और लोक भी बना रहे इसके लिए अनासक्ति योग की मान्यता रखी गयी थी। कर्मफल में संसक्ति न रखकर केवल कर्म पर संसक्ति रखना। कर्म की संसक्ति से लोक बना रहेगा और कर्म फल को कर्त्ता की कर्मसामर्थ्य से मुक्त करके दैवी शक्ति या नियति या ईश्वर से जोड़ देने पर भारतीय आध्यात्मवाद भी बना रहेगा।''

तुलसी ने अत्यन्त विनीतता से प्रश्न पूछा, 'गुरुदेव! भागवत पुराण के लीला की क्या स्थिति है?'

स्वामी शेष सनातन जी ने समझाया, ''किसी लोक भावन अवतारीपुरुष के लोकाचरण की अनासक्तिमयता का सम्बन्ध लीला से है। प्रभु श्रीराम एवं श्रीकृष्ण सम्पूर्ण लोक की आकांक्षाओं को पूर्ण करने के लिए जन्म लेते हैं। जैसे अभिनय में किसी एक नट की भूमिका अभिनय काल के बाद समाप्त हो उठती है, फिर वह नट अपने मूल व्यक्तित्व को प्राप्त कर लेता है। उसके अभिनय का सम्बन्ध अभिनय करने तक है। उसके बाद या अभिनय के पूर्व वह वही व्यक्ति है, और वह जैसा है, वैसा है।''

श्रीराम का अवतरण लोक में आनन्द वृद्धि के लिए है। श्री कृष्ण का भी अवतरण इसीलिए है। एक मर्यादा की लीला द्वारा लोक को आनन्दित करता है, दूसरा छद्म में सहज आदर्श की भावना की स्थापना कर देता है। श्रीकृष्ण की लीला आनन्द के लिए है।

''दोनों के पिता हैं, परिवार है, सम्बन्धी हैं, उनका एक लोक सम्बन्ध का समूह है। हम सबकी भाँति वे भी लोक सम्बन्धों में बँधे हैं, किन्तु यह सब नट की भाँति है। जब तक राम का आचरण कर रहे हैं, जीवन पर्यन्त राम हैं, कृष्ण हैं। इस देह को छोड़ने के बाद वे ब्रह्म है, देह धारण के पूर्व ब्रह्म थे। नाना प्रकार के लोक कर्मों को करते हुए भी वे लोक कर्म में संसक्त नहीं होते। गीता में

अनासक्ति योग का भी यही दृष्टान्त है। वे दिखाने के लिए बिना पदत्राण के बिना जंगलों में टहलते हैं। पत्नी के अपहरण का वियोग केवल लोक यथार्थ का दिखावा मात्र है। लक्ष्मण मूच्र्छा पर राम का रुदन केवल सांसारिकता की पुष्टि मात्र है। वे तो दुःख-सुख से सर्वथा ऊपर हैं।''

''आश्रम व्यवस्था जब समाज को लगा कि जटिल हो गयी है तो हमारे आचार्यों ने गीता के अनासक्ति योग की स्थापना की। उसके बाद, समाज की व्यवहारिक जटिलताओं को देखकर लीलाभक्ति की मान्यता स्थापित की गई। लोक के लिए आध्यात्म का पथ बदलता रहता है।''

गुरुदेव शेष सनातन के उपदेश से तुलसी के मन में द्वन्द्व खड़ा हो चुका था। लोक व्यवहार एवं सामान्य जन-जीवन का और उसके ठीक प्रतिकूल आध्यात्मिक पवित्रता और निष्ठा का। स्वामी जी से पुनः हाथ जोड़कर तुलसी ने निवेदन किया। गुरुदेव हँस पड़े, ''अच्छा! इस प्रश्न के बारे में सोचो। यह तुम्हारे अध्यात्म गुरु नरहरिदास की मान्यता है। अगले दिन के लिए अब थोड़ा ज्योतिष पढ़ लो।''

तुलसी ज्योतिष का अध्ययन कर रहे थे फिर भी लोक और आध्यात्म जन-जीवन एवं श्रेष्ठ मूल्यों की व्यवस्था के बीच का द्वन्द्व उन्हें साल रहा था। मनुष्य को सर्वोपरि मानें या ज्ञान एवं धर्म को। तुलसी के चिन्तन का यह एक अहम् प्रश्न बन गया और वे आजीवन इस प्रश्न के उत्तर से जूझते रहे।

प्रातः जलपान के बाद उनके ज्योतिष के साथी गंगाराम गप्प के लिए आ बैठे और दोनों में प्रश्न ज्योतिष की बातें शुरू हो चुकी थीं। विवाद का बिन्दु था किन नक्षत्रों के प्रश्न कैसे फल का निर्धारण करते हैं—प्रश्नकर्ता के वाक्य द्वारा, नाम द्वारा, राशि या ग्रहों द्वारा। गंगाराम केवल ग्रह नक्षत्रों की बात कर रहे थे। इसी बीच गुरुदेव के परिचारक ने वार्ता भंग करते हुए उन्हें बुलाने का समाचार बताया। गंगाराम ने भविष्यवाणी की थी कि आज तुम्हारे प्रवचन से अधिक लाभ होगा। वे गुरुदेव के पास पहुँचे तो बटुक सेठ शेष सनातन जी को अपनी समस्या सुनाकर शान्त बैठे दिखे। तुलसी एवं गंगाराम दोनों ने गुरुदेव का चरण स्पर्श किया और भूमि पर बिछी चटाई पर बैठ गए।

गुरुदेव ने सेठ बटुक नाथ का परिचय देते हुए कहा, ''ये एक सप्ताह का प्रवचन चाहते हैं, क्या तुम ऐसा कर सकते हो?'' तुलसी ने उत्तर दिया, ''गुरुदेव के आशीर्वाद से मासान्त प्रवचन भी सम्भव है।'' सेठ काशी के प्रसिद्ध धनिकों में थे और शेष सनातन जी को स्थायी सहायता वृत्ति का आश्वासन दे चुके थे। तुलसी को सप्ताह भर सेठ की कोठी में रहना था। खाने-पीने, रहने सबकी व्यवस्था सेठ ने की थी। तुलसी के आग्रह से गंगाराम भी प्रवचन के लिए एक

सप्ताह के साथी बन गए। उन्होंने एक सप्ताह तक कोठी में विश्राम मना कर दिया। उनका आश्वासन गुरुकुल से रोज पहुँचने का था। तुलसी और गंगाराम शास्त्री भागवत पुराण की पोथी वेष्टन में बाँधे और काँख में दबाए सेठ बटुक नाथ की कोठी पर पहुँच गए। सेठानी ने स्वयं थाली में जल ले आकर, रोकने के बावजूद भी, उनका पाँव धोया और जलपान कराया। जलपान से गंगाराम शास्त्री तथा तुलसी सन्तुष्ट हुए।

आज गंगाराम शास्त्री तुलसी के बगल में बैठे और वन्दन कार्य में उनकी मदद पहुँचाई। श्रीकृष्ण की बाललीला से कथा प्रारम्भ हुई। असुर वध की कथा का मूल संदर्भ गीता से मिलाकर **'यदा-यदा हि धर्मस्य ग्लानिर्भवति भारत'** को भागवत में आगे बढ़ा दिया। देवकी, वसुदेव, यशोदा-नन्द को लोकानन्द की प्राप्ति कराने के लिए भी अवतरण और दूसरी ओर पूतना, बकासुर आदि की मुक्ति के लिए बाललीला अर्थात् भगवान् का अवतरण लोक के लिए, उसकी रक्षा, सुख, समृद्धि तथा आनन्द से सराबोर करने के लिए, भक्ति लोक के लिए है, धर्म लोक के लिए साथ-साथ है। उन्हें लग रहा था जैसे नरहरि स्वामी साक्षात् अन्तरात्मा में मूर्तिमान होकर बैठे हैं।

तुलसी ने अपने सप्ताह के प्रवचन को ब्रह्म को, कृष्ण को, राम को लोक जीवन से इतना अभिन्न कर दिया कि वे किसी एक वर्ग, जाति, धर्म से सम्बद्ध न होकर सबके अपने लगने लगे।

पहली बार, इस प्रवचन से श्रोताओं को लगा कि श्रीकृष्ण सगुण और हमारे बीच के हैं।

अन्तिम दिन यज्ञ का आयोजन था। भक्ति-लीला यज्ञ का समापन मंच से ही हुआ और यज्ञ के समापन के बाद प्रसाद वितरण हुआ। भगवान की आरती और वाचक की पूजा हुई। ढेर सारे सामान चढ़ावे में चढ़े। सब गुरु के प्रति समर्पित था। तुलसी ने कुछ भी नहीं लिया, सिवाय अंग वस्त्रम् के। एक गंगाराम शास्त्री के लिए, एक अपने लिए, एक गुरु के लिए। गुरुआनी को लगा की साक्षात् दक्षिणामूर्ति ही उनके घर में आ गए हैं—वस्त्र, अन्न, बर्तन से आश्रम भर गया।

तुलसी का कथावाचक रूप अधिक प्रखर होता जा रहा था। उनके शुकदेव रूप की चर्चा समस्त वाराणसी में हो रही थी।

× × ×

धीरे-धीरे शास्त्र अध्ययन के सात वर्ष व्यतीत हो गए और तुलसी २० वर्ष के पास पहुँच चुके थे। जैसे ही आज पूजन के बाद उठे और जलपान कर रहे थे कि श्रीनरहरिदास की पाठशाला का एक शिष्य और परिचारक पूछते-पूछते तुलसी के पास पहुँचे और सूचित किया कि स्वामी नरहरिदास दिवंगत हो गए हैं। उन्होंने

मृत्यु के पूर्व कहा था कि मेरे शव का प्रवाह तुलसी कराएगा और सम्पूर्ण उत्तरक्रिया उसी के हाथों से होगी। तुलसी के लिए यह समाचार बड़ा ही हृदयविदारक था। उन्होंने गुरु शेष सनातन से समक्ष आपकी सारी बातें रखी और दो सप्ताह के लिए अनाध्ययन के अवकाश की प्रार्थना की। गुरु ने आदेश दिया, "ठीक है, मेरे मित्र की उत्तरक्रिया में कोई कमी न हो।" आश्रम से आए शिष्य ने उत्तर दिया, "किसी बात की आप चिन्ता न करें केवल तुलसी को वहाँ जाने की आज्ञा भर दें।"

गुरु की आज्ञा पाकर तुलसी ने सूकरक्षेत्र के लिए प्रस्थान किया। दूसरे दिन प्रातः पहुँचे और उनके दोनों शिष्य उन्हें देखते ही लिपट पड़े। तुलसी के लिए नरहरि श्रीराम मंत्र के दीक्षा दाता ही नहीं, प्रवचन कला की विद्या के शिक्षक तथा रामायण एवं रामकथा को गीता तथा भागवत से जोड़कर उसके रहस्यों से प्रत्यक्ष कराने वाले गुरु साथ-साथ पिता भी थे। वे तुलसी के खोए हुए पिता थे। आजीवन सन्यास के बाद भी पुत्रवत् स्नेह की सांस्कारिक भावना, कैसे विनष्ट हो सकती थी। उन्होंने अपना ज्ञान, शिक्षा, दीक्षा, सिद्धि सब कुछ तो तुलसी को अपना मानकर सौंप दिया था। तुलसी इसे भली-भाँति समझते थे और वे इतनी व्यथा के बाद आधे जलपान को छोड़कर दिन-रात एक करके खिन्न मन व पैरों से चलकर गुरु आश्रम पर आ पहुँचे, गुरु मुख को देखने और उत्तर क्रिया के निमित्त।

तुलसी के आते ही गुरु का शव निकाला गया। आस-पास, पड़ोस के सभी नर-नारी ग्रामवासी सूकरक्षेत्र के इस स्वामी आचार्य को श्रद्धांजलि देने के लए एकत्रित हो उठे। शव यात्रा निकली। बगल में सरयू नदी के प्रवाह में गुरुदेव के स्मृति बिम्ब को हृदय में अंकित करके शव प्रवाह कराया गया। तुलसी ने शव कर्म की औपचारिकता अपने ऊपर ली।

तीसरे दिन शुद्धिकर्म हुआ। सन्यास और गृहस्थ क्षेत्रों की व्यवस्थाओं के मध्य का कार्यक्रम। शाम को भंडारा हुआ। पूरा क्षेत्र सम्मिलित रहा। जिसके पास से जो हो सका उसने ले आकर वहीं रखा।

गुरुदेव का श्राद्धकर्म हो जाने पर तुलसी ने अपने अग्रज शिष्यों के साथ फलाहार ग्रहण किया।

× × ×

तुलसी आज श्राद्धकर्म से निरत खिन्न चित्त से गुरु की संसक्ति में लेटे थे। बड़े शिष्य ने आकर पुकारा, तुलसी ने उठकर चरण स्पर्श किया और अपने तखत के सिरहाने बैठाया। बड़े शिष्य ने तुलसी से पूछा, 'आगे का क्या कार्यक्रम

है?' तुलसी ने उत्तर दिया, "पाठशाला के लिए काशी लौटने का।" बड़े शिष्य ने भंडारण की चाभी निकाल कर दिखाया और कहा, "स्वामी गुरुदेव यह तुम्हें देना चाहते थे। तुलसी की उत्सुकता जगी लेकिन दूसरे क्षण ही उनकी अन्तरात्मा को विरक्ति ने धक्का दिया।" मैं, इसे क्या करूँगा। आप ज्येष्ठ हैं, इसके अधिकारी आप हैं और मेरी तरफ से भी आप ही ग्रहण करें। शिष्य ने आग्रह किया, "उसे खोलकर आप देख भर लें।" तुलसी ने हामी नहीं भरी और वे बोले, "नेत्र से दर्शन संसक्ति का कारण बनेगी। मैं, इसे देख भी नहीं सकता।" तो आप रुकें, मैं तालिका बना दूँ, सुन लें।" उन्होंने उसे भी अस्वीकार कर दिया। "देखना तथा सुनना दोनों ही मुझ जैसे बटु विद्यार्थी के लिए सम्भव नहीं है।" उन्होंने स्वामी की कोठरी के सामने जाकर साष्टांग दण्डवत् किया, आँख मूँदकर गुरु स्मृति में निमग्न हुए। उन्हें प्रतीत हुआ जैसे स्नेह से सिर पर अँगुली फेरते हुए कोई कह रहा हो, प्रिय शिष्य तुझमें मैं निरन्तर हूँ और उनकी आँख खुली। चेतना सम्हाल कर खड़े हुए और परिचारक के साथ वाराणसी गुरु श्रेष्ठ सनातन की पाठशाला में लौट आए।

× × ×

विश्राम के बाद दूसरे दिन नियमानुसार गुरु के चरणों का वन्दन करके उनके पास बैठ गए। गुरु को सामान्य समाचार देकर उनकी उत्सुकता शान्त की।

तुलसी ने आज पुनः अपना प्रश्न दुहराया, "गुरुदेव! पिछला प्रश्न अभी अनुत्तरित पड़ा हुआ है।" स्वामी ने तत्काल उत्तर दिया, "हाँ!" गुरुदेव ने प्रश्न का समाधान किया।

"सुनो वत्स! धर्म और मनुष्य की तुलना करने पर श्रेष्ठ कौन है? मेरी दृष्टि से मनुष्य सर्वश्रेष्ठ है। महाभारत में व्यास जी ने कहा है, मनुष्य से श्रेष्ठ कोई नहीं है। इसे ध्यान देकर सुनो—वेद, वेदांग, स्मृति, उपनिषद, धर्मशास्त्र सब मनुष्य के लिए, मनुष्य के हितों की संरक्षा के माध्यम हैं। देखो, युग, काल, देश, परिस्थिति सापेक्ष्यों से ये सब मनुष्य के अस्तित्व तथा हित-रक्षा के माध्यम हैं।"

तुलसी ने दूसरा प्रश्न किया, "फिर, इन मनुष्यों में श्रेष्ठ कौन होगा?"

गुरुदेव शेष सनातन जी ने उत्तर दिया, "यह युगानुसार है, आज सबसे श्रेष्ठ मनुष्य भक्त है। वाल्मीकि के समय में चरित्रवान् पुरुष था। शैव मान्यता में लगेगा शैव है, वैष्णव विष्णु जन को, बौद्ध बौद्ध को... यह सब सापेक्षिक है। भक्ति सिद्धान्त के अनुसार भक्त श्रेष्ठ है।"

तुलसी अपने विकल्पों में जूझ रहे थे और शेष सनातन जी, शास्त्र तथा अनुभव की कसौटी पर लोकमत की श्रेष्ठता प्रतिपादित कर रहे थे। उन्हें अन्ततः

यह बात पूरी तरह से समझ में आई कि मनुष्य के हितों की रक्षा और कालानुसार उसकी सार्थकता ही मूलधर्म है।

धीरे-धीरे काशी में तुलसी के १० वर्ष व्यतीत हो गए। वे २३ की अवस्था पार कर गए। काव्य में उन्हें कालिदास प्रिय थे। मेघदूत, कुमारसंभवम्, रघुवंशम् की प्रतिलिपि, वाल्मीकि रामायण, अध्यात्म रामायण एवं भागवत पुराण की प्रतिलिपि हमेशा अपने साथ रखते थे। जब भी श्रीराम अर्चन और ध्यान से समय मिलता, पढ़ते रहते थे। आज गुरुआनी ने तुलसी को अन्दर बुलाया और पुत्र की भाँति बैठाकर पूछा, "बेटा! तुम अब तेईस वर्ष के हो गए।' तुम्हारे गुरु कहते हैं कि तुम सारी विद्याओं के पण्डित् बन गए हो। तुम्हारे माता-पिता, भाई बहन, चाचा, ताऊ, दादा कोई नहीं हैं। क्यों नहीं, पाठशाला सम्हालते और यहीं रहते! हम लोगों के लिए भी बुढ़ौती में आधार हो जाता। तुम अपना गृहस्थ जीवन भी यहीं व्यतीत करो।" तुलसी ने उत्तर दिया, "माता जी! ९ वर्ष का था, तब से जन्मभूमि से निकला हूँ। श्रीराम जी के वनवास जैसे १४ वर्ष हो गए, अब अपनी जन्मभूमि पर जाने के लिए हृदय उमड़ रहा है। श्रीराम की तरह, कैसे वहाँ पहुँचू? फिर, वहाँ जाने के बाद मैं निश्चय करूँगा कि आगे क्या करूँ? आपसे आत्मीय अपना कौन है? जिसका कोई आश्रय नहीं, उसको आपने पुत्र की भाँति स्वीकार कर स्नेह और जीवन दिया है। मैं गुरुऋ़ण से कभी मुक्त नहीं हो सकता!" अपनी मातृभूमि के प्रति तुलसी की उत्कंठा देखकर गुरुआनी ने आगे कोई प्रश्न नहीं किया और सामने एक लड्डू तथा एक लोटा जल अपने हाथ से रखकर कहा, "पुत्र! इसे ग्रहण कर लो।" तुलसी ने श्रद्धया ग्रहण करके जलपान किया और यह आश्वासन दिया कि मुझ मातृविहीन के लिए आप ही काशी की पार्वती हैं। चरण स्पर्श करके तुलसी बाहर चले आए।

× × ×

गुरुआनी के इस प्रश्न ने तुलसी को झकझोर-सा दिया था। उसने गुरुआनी को उत्तर दे दिया था कि उनकी जन्मभूमि उन्हें भूल नहीं पा रही है। लेकिन, गम्भीरता से सोचने पर लगा 'उनका सुझाव जीवन के लिए उपयोगी था। गाँव में न भाई, न बहन, माँ न बाप, कुल न परिवार, घर न गृहस्थी। फिर, बचपन में भीख माँगने वाले जीवन का आश्रय लेकर वहीं बैठ जाना होगा। हनुमान जी का उकेरा पथरा होगा, चबूतरा होगा, कमरा तो था नहीं, छप्पर का ओसारा होगा जो कि गिर गया होगा। यदि वहाँ रहना होगा, तो गृहस्थ की भाँति गृहस्थी बसाकर। हाँ, यह सही है कि ज्योतिष तथा प्रवचन से आमदनी हो सकती है, किन्तु विद्या की आजीविका आदमी को धीरे-धीरे नष्ट कर देती है। मैं वापस नहीं जा सकता,

भीख नहीं माँग सकता। चाकरी का प्रश्न नहीं है, मैं क्या करूँ? कहाँ जाऊँ? विकल्प नहीं है।'

इस अन्तर्द्वंद्व के ऊपर अन्ततः जन्मभूमि के मोह का संस्कार प्रबल हो गया। सेठानी याद आईं, अपना हमजोली उनका पुत्र राजा याद आया, चुनिया याद आई, अपना ओसारा, सेठानी का चबूतरा और हनुमान मंदिर याद आया। मन के मोह ने ताना मारा—'अरे! दूसरे के दरवाजे पर कब तक रहोगे। चलो, अपनी गृहस्थी देखो।' तुलसी ने मन-ही-मन श्रीराम तथा हनुमान का स्मरण किया।

मन जन्मभूमि जाने का निश्चय कर चुका था।

× × ×

विदाई के पूर्व गुरु का आदेश हुआ। तुलसी उनके समक्ष उपस्थित हुए। दण्डवत् प्रणाम करके खड़े हो गए। गुरु ने आज्ञा दी, "बैठो वत्स! तुम्हारी शिक्षा पूरी हुई। तुमने अध्ययन में आलस्य नहीं किया। अन्य छात्रों की भाँति दीर्घसूत्रता एवं आलस्य से अपने को मुक्त रखा, व्यसन रहित रहे, आलस्य रहित शास्त्रनिष्ठा एवं आन्तरिक आस्तिकता के साथ काव्य, शास्त्र, काव्यशास्त्र, धर्म, भक्ति एवं महाकाव्यों का अध्ययन किया। अपने प्रवचन वैशिष्ट्य से पाठशाला तथा गुरु की गरिमा बढ़ाई। मैं चाहता था, तुम यहाँ स्वामी रूप से रहो। मैं, स्वयं न कहकर तुम्हारी गुरुआनी के माध्यम से, यह जानना चाहता था। फिर भी, तुम्हारे जैसे मेधावी एवं सर्वविद्या पारंगत छात्र कम आते हैं। भविष्य में, यदि तुम्हें फिर, काशी में शिव जी की सेवा का विचार उठे तो पाठशाला के द्वार तुम्हारे लिए सदैव खुले रहेंगे। यही नहीं, जब भी काशी आना, यहाँ आशीर्वाद लेने अवश्य आना। मेरे तरफ से तुम्हें आशीर्वाद है, मैं मुक्त चित्त से आशीर्वाद दे रहा हूँ। तुम्हारा जीवन मंगलमय हो।"

तुलसी भावुकतावश गुरु के चरणों पर गिर पड़े। इस आश्रयविहीन के लिए इतनी बड़ी आत्मीयता, शिक्षा, दीक्षा और बदले में मेरे पास गुरुदक्षिणा देने को कानी कौड़ी नहीं है।

फिर भी, असमंजस और हीनता से भरे तुलसी ने दोनों हाथ जोड़कर गुरु से कहा, "गुरुदेव! और कोई आज्ञा?"

स्वामी सनातन जी खिलखिलाकर हँस पड़े, "अच्छा! 'गुरुदक्षिणा' देना चाहते हो? देखो तुलसी! मैंने तुम्हारी कल्पित जन्म-पत्री, तुम्हारे जीवन में घटित घटनाओं के आधार पर तय की है। तुम्हारा जीवन लोक के लिए होगा और ऐसे में मेरा आदेश सुनो!"

कलियुग में म्लेच्छराज सौ वर्ष पहले से काशी में आया है। यहाँ १६४ शिवमंदिर एवं १० वैष्णव मंदिर थे। उनके साथ पाठशालाएँ थीं। प्रत्येक मंदिर

की अपनी पाठशाला थी। सामवेद का काशी सर्वश्रेष्ठ विद्याकेन्द्र था। वेदांग एवं अन्य शास्त्र, स्मृतियाँ, साहित्य, पुराण की यह भारतीय संस्कृति की विद्यास्थली थी। इससे देश का गौरव जुड़ा था। सम्पूर्ण देश केरल, सौराष्ट्र, महाराष्ट्र, राजस्थान, आन्ध्र आदि के छात्र यहाँ अब भी अध्ययन करने आते हैं। काशी के सारे मन्दिर अकबर के पहले ढहा दिए गए थे। महाराज टोडरमल ने पुनः जितना हो सका, उनका निर्माण कराया। यही दशा देश की है। मेरा आदेश है, मेरी गुरुदक्षिणा रूप में यही माँग है कि मानवजाति की, समस्त भारतवंशियों की चाहे वह जिस कुल का हो, चाहे वह जिस वर्ण या जाति का हो, उसे उसके भारतीय अस्मिता के मूल से जोड़ना तुम्हारा कर्त्तव्य होगा। तुम्हारा जन्म इसीलिए हुआ है। भगवान श्रीराम के द्वारा तुम संकल्प लो और भारतीय अध्यात्म की चिन्तनधारा को सनातन भाव से आजीवन स्थापित करते रहो। यही मेरी गुरुदक्षिणा होगी। मुझे स्वर्ण नहीं चाहिए, गाएँ नहीं चाहिए, अन्न नहीं चाहिए। हमने और हमारे मित्र, तुम्हारे दीक्षा गुरु नरहरि जी, का यही व्रत था। मैं इसी व्रत को अब तुम्हारे हवाले करता हूँ, क्योंकि मैं भी अब सन्यास की आयु में प्रवेश कर चुका हूँ। भविष्य क्या होगा? प्रभु जानें। किन्तु इस लोक के परित्याग के समय मुझे शान्ति मिल सके कि इस म्लेच्छाक्रान्त देश में पुनः सर्वधर्म की सनातन भारतीय व्यवस्था स्थापित हो चुकी है। यही मेरी गुरु दक्षिणा है।'' सम्पूर्ण शिष्य गुरुदेव के आसपास खड़े उनके आवेशपूर्ण मुख मंडल को देख रहे थे। तुलसी निस्तब्ध थे। अवधान भंग होने पर गुरु का चरण पकड़ कर कहा, ''गुरुदेव! आपके और मेरे दीक्षागुरु स्वामी जी के व्रत को मैं हृदय में धारण करता हूँ और आपके चरणों पर हाथ रखकर आश्वासन देता हूँ कि मैं आजीवन इसमें तत्पर रहूँगा।'' तुलसी क्षणभर के लिए ध्यानमग्न हो गए, शिव एवं पार्वती की सम्पृक्त मुद्रा हाथ उठाए उन्हें आशीर्वाद देती एक आलोक बनकर शून्य में विलीन हो उठी। गुरु ने सिर का स्पर्श किया, ''वत्स, उठो मेरी गुरु दक्षिणा मुझे मिल गई।'' तुलसी की तन्द्रित आँखें खुलीं, शिष्यगण आश्चर्यचकित थे।

सूर्योदय मुहूर्त में तुलसीदास का प्रस्थान दूसरे दिन मंगलवार को प्रातः तय हुआ।

× × ×

आज शाम को गंगाराम शास्त्री ने तुलसी को घेर लिया और बोले, ''मित्र! मुझे बीच में छोड़कर क्यों चल दिए।'' तुलसी हँस पड़े और बोले, ''विद्या का अर्जन जन्म-जन्मान्तर तक करते रहें तो भी समाप्त होने वाली नहीं है। एक जन्म तो बहुत छोटा है। फिर मैंने तो केवल १० वर्षों तक ज्योतिष पढ़ा है, इसको

जीवन भर पढ़ना पढ़ेगा।'' गंगाराम शास्त्री ने हँसते हुए कहा, ''ठीक है!' यहाँ के बाद जाने पर तुम्हारा विवाह होगा, घर गृहस्थी बनेगी, मेरी ज्योतिष गणना यह कहती है। लेकिन सुनो, भैया मेरा घर तुम्हारे लिए हमेशा खुला रहेगा। जब काशी आना तो हमारे यहाँ जरूर पधारना और मुझे यह न ज्ञात हो कि बनारस आए और छुपके घर चले गए। यह ठीक नहीं होगा, तुलसी!''

तुलसी ने आत्मीयतापूर्वक उनके हाथों पर हाथ रखकर कहा, ''तुम्हारी सौगंध! काशी में आने पर तुम्हारे यहाँ और इस गुरु गृह पर अवश्य आऊँगा।''

तब तक तुलसी के अन्य साथी सहपाठी भी आ धमके, बड़ी आत्मीयता प्रकट की। अध्ययन पूर्ण करके दस ही वर्षों में ये जा रहे हैं, सबको यह आश्चर्य था। साथ ही, बिछुड़ने का कष्ट भी। ममता ऐसे ही अवसरों पर फूट कर स्रोतस्विनी बन जाती है। आज सभी की आँखों पर तुलसी थे। काशी से प्रयाग मार्ग द्वारा यमुना नदी के तटपर स्थित विक्रमपुर जाने का मार्ग तुलसी को नहीं ज्ञात था। गुरु शेष सनातन ने परिचारक को समझाया कि प्रयाग से सीतामढ़ी (गोपीगंज के पास) में विश्राम करना फिर सीधा मार्ग पकड़कर हंडिया, सदुल सराय (सैदाबाद), हनुमान नगर (हनुमानगंज) होते हुए प्रयाग पहुँचना, प्रयाग के बाद चित्रकूट के मार्ग से सायंकाल अपराह्न चार पहर के पश्चात् तुम तुलसी के गाँव विक्रमपुर पहुँच जाओगे।

तुलसी ने अश्रुपूरित नेत्रों से गुरु के चरणों का स्पर्श किया। फिर, गुरुआनी के पैरों को छूकर विदा माँगी। गुरुआनी ने तुलसी की स्थिति समझकर एक थैली जिसमें कुछ सिक्के थे और एक गठरी थमा दी। तुलसी ने गठरी उठानी चाही तो परिचर ने उसे थाम लिया और पुनः लौटकर आने का आश्वासन दिया। गुरुआनी को तुलसी पुत्रवत् प्रिय थे। भरे गले से उन्होंने तुलसी का माथा सहला कर विदा किया।

बाहर उनके सहपाठी तथा गुरु की शिष्य मंडली खड़ी थी। लम्बी धोती पहने, गेरुआ वस्त्र से वक्षस्थल ढके, गमछा गले में डाले, पैर में कपड़े का हल्का जूता, सिर के मुड़े हुए केश और एक दीर्घ चुटैया बँधी तुलसी की आकृति ब्रह्मचारी शिष्य की थी। तुलसी का गौरांग दीप्त चेहरा उस समय और भी दीप्त हो उठा जब मंगल प्रस्थान का श्लोक पढ़कर उनके ऊपर पुष्प छिड़का गया। शायद शेष सनातन की पाठ्यशाला के शिष्य की विदाई की यही परम्परा थी।

पुनः गुरु का चरण छूकर, गंगाराम का आलिंगन तथा शेष का अभिवादन करके परिचर के साथ तुलसी चल पड़े। चूँकि मार्ग विश्वनाथ जी की तरफ से निकलता था इसलिए ऋषि के पिता-माता, शिव-पार्वती का चरण स्पर्श किया। हनुमान जी का स्मरण करके वे परिचर के साथ चले जा रहे थे। कार्तिक का

महीना था, प्रथम विश्राम सीतामढ़ी पर तय किया था। अमराइयों के बीच से ठंडी हवा लेते तुलसी अपनी जन्मभूमि के लिए पूरे उत्साह से चल पड़े। उन्नीस वर्षों के बाद आज जैसे जन्मभूमि उन्हें खींच रही हो। उन्हें लग रहा था व्यर्थ ही लोग इन्द्रपुरी की चर्चा करते हैं। 'जननी जन्मभूमिश्च स्वर्गादपि गरीयसी'। सबसे बढ़कर जननी और जन्मभूमि की आत्मीयता भरी संसक्ति है।

माँ गंगा को प्रणाम करके तुलसी दिन ढलते-ढलते सीतामढ़ी के पास पहुँच गए। विशाल वटवृक्ष के नीचे आसनी फैलाकर गुरुआनी की गठरी रख दी। सबसे पहले स्नान करके गमछा पहना। कच्छा तथा धोती सूखने के लिए फैला दी। दर्शन मग्न होकर आराध्य श्रीराम एवं सीता की अर्चना की और थोड़ी देर बाद ध्यानरस में मग्न हो उठे। समाधि टूटने के बाद, गुरुआनी की गठरी खोली। 'पूड़ी तथा लप्सी' एक बड़े से दोने में बँधी रखी थी। उसे खोला, भोजन से अधिक था। अतः कल के लिए रखकर परिचर के साथ भोजन किया। विश्राम के पूर्व तय किया कि रात्रि के अन्तिम प्रहर में यहाँ से प्रस्थान हो, ताकि समय से प्रयाग पहुँच जाएँ।

दूसरे दिन अढ़ाई प्रहर व्यतीत होते-होते प्रयाग पहुँच गए। झूँसी में नाव द्वारा पार पहुँचकर दशाश्वमेध घाट के दक्षिण (वर्तमान स्वामी समर्थ रामदास जी के हनुमान मंदिर) के ऊपर करार पर अपना विश्राम स्थल बनाया। वहाँ एक कुटी थी, जिसमें एक स्वामी जी थे। प्रणाम करके अपना सारा सामान रख दिया और परिचर के साथ त्रिवेणी पहुँचे। अपनी यमुना, श्यामल-यमुना, राम जैसी यमुना को निहारे तुलसी को कितने वर्ष हो चुके थे। गमछा रखकर तुलसी कूद पड़े। बचपन से तैरना जानते थे, खूब जी भर कर नहाया। फिर संगम में स्नान करके यमुना, गंगा तथा गुप्त सरस्वती का पूजन किया। हाथ जोड़कर मन-ही-मन याचना की 'जनम जनम रुचि रामपद यह बरदान न आन।'

उनकी चेष्टाओं और क्रियाओं से परिचर अभिभूत था। वह भी स्नान करके तुलसी के साथ अकबर के किले के किनारे-किनारे चल पड़ा। तुलसी समर्थ रामदास जी के मंदिर के पास स्थित एक महात्मा की कुटी पर ठहरे। महात्मा जी, तुलसी को देखकर बड़े प्रसन्न थे। उन्होंने आग्रह किया—"पूड़ी तथा लप्सी रख लो या कहीं दान कर दो, मधुकरी बन जाएगी बेटा!"

महात्मा जी के आग्रह को तुलसी ने स्वीकार कर लिया। शाम को मधुकरी बनी। भोजन के बाद अभी समय था। आज्ञा लेकर परिचर के साथ भरद्वाज आश्रम तथा प्रयाग वन देखने को निकल गए। प्रयाग वन (इसका प्रारम्भ आज के इलाहाबाद विश्वविद्यालय से शुरु होकर फाफामऊ तक था) एवं भरद्वाज आश्रम देखकर उन्हें जैसे श्रीराम का वनवास स्मरण हो आया। आश्रम में एक शिव मन्दिर था, शेष सब उजाड़, एकाध झोपड़ी और दो चार गोस्वामियों के परिजन।

तुलसी ने सबको प्रणाम किया, भरद्वाज ऋषि की मन-ही-मन वन्दना करके तथा श्रीराम के तपस्वी वेश का स्मरण करते हुए पुनः प्रयाग गंगा तट पर लौट आए।

सायंकाल स्वामी जी ने परामर्श दिया कि ब्रह्म मुहूर्त में त्रिवेणी स्नान करके नौका द्वारा नदी पार करके चित्रकूट मार्ग पकड़कर चले जावें। यह परामर्श तुलसी को बहुत अच्छा लगा।

ब्रह्म मुहूर्त में मुँह अँधरे स्नान-ध्यान करके नौका से चढ़कर उन्होंने यमुना पार की। नाव से ही अकबर के किले के अन्दर घिरे वटवृक्ष को श्रद्धया प्रणाम किया और केवट ने यमुना नदी के उस पार उतार दिया। तुलसी को यहाँ राम जी न जाने क्यों याद आते रहे। उन्होंने तो लकड़ी के सूखे टुकड़ों को बाँधकर पत्नी के साथ स्वयं यमुना नदी पार की थी, लेकिन पार करने के बाद जिस चित्रकूट मार्ग से पहली बार अपने घर के लिए चले, उन्हें इसका एहसास हो रहा था कि इसी कुश कंटकमय मार्ग से राम जी भी सीता तथा लक्ष्मण के साथ चले होंगे। अब श्रीराम का चित्र बिम्ब तुलसी का सहयात्री हो चुका था। वे हर्ष के साथ चले जा रहे थे किन्तु उन्हें ज्ञात था कि स्थितप्रज्ञ श्रीराम न प्रसन्न थे, न दुखी। तुलसी तो विक्रमपुर पहुँचने के लिए व्याकुल थे।

कुएँ के पास मार्ग में कई ग्रामवधुएँ एवं युवतियाँ जल खींच रही थीं। पानी देखकर उन्हें प्यास लग आई। कुएँ की जगत पर बैठी अपनी बारी जोहती वृद्धा से जल की याचना की। तुलसी का गौर वर्ण, भोला चेहरा, तमतमाया छरहरा बदन, बटु केश देखकर युवतियाँ गगरे लेकर दौड़ीं। तुलसी ने पानी के लिए अँजुलि फैला दी। एक नववधू तुलसी के गौर वर्ण को देखती और गगरे के मुँह को ढारकर पानी पिला रही थी। तुलसी पानी पीते जा रहे थे, वह मुग्ध पानी गिराती जा रही। तुलसी भीगते जा रहे थे, उसकी दृष्टि तुलसी के मुख से लगी थी। बगल वाली ने धक्का दिया—"मुई, पागल हो गई है। पानी गिर रहा है। इनकी धोती भीगती जा रही है", वह चौंकी और लज्जाकर गगरा छोड़कर भागी। तुलसी भीगे वस्त्र परिचर के साथ चल दिए। ग्रामवधुएँ हँस रही थीं, तुलसी प्रसन्न और मुग्ध थे। उन्हें एकाएक स्मरण हो आया, उनके श्रीराम के साथ भी ऐसा ही घटित हुआ होगा। तुलसी दिन के चतुर्थ प्रहर में सायंकाल के थोड़े पूर्व अपने नगर विक्रम पुर पहुँचे। उनके मन में संदेह घिरा। पहले किसके घर जाएँ। एक तो है, मेरी माई चुनिया की बहू मुनिया। लेकिन कहीं वह सेवाकर्म में न गई हो। दूसरे अपने साथी 'राजाराम' सेठ के पिता के यहाँ। तुलसी अपने दुबे के पुरवा की ओर बढ़े तो कोई बस्ती नहीं दिखाई पड़ रही थी। उन्हें भूमि के खंड से मिले खण्डहर—जो भूमि जैसे अब लग रहे थे। एक से पूछा—"भइया! यहाँ तो दूबन की बस्ती थी।" उसने उत्तर दिया, "जमुना मैया की बाढ़ का प्रकोप इस पुरवा

पर पड़ा और सब मकान ज़मीन पर समतल हो गए। केवल सेठाइन का बनवाया चौरा बचा है।'' शायद बजरंग बली की कृपा से, वह नहीं ढह पाया। तुलसी ने तत्काल पूछा, ''और सेठ का मकान?'' अपरिचित ने बताया, ''सेठ का मकान आधा गिरा था। सेठ स्वर्गवासी हो गए, उनका पुत्र 'राजा सेठ' है। उसने अपना गिरा हुआ मकान फिर बनवा लिया। वह देखो, उत्तर के किनारे पर चमक रहा सफेद मकान उसी का है।'' तुलसी नमस्कार करके 'राजा' के घर की दिशा में चल पड़े। आगन्तुक को वह चेहरा बड़ा ही आकर्षण तथा तेजवान् लगा। कुछ पूछना चाहता था, तब तक गट्ठर लिए परिचर के साथ तुलसी आगे बढ़ चले।

तुलसी ने सेठ के दरवाजे पर आवाज दी। वृद्धा सेठानी, हाँफती हुई निकली और बोली, ''कौन है भइया?'' और अर्ध साधु भेष देखकर बोलीं, ''महात्मा जी रुकौ।'' तुलसी ने उनके चबूतरे पर चढ़कर उनका पैर छुआ। वे हिचक गईं, ''भइया, इ कस, उल्टा रीति—साधु कहीं, गिरस्त का पैर छुवै हौ।'' तुलसी ने अभिभूत होकर कहा, ''मैया! हमे ध्यान से देख और पहिचान।'' वह तुलसी की स्मृति चित्त में संस्कारित आवाज से चौंककर उनके मुख मंडल को देखने लगी। फिर यकाएक वह धूलि धूसरित, अस्तव्यस्त बालों वाला गोरा चेहरा, फटा गमछा वाला रामबोला तुलसी और चिल्ला पड़ी, ''अरे रामबोलवा! तुम हो'' और उसे खींचकर उसी प्रकार उन्हें गले लगा लिया जैसे चौदह वर्ष बाद वन से लौटे श्रीराम को भाग्यहत कौसल्या माता ने अंक में रख लिया हो। तुलसी सिसक पड़े, सेठानी आँखें पोंछ रही थी। परिचारक स्तब्ध था। तब राजा सेठ खखारते हुए निकले और माँ की मुद्रा देखकर चौंक पड़े। माँ पुत्र को देखती बोली, ''अरे पहचान-पहचान, ई रामबोला तुलसी है। चौदह वर्ष बाद अपने अयोध्या लौटा है।'' राजा ने अपने मित्र को नख-से-शिख तक देखा, तुलसी हँस पड़े। राजा इस मुद्रा में हँसने से पहचान गया। ''अरे, हाँ! रामबोला'' तुलसी को छाती से लगाकर बैठके में ले आया। कुशल क्षेम पूछा, जलपान हुआ। अम्मा ने कहा, 'मैं तुम्हारे चबूतरे पर रोज बजरंगबली से प्रार्थना करती मेरे जीते जी तुलसी को भेज दें। आज मेरी प्रार्थना पूरी कर, चल भैया मेरे साथ। राजा तुम भी चलो, हमारी मानता पूरी होय गई, चलौ भइया।'

तुलसी सेठानी अम्मा एवं उसके पुत्र राजा सेठ तथा परिचर सभी एक साथ मंदिर पर आए। भरत की मुद्रा में मन्दिर की सीढ़ी को दंडवत् करके ऊपर चढ़े। सेठानी ने एक हनुमान प्रतिमा स्थापित करके उसे छोटे से मन्दिर के अन्दर कर दिया था। तुलसी के चित्रांकित वाले हनुमान उन्हीं के बगल में शयन करते दिख रहे थे। दंडवत् प्रणाम करके अपने माता-पिता, चुनिया अम्मा, चाचा जीवाराम दादी तथा नरहरि स्वामी की पुण्यात्मा की शान्ति के लिए स्तवन

करना शुरू किया। वाणी की तीव्र निश्चल प्रभावी राग मुद्रा ऐसी लगी जैसे स्वयं सरस्वती-वंदन कर रही हों। सेठानी ने कोमल प्रार्थना-स्वर का अभी तक ऐसा मार्दव नहीं सुना था। ध्वनि की तरंगमयता से प्रेरित दो-चार लोग आकर नीचे खड़े होकर तन्मयीभूत हो उठे। प्रार्थना के बाद, तुलसी ने पुनः चरण स्पर्श किया, अपने इष्टदेव का। सभी अपनी मुद्रा में आ गए थे। तुलसी का सहारा पाकर सेठानी अम्मा उतरीं। राजा ने कहा, "रामबोला तुम्हारी वाणी में सरस्वती एवं गन्धर्व दोनों निवास करते हैं।" तब तक नीचे खड़े रामजतन उपाध्याय ने पूछा, "भइया! तू कौन है? महात्मा जी! क्या राग बाँधा कि प्राण के देवता उठकर खड़े हो गए।"

सेठ राजा ने बताया, आज से बीसों साल पहले याद करें। पंडित आत्माराम दुबे को, उनकी धर्मपत्नी माता हुलसी को। इन्हें पैदा करके दोनों कुटिला कीट की भाँति तज चले गए थे।

वह समझ गए। "सेठ, अरे ऊ रामबोला तुलसी? जिसे नाँदी तौरा के स्वामी जी ले गए थे। अरे बेटा!" उपाध्याय सामने आकर खड़े हो गए। यह जानकर कि स्वामी नरहरिदास जी के सूकरक्षेत्र में पढ़कर, दस वर्ष उसके बाद काशी में शेषसनातन के यहाँ विद्याध्ययन करके अपनी जन्मभूमि लौटे हैं, गदगद हो उठे। बोले, "कहाँ ठहरे हो?" तुलसी ने उत्तर दिया, "सेठानी अम्मा के यहाँ सेठ राजा के साथ।" उन्होंने आग्रह किया, "भइया! कुछ दिन यहाँ रहकर तब बाहर जाओ, अपनी जन्मभूमि है।"

तुलसी ने उत्तर दिया, "दादा! प्रभु राम जी जाने!" तुलसी को अपने छप्पर का तिनका भी वहाँ न दिखाई दिया। मुनिया दाई के विषय में पूछा, तो पता चला कि वह भी दिवंगत है। 'प्रभु राम ने मेरी आत्मीयता एवं शैशव की स्मृति के चिह्न के रूप में केवल एकमात्र सेठानी अम्मा को छोड़ रखा है—प्रभु! श्रीरामजी जानें।'

तुलसी के ओसारे के पास एक बड़ी-सी कुटिया बन गई। सेठानी का चबूतरा मंच हो गया। सोने के लिए तख्त तथा दरी। तुलसी की कुटिया में पहले जैसा पड़ा, एक लोटा, एक गगरा आ गया। सेठ राजा ने सारा इन्तजाम कर दिया। तुलसी प्रातः यमुना मैया का दर्शन करके स्तवन करते और स्नान के बाद आकर मंदिर पर पूजार्चन करते। सायंकाल इनका प्रवचन होता। कार्तिक मास धीरे-धीरे बीत रहा था। आसपास पड़ोस में सर्वत्र तुलसी के प्रवचन की चर्चा शुरू हो चली थी।

आज तुलसी प्रवचन के लिए अपनी दरी बिछाकर बैठने ही जा रहे थे कि सामने से स्वामी रामदास के शिष्य एवं उनके पहले गुरु अच्युतानन्द जी आते

दिखायी पड़े। बीस साल के अन्तराल में अच्युतानन्द वार्द्धक्य के दरवाजे पर आकर खड़े हो चुके थे। तुलसी ने ध्यानपूर्वक देखकर पहचान लिया और दौड़कर उनके चरणों पर अपना मस्तक रख दिया। एकत्रित श्रोतागण उठकर उत्सुकतापूर्वक देखने लगे। कौन है? तुलसी उनका हाथ पकड़कर ले आए और अपनी दरी के मध्य में उन्हें बैठा दिया। स्वामी अच्युतानन्द तुलसी के विषय में होने वाली सारी चर्चाएँ सुन चुके थे। उन्हें आज उनके साथ पूज्य आसन पर बैठना संकोचप्रद लग रहा था। लेकिन मन मार कर बैठे। तुलसी ने सरस्वती, गणेश, हनुमान एवं शिव-पार्वती की वन्दना के बाद स्वामी जी का परिचय दिया।

"सम्मान्य श्रोतागण भाइयों! ये ही हमारे पहले गुरुदेव स्वामी अच्युतानन्दजी हैं। नाँदी तौरा के स्वामी गुरुदेव महीश्वर रामदास जी के शिष्य। मैंने व्याकरणशास्त्र का अध्ययन आपसे ही किया था। ये हमारे गुरुदेव हैं, मैं श्रद्धाभक्तिपूर्वक आपके चरणों में शीश झुकाकर आज की कथा कहता हूँ।" गुरु को प्रणाम करके तुलसी ने भागवत पुराण के कंस वध की कथा का प्रारम्भ किया। अच्युतानन्द को लगा जैसे आज स्वयं शुकदेव जी बैठकर भागवत बाँच रहे हैं। कंस कई दिनों से कृष्ण के पराक्रम से त्रस्त उठते-बैठते, सोते-जगते, चलते-फिरते, खाते-बतियाते, आतंक एवं भयवश श्रीकृष्ण का ही बिम्बचित्र चित्त द्वारा देख रहा था।

स्वामी जी ने बीच में पूछा, "भक्त का क्या लक्षण है?" स्वयं उत्तर दिया, "जो सोते-जगते, चलते-फिरते, खाते-बतियाते ईश्वर को देखता है, वह असुर नहीं भक्त है, कंस भी भक्त है।"

"श्रीकृष्ण ने भक्त कंस का वध नहीं किया था, अपने शरीर के अंग-प्रत्यंग में शामिल कर लिया था। यह सायुज्य भक्ति है—भक्त का स्वयं भगवान में विलीन हो जाना।"

"उठते-बैठते, खाते-पीते, गृहस्थ रहते, अपना गृहस्थ जीवन जीते, माता-पिता की सेवा करते, पत्नी एवं पुत्रों को प्यार देते प्रभु को सर्वत्र देखते रहो, संन्यासी बनने की जरूरत नहीं है।"

तुलसी की भक्ति की व्याख्या सुनकर गृहस्थ पुरुष और नारियाँ अभिभूत थीं। स्वामी अच्युतानन्द आनन्द विह्वल अपने तुलसी को प्रभु का अंश समझ रहे थे।

कथा समाप्त हुई, आरती हुई, दक्षिणा का समान रखा गया। प्रतिदिन की भाँति तुलसी ने राजा सेठ को बुलाया और कहा, "इसे रखवा दो।"

अच्युतानन्द ने कथा समापन के बाद तुलसी को बाँहों में भर लिया और बोले, "गुरुदेव तो नहीं रहे।" सुनकर तुलसी खिन्न मन हुए और फिर स्वयं अच्युतानन्द जी ने बताया कि आश्रम की व्यवस्था स्वयं देख रहे हैं।

तुलसीदास ने सबका समाचार पूछते हुए वहाँ के कार्यक्रमों के बारे में जानना चाहा। अच्यतानन्द जी ने उत्तर दिया, "स्वामी जी के दिव्य निर्देशों के अनुसार वहाँ का कार्यक्रम उसी तरह से चल रहा है।"

"देखो राम बोला 'तुलसी' हम तेरे लिए चले हैं। अगहन में राम विवाह का उत्सव मनाया जाता है। जानते हो इस वर्ष राम विवाह के उत्सव पर तुम्हारा प्रवचन होगा—वाल्मीकि रामायण के 'राम-विवाह' का।"

तुलसी ने 'राम विवाह' के उत्सव पर प्रवचन की हामी भर दी। स्वामी अच्युतानन्द मन-ही-मन एक व्यापक आयोजन की तैयारी की रूपरेखा बनाते लौट पड़े। तुलसी ने उन्हें गाँव के अन्त तक आकर छोड़ा और चरण छूकर लौट पड़े। कार्यक्रम अगहन शुक्लपक्ष में था, अभी पर्याप्त समय था।

तुलसी की आरती, दक्षिणा और सीधा बढ़ते जा रहे थे। राजा को स्वयं की चिन्ता भी बढ़ती जा रही थी। तुलसी पैसे को देखते नहीं, केवल अम्मा उनके लिए जो खाना बनाकर भेजती, उसके अलावा उन्होंने और कुछ खाने से मनाकर दिया। करीब महीने भर हो रहे थे। उनका अपना अच्छा व्यवसाय था। यमुना नदी की नाव के सहारे चलता। नौकर-चाकर, मुनीम-कारिंदा सभी थे किन्तु तुलसी के आने के बाद अपने व्यवसाय को अपने आदमियों पर छोड़ दिया था। राजा ने तुलसी के साथ बैठकर कहा, "क्यों न इस महेवा घाट को एक अच्छा बाजार बना दिया जाए?" तुलसी ने राजा को रोकते हुए कहा, "रुको! तुम्हारे प्रश्न का निराकरण मैं ज्योतिष द्वारा दूँगा।" कुछ देर तक गणना के बाद बोले, "अच्छा तो रहेगा, धन-धान्य की वृद्धि होगी (ज्योतिष के अनुसार) और जो भी नाम इस बाजार का रखा जाएगा, वह कभी मरेगा नहीं।" राजा ने फिर पूछा, "इस हाट का नाम क्या रखा जाए?" क्यों न आपके नाम से रख दिया जाए। तुलसी ने क्षणभर के लिए इशारे से रुकने के लिए कहा और बोले—'र' वर्ण का नाम अर्थात् तुम अपने नाम 'राजा' से इस हाट को बसाओ।

यमुना की भीषण बाढ़ में आधा से अधिक विक्रमपुर ध्वस्त हो चुका था। जो कुछ शेष था वह भी एक अच्छी आबादी से जुड़ा था। यमुना घाट का किनारा काफी विशाल था। वाराणसी, प्रयाग आदि स्थानों से नावें आतीं। उस दक्षिणांचल के छोर अर्थात् कर्वी से चित्रकूट तक वणिक गण अपनी वस्तुएँ बेचा करते थे। शुभ मूहर्त के बाद राजापुर का बसना शुरू हो गया। राजा ने तुलसी के लिए एक छोटा-सा आवास बनवा दिया और व्यवस्था कर दी कि उनकी दान-दक्षिणा उनके भंडारण में रखी जाए। हनुमान चबूतरे को मन्दिर बनवाकर उसमें उसी से जुड़ा एक कमरा भी अलग से बनवा दिया ताकि पुजारी रह सकें। तुलसी के मन्दिर के

सामने श्रोताओं के बैठने के लिए पर्याप्त जगह बन गई। धीरे-धीरे राजापुर बसना शुरू हो गया और तुलसी की ख्याति भी विस्तार पाती रही।

तुलसी अच्युतानन्द जी के शिष्यों के संदेश से विचारित तिथि अगहन, शुक्लपक्ष द्वितीया के दिन 'विजय' मुहूर्त में नाँदी तौरा प्रवचन के लिए चल पड़े। मध्याह्न में वहाँ पहुँचने पर एक कुटी में आदरपूर्वक बैठाया गया। सामने हाथ-पाँव धोने के लिए जल रख दिया गया। जलपान की व्यवस्था की गई किन्तु तुलसी हाथ-पाँव धोकर सर्वप्रथम हनुमान मन्दिर गए और उन्होंने सस्वर वन्दना की। तुलसी की ध्वनि में कौन-सा आकर्षण था—क्षणभर के लिए लोगों को उसने अपनी ओर 'खींच' लिया। प्रार्थना करके पुनः कुटी में आए। जलपान कर विश्राम करने जा रहे थे कि स्वामी अच्युतानन्द ने आवाज दी। "भाई रामबोला!" तुलसी उठ खड़े हुए, चरण स्पर्श किया और भूमि पर अपने सिरहाने बैठाकर वे उनके पैर की ओर बैठे। तुलसी ने जानना चाहा—आयोजन कब से है? अच्युतानन्द जी ने उत्तर दिया, "तीसरे प्रहर है। देखो, कितनी भीड़ है। लोग पैदल, घोड़े-घोड़ी, बैलगाड़ी जिसको जो भी मिला चले आ रहे हैं। हमारे कितने भक्त तो जमुना पार से आए हैं।" तुलसी ने उनके कथन की सम्पुष्टि करते हुए कहा, "गुरुदेव! स्वामी जी के समय में भी भीड़ होती थी, लेकिन इतनी नहीं। भगवान् के प्रति लोगों में धीरे-धीरे आस्था बढ़ती जा रही है।" अच्युतानन्द जी ने बताया, "स्वामी जी के देहावसान के बाद संकटमोचन हनुमान प्रभु जी का यह सिद्ध मन्दिर माना जाने लगा है और लोग पुत्र-प्राप्ति, पुत्री के विवाह की वर याचना, सम्पत्ति की प्राप्ति की यहाँ मनौतियाँ चढ़ाने लगे हैं। तुलसीदास जी ने समर्थन किया कि स्वामी जी की कीर्ति तो अक्षय है ही—मुझ जैसा भाडों-सा, पैरों से दुतकारा जाने वाला रामबोला उनकी ही कृपा से तुलसी हो गया। शायद आगे तुलसीदास हो जाएगा। अच्युतानन्द हँस पड़े और बोले, गुरु ने मुझे बताया था, तुम्हारे विषय में। उन्हें हनुमान स्वामी ने स्वप्न में प्रेरणा दी थी कि तुम्हें वह यहाँ ले आएँ। तुलसी उत्सुक परन्तु चुप थे। स्वामी जी ने मुझे जब तुम्हारे पास भेजा था तो कहा था, "जाओ, रामभक्त रामबोला को विक्रमपुर से ले आओ। महाराज की आज्ञा है।" तुलसी ने शान्तभाव से उत्तर दिया, "स्वामी जी ही मेरे गुरु हैं। मेरी बाँह मरोड़ कर पीठ ठोंकते हुए मुझे हनुमान के चरणों पर झुका कर उनके हाथ बेंचकर जीवन भर के लिए उनका चाकर-दास बना दिया है। देखो गुरुदेव! मेरे रक्षक श्रीराम और हनुमान के अतिरिक्त और कौन हैं, जगत-पिता शिव एवं माता पार्वती मेरी निरन्तर रक्षा करते रहते हैं। इनके अतिरिक्त हमारा है कौन?" गुरुदेव! अच्युतानन्द ने समझाया, "अब तो सयाने हो गए। तेईस वर्ष से अधिक के होगे, घर बसाकर गृहस्थ जीवन क्यों नहीं शुरू करते।" तुलसी ने

सीधा-सा उत्तर दिया, "अभी कुछ सोचा नहीं है। प्रभु जी की जैसी इच्छा होगी। आपका आदेश सुनते ही कि राम व्याह में यहाँ आया हूँ, प्रवचन करना है। मेरे चित्त में न जाने क्यों कचोटने लगा है रामजी का विवाह हुआ होगा। 'नहछू-महावर' में प्रजावर्ग के बीच राजा बैठे होंगे, रामजी की माताएँ तथा उनके हितैषीजन रहे होंगे। नाइन नहरनी लेकर आई होगी, इतराई होगी, नेगचार के लिए, नेगचार लेकर ही भगवान के नाखून काटे होंगे।"

स्वामी अच्युतानन्द जी ने आग्रहपूर्वक पूछा, "फिर, तब क्या हुआ?"

तुलसी ने उत्तर दिया, "मैंने रात भर जागकर करवट बिताई। रामलला नहछू की कविता लिखी—सोहर छन्द में, कहौ तौ सुनाई।"

अच्युतानन्द महाराज बोले, "हाँ भइया, कहो।" तुलसी ने गाकर सुनाया।

अच्युतानन्द हँस पड़े और बोले, "धीरे-धीरे तुम्हारे मन में भी कामदेव प्रवेश कर रहे हैं।' लगता है, तुम्हारा भी नहछू जल्दी ही होगा।" तुलसी हँस पड़े।

× × ×

नाँदी तौरा को आज आम्रपल्लवों तथा केलों के पत्तों से सजाया गया था। दो वक्ता का एक मंच था—एक महन्त जी के लिए, दूसरा तुलसीदास के लिए। भीड़ एकत्रित होकर सामने बैठ रही थी। वृद्ध तथा गृहस्थ महिलाएँ एवं युवतियाँ आगे बैठीं थीं, शेष पुरुष जन। तुलसी के गेरुए रंग की धोती, आधी पहनी आधी लपेटी शरीर पर, चटपटी तखत के नीचे उतार कर वे मंचासीन हुए। उनके व्यक्तित्व का अद्भुत आकर्षण जादू जैसा था। माथे पर लगा त्रिशूल तिलक, बाँह पर उसकी छरहरी चौड़ाई घेरती-श्वेत पंक्ति मालाएँ, आसन पर विराजे उनके रूप को देखकर सभी मंत्र-मुग्ध थे।

तुलसी ने अपने गुरु, हनुमान जी तथा मन्दिर से अपने पुराने सम्बन्धों की चर्चा एवं सम्पूर्णतः कृतज्ञता व्यक्त करते हुए अपना प्रवचन शुरू किया। गुरु महात्म्य के उनके श्लोक में जैसी आत्मीयता और अपनापन उन्होंने व्यक्त किया—सबको अच्छा लगा। वाल्मीकि एवं उनके रामायण का यशगान करते हुए अगहन के महीने के शुभकृत्यों का स्मरण किया और राम विवाह का प्रसंग छेड़ दिया। तुलसी को राम साहित्य का प्रगाढ़ अध्ययन था। वाल्मीकि रामायण तो एक बहाना मात्र था। राम विवाह के प्रसंग के साथ तुलसी ने सीता स्वयंवर, प्रसन्न राघव, अनर्घ राघव, हनुमन्नाटक आदि प्रसंगों को मिलाकर जगज्जननी सीता और श्रीराम के विवाह और उनके सौन्दर्य, उनके क्रियाओं की झाँकी तथा 'रूप' चित्र ऐसा खींचा कि सभी हतप्रभ रह गए। कथा समाप्त हुई। आरती शुरू हुई। आरती-पात्र छोटे-बड़े सिक्कों से भर गया। उसके पश्चात् अन्न

दक्षिणा की बारी आयी। तखत पर अन्न का ढेर लग गया। तुलसी के चरण स्पर्श एवं चढ़ावा चढ़ाने के लिए रह-रहकर लोग आते रहे। इन्हीं के बीच तुलसी के लिए एक अँगरखे का कपड़ा लेकर एक सज्जन अपनी पत्नी तथा परिवार के साथ आए थे। सामने हाथ जोड़कर बोले, ''संकटमोचन हनुमान का यह दास 'दीनबंधु पाठक' यमुनापार महेवा से आया है। यह मेरी पुत्री 'रत्नावली' है।'' तुलसी ने आँख उठाकर रत्नावली को देखा और फिर आँखें नीचे कर लीं। रत्नावली की आँखें तुलसी की आँखें देख रही थीं—उत्कंठित एवं अलसित-सी। पिता ने आज्ञा दी, ''चरण छुओ।'' रत्नावली ने तुलसी का चरण स्पर्श किया। आशीर्वाद के लिए न जाने क्यों तुलसी का हाथ नहीं उठा। शायद स्पर्श स्तम्भ रहा हो, किन्तु प्रवचन आसन पर स्तम्भ वर्जित है। तुलसी ने मन-ही-मन सोचा, मैं क्या करूँ—संकटमोचन स्वामी बजरंगी जानें।

दीनबंधु पाठक ने अपनी याचना सुनाई। ''स्वामी जी, इस कन्या के विवाह की मनौती के लिए यहाँ आए हैं। आशीर्वाद दें, मेरा मनोरथ पूर्ण हो।''

तुलसी थोड़ा स्वस्थ होकर बोले, ''संकटमोचन जानें, जो आपकी, हमारी और सारे संसार की आपदाएँ दूर करते हैं।''

दीनबंधु पाठक लौट पड़े। रत्नावली ने लौटते समय हटकर पुनः तुलसी को देखा जैसे राम के मुख-मण्डल को देखकर सीता ने पृथ्वी को देखा हो। उसके चंचल नेत्र तुलसी को ऐसे लगे जैसे पूर्ण चन्द्र के बीच दो झूले दोलायमान हों। तुलसी ने बरबस आँखें नीची कर लीं। गुरु, गुरु आश्रम, स्वामी, आराध्य हनुमान का सान्निध्य तथा प्रवचन पीठ सभी संयम उनके लिए कष्टकारी थे।

औपचारिकताओं के समापन के बाद तुलसी अपनी कुटी में आए और दीर्घश्वास लेकर लेट गए। उन्हें आज चित्त चंचल लगा। मातृ-पितृ विहीन, भाई-बंधु विरहित, हितैषी-परिजन, सगे-सम्बन्धियों से शून्य तुलसी के चित्त में आत्मीय सम्बन्धी की अभिलाषा होने लगी जो उनका हो और केवल उनके लिए हो, उनके प्रति अर्पित हो, सुख-दुःख, कष्ट-आनन्द को साथ-साथ ढोकर ले चलने वाला हो। उनकी जिज्ञासा बार-बार आ रही थी। फिर उन्हें एकाकीपन याद आ गया, गुरु याद आ गए जो उन्हें हनुमान जी के हाथों बेचकर उनके चाकर बना गए थे। ''प्रभु तुम जानो'', अस्फुट वाणी में कहकर तुलसी चिन्तामुक्त हो चले।

× × ×

स्वामी अच्युतानन्द चढ़ौवे में चढ़े समान का आधा हिस्सा गट्ठर में बाँधकर तुलसी के सामने आए तो तुलसी उठ खड़े हुए। स्वामी ने बताया कि रामबोला भाई, जानते ही होगे, आज का सारा चढ़ौवा, बाँटा जाता है। आधा प्रवचन कर्त्ता

का, आधा मन्दिर का बनता है। यह है, तुम्हारे हिस्से का सामान और यह है, आरती की चढ़ौती—बँधी थैली—तुलसी के सामने रख दी। तुलसी ने आपत्ति की। यह मेरा गुरु स्थान है। "मैं अनाथ यहाँ हनुमान जी की खोंची खाकर बड़ा हुआ हूँ। सब यहाँ का है, गुरुदेव मुझे बाहर का क्यों मान रहे हैं?" अच्युतानन्द जी ने आपत्ति की, "यह एक व्यवस्था है, जो गुरुदेव के पहले से ही चली आ रही है।" तुलसी ने हाथ से छूकर करके सब कुछ लौटा दिया।

अन्त में, अत्युतानन्द के आग्रह से श्री दीनबंधु पाठक का दिया अंगवस्त्रम् स्वीकार किया और दूसरे दिन प्रातः मुँह अंधेरे वहाँ से विक्रमपुर चले आए।

× × ×

राजा सेठ साधु स्वभाव का था। वह उसकी पत्नी माता कुल तीन थे, पुत्र नहीं था। उसके व्यापार की वृद्धि देखकर तमाम सेठ तथा व्यापारी वहाँ आकर बसने लगे। तुलसी की कीर्ति साधुजनों को भी आकर्षित करने लगी। राजा का पुरवा बसना शुरू हो चुका था। नाँदी तौरा से लौटे तुलसी को आठ-नौ महीने हो चुके थे। प्रवचन कर्म प्रतिदिन चल रहा था। सोते समय कभी-कभी दीनबंधु पाठक और उनकी पुत्री रत्नावली की मुद्राएँ चित्त पर अंकित होती थीं, किन्तु हनुमान के स्मरण मात्र से वे लुप्त हो जाया करती थीं।

आज तुलसी अपराह्न प्रवचन के लिए मंच पर बैठे तो नीचे श्रोताओं में उनकी दृष्टि दीनबंधु पाठक पर पड़ी। वे असमंजस से हिचकिचाये, किन्तु बोले नहीं। प्रभु श्रीकृष्ण को प्रणाम करके भागवत का देवकी प्रसंग उठाया। कारागार के सीखचों में पड़ी माता देवकी तथा पिता वसुदेव को सूचना मिल गई कि अभी-अभी उनके पुत्र श्रीकृष्ण ने कंस का वध कर डाला। चारों ओर भगदड़ मच गई है। कंस के कारागार के परिचर वसुदेव से हाथ जोड़े प्राण रक्षा की प्रार्थना कर रहे हैं। वसुदेव आश्वासन दे रहे हैं, देवकी को भी। देखो, तुम्हारा बेटा! अब आता ही होगा, दौड़ता, नंगे पाँवों और देवकी का मातृत्व फूट रहा था। आश्रुओं की झड़ी लगाती बोली, "नाथ! मेरा कृष्ण! मेरा कृष्ण! मेरा बेटा कृष्ण! कहाँ-कहाँ और वह मूर्च्छित हो उठीं।" तब तक धमक की आवाज आई, चरमराते फाटक खुल रहे थे। पुत्र कृष्ण दौड़ा आ रहा था—"माता देवकी, माता देवकी, चिल्लाते।" मूर्च्छित देवकी के कानों में जैसे अमृत वर्षा हुई हो। आँख खोली और उठ कर दौड़ीं, "बेटा कृष्ण, बेटा कृष्ण।" और श्रीकृष्ण की योगमाया से विमुग्ध देवकी की दशा देखें—

सिंचन्तावश्रुधाराभिः स्नेहपाशेन चावृतौ
न किंचिद्‌चजम राजन! वाष्पकंठौ विमोहितौ।।

सारी पीड़ा भरी कथा को तुलसी ने जैसे अपने राग में बाँधकर उन सबके सामने एक सजीव चित्र खड़ा कर दिया। पुत्र-शोक से संतप्त माता-पिता के भग्न-सन्तप्त हृदय के भाव चित्र का तादात्म्य करके सारी कथा-मंडली रोने लगी।

कथा समाप्त हुई, औपचारिकताएँ पूरी हुई। हनुमान जी को प्रणाम करके तुलसी मंच से उतरे। तब तक वसुदेव की भाँति तुलसी-कृष्ण को दीनबंधु पाठक ने अलिंगन में बाँध लिया।

तुलसी के भक्त सारे सामान बाँधकर उनके कच्चे मकान में रख आए और वे पण्डित् दीनबंधु पाठक को लेकर सेठ राजा के घर आए।

तुलसी मार्ग में ही उन्हें बता चुके थे कि उनके और सेठ राजा के बीच क्यों और कैसी आत्मीयता है। वैसे, दीनबंधु पाठक तुलसी के विषय की सारी जानकारी ले चुके थे और उनके हृदय में यह पक्का विश्वास था कि तुलसी जैसा सुयोग्य, विद्वान एवं धर्मज्ञ तथा सदाचारी जामाता, दूसरा कोई नहीं मिलेगा।

× × ×

राजा सेठ ने पण्डित दीनबंधु का यथोचित् सत्कार किया और यहाँ आने का मन्तव्य तथा परिचय पूछा।

दीनबंधु पाठक ने उत्तर दिया, यमुना के उस पार महेवा के पास वाले गाँव का मैं पाठक ब्राह्मण हूँ। मेरे पास पुत्री के अतिरिक्त कोई भी नहीं है। घर की व्यवस्था मेरा साला रविदत्त करता है। मैंने अपनी पुत्री को यथासम्भव शिक्षित किया है तथा जैसा कह चुका हूँ वह मेरी एकमात्र लाडली सन्तान है। तुलसी को देखते ही, मेरे मन में यह जिज्ञासा उठी कि इस विद्वान तुलसी को मैं अपना जामाता क्यों न बना लूँ?'' राजा उल्लास से हँस पड़े और बोले, ''इनके बारे में आपने और भी पता लगाया है।'' पाठक ने उत्तर दिया, ''सेठ पुत्र! मैंने सब कुछ पता लगा लिया है। शास्त्र कहता है कि विद्वान पुरुष का कुल गोत्र, सम्पत्ति, पुत्र, परिवार सभी कुछ उसकी विद्या ही है। इनके पास विद्याधन है और मेरी एक पुत्री रत्नावली विद्या के साथ अपने जीवन का निर्वाह कर लेगी। मैं पूरी तरह से उसके आचरण तथा उसकी निष्ठा से परिचित हूँ।''

राजा ने कहा, ''पंडित् जी! आपकी अभिलाषा ही मेरी भी अभिलाषा है, किन्तु समाज में मित्र तुलसी की गृहस्थ जीवन के प्रति धारणा क्या है, बातचीत करके हम आपको एक सप्ताह बाद बताएँगे।''

''आप पुनः मेरे यहाँ पधारने का कष्ट करें। मेरी माता बताती हैं कि राजा तुम अकेले नहीं दो भाई हो, तुलसी तुम्हारा छोटा भाई है।''

दीनबंधु पाठक ने सेठानी को देखने की उत्सुकता व्यक्त की। राजा उन्हें बुला लाया। वृद्धा सेठानी आकर सामने खड़ी हो गईं और हाथ जोड़कर पाठक को प्रणाम किया। वह उनके मन्तव्य को अपने पुत्र के द्वारा सुन चुकी थीं। हँसते हुए बोलीं, "तुलसी का घर बस जाए तो हम भी यह संसार छोड़ें।" तुलसी तब तक आकर उनके पाँव छुए और बोले, "अरे अम्मा! ई का कहत हौ।" सेठानी ने कहा, "नहीं, बच्चा! तुम्हारी दुल्हन का मुँह देखकर ही मैं इस लोक से जाऊँगी। पंडित जी महाराज! आप जाएँ, मैं रामबोला को समझा-मना लूँगी।"

दीनबंधु पाठक मुस्कराते लौट पड़े। तुलसी ने थोड़ी दूर उन्हें पहुँचाकर विदा किया और जब वे दीनबंधु पाठक का चरण छूने को बढ़े तो उन्होंने हाथ पकड़कर रोक दिया। "अरे नहीं, मैं तुम्हारे चरणों को नाँदी तौरा में छू चुका हूँ। व्याह-मण्डप में एक बार और छूने की आज्ञा दो। तुलसी सकुचाकर लौट आए।"

शाम को सेठानी राजा के साथ तुलसी चबूतरे पर आईं और हनुमान की पूजा अर्चना कर रही थीं, तभी तुलसी भी उन्हें देखकर चबूतरे के पास पहुँच गए। धूप-दीप आरती कराकर तुलसी सेठानी को अपने घर ले आए। पीछे-पीछे राजा भी थे। तखत पर सेठानी ने बैठकर अपना पाँव पसार लिया। राजा तथा तुलसी पैरों के पास बैठ गए। सेठानी ने तुलसी से पूछा, "क्यों रामबोला, विवाह का विचार है कि नहीं। सुना है, छोरी बहुत सुन्दर है।" तुलसी सकुचा रहे थे। राजा सेठ ने बात-पर-बात अड़ाई। "माई! इस सूने घर में कोई आए न तो चिराग कैसे जले। भला ज्योतिष और प्रवचन की कमाई कौन भोगेगा? देखैं, घर बिलबिला रहा है, कोई छाड़ू-बहारु नहीं।" तुलसी अब भी नहीं बोले। सेठानी अम्मा ने कहा, "सुनौ रामबोला तुलसी! का तू सन्यासी बनै का बिचार है का।" कसमसाते हुए तुलसी ने उत्तर दिया, "हनुमान जी जाने, राम जी जाने, और उनके बाद आप लोग हैं—जैसे तय करिहैं, सोचेंगे।" सेठानी ने उनके 'सोचेंगे' शब्द पर अनख प्रकट करते हुए कहा, "का बुढ़ाई में सोचोगे। तुम्हें किस बात की चिन्ता है। आखीर कब तक यह दुबे देवर का घर उजड़ा रहेगा। नहीं बेटा, 'हाँ कहो' और हम पाठक जी के बुलाय लें। तुम्हें कुछ नहीं करना है। मैं हूँ, राजा है, अभी तुम्हारे पड़ोस में उपधिया बस गये हैं, उनका तो बड़ा प्रेम देखत हैं। घबराओ न, बस तुम्हें दूल्हा बनकर चलना पड़ेगा। सारी जिम्मेदारी हमारे परिवार की है। मेरी इच्छा है, एक बेटा व्याह लिया है, दूसरा कितने साल बाद लौटकर आया है, उसे भी व्याह लाऊँ।"

सेठानी के आग्रह पर तुलसी ने अपनी सहमति दे दी। राजा ने दूसरे दिन अपने परिचारक से राजापुर के उस पार महेवा गाँव में खबर भिजवा दी कि ठीक है, रामबोला

विवाह के लिए तैयार हैं। पंडित जी खुशी से विह्वल हो उठे और सन्दूकची से निकाल कर चाँदी का एक सिक्का परिचर को विदाई का उपहार दे दिया।

रत्नावली पिता की खुशी देख रही थी, समझ भी रही थी। फिर भी, अनजान बनकर पूछा, "इस आदमी को अकबरी सिक्का क्यों दिया, बप्पा!" बप्पा हँस पड़े, "बेटी, तुम खुश रहो। अभी तो चाँदी वाला है, आगे सोने वाली अशर्फी दूँगा।"

"नाँदी तौरा में पण्डित तुलसी जो प्रवचन कर रहे थे, उन्होंने जमाई बनना स्वीकार किया है। बेटी तू, जीवन भर मंगल करो।"

रत्नावली धुत करके शरमायी। घर में घुस गई। किन्तु उसके चित्त का तुलसी-मुख अग्रहणमास, शुक्ल पक्ष, द्वितीया के अर्द्धचन्द्र मंडित शिवभाल पर आश्रय भाव से चिपका पड़ा था।

कर्मकांडी पण्डित आए और उनसे शुभ विवाह का लग्न पूछा गया। पंडित जी ने पूछा, "लड़के की कुंडली कहाँ है?" दीनबंधु पाठक पशोपेश में पड़ गए बोले, "चौबे जी विवाह का शुभ लग्न निकालिए।" पंडित जी ने विचार किया, 'शुक्र तथा बृहस्पति दोनों का उदयकाल चल रहा है।' उन्होंने बताया, "अगहन चतुर्दशी को पाठक जी छः दिन और शेष हैं। आज नवमी है। पंडित चौबे ने आग्रह किया, "यदि लड़के की कुंडली होती तो बिटिया की कुंडली से लग्न फल आदि निकाल लिया जाता, तब अधिक ठीक पड़ता।" दीनबंधु पाठक ने असहमति से सिर हिलाते हुए कहा, "चौबे जी! देवताओं की कुंडली नहीं मिलती। क्षीर सागर ने अपनी कन्या विष्णु को देखकर ही सौंप दी थी और हिमालय ने भी अपनी पुत्री पार्वती का विवाह करते समय कुंडली नहीं देखी थी। देवताओं की कुंडलियाँ नहीं बनतीं। पण्डित चौबे जी मीन मेख लगाकर गृह दोष एवं शान्ति वर्जना के अवसर से चूक रहे थे।" पुत्री पिता के दृढ़ निश्चय पर मौन रही।

पण्डित दीनबंधु पाठक ने अपने मन को ढाँढस देकर समझाया। पाँच-छः दिन बहुत हैं, कितने बराती होंगे ही, ज्यादा-से-ज्यादा सौ लोग। अपने साले के लड़के रवि दत्त को बुलाया और कहा, "बेटा! तुम्हारी बहन रत्ना का विवाह तय कर दिया है। आज से छः दिन बाद चतुर्दशी के दिन।' पाँच दिन का समय है। सब व्यवस्था हो जाएगी न!" रविदत्त ने उत्तर दिया, "हाँ, ताऊ जी! बरात में कितने लोग होंगे?" उत्तर मिला, "सौ से अधिक नहीं।"

दूसरे दिन प्रातः पण्डित दीनबंधु पाठक यमुना मैया का चरण स्पर्श करते हुए उस पार राजापुर गए और विवाह का शुभ समाचार सेठानी, राजा सेठ तथा तुलसी को भी दिया। पाठक जी तुलसी के वरपक्ष का भी सारा बोझ उठाना चाहते

थे, किन्तु सेठानी ने मना कर दिया, ''नहीं, आप अपना इन्तज़ाम देखें। यहाँ की चिन्ता न करें।'' दीनबंधु पाठक मध्यम श्रेणी के खेतिहर तथा क्षेत्र के मानिन्द व्यक्ति थे। बोले, ''मेरा तो विचार था कि तुलसी घर जमाई बनकर हमारे यहाँ ही रहें लेकिन वह स्वाभिमानी हैं, मानेंगे नहीं और हमारी बिटिया साक्षात् सीता तथा पार्वती जैसी है, पति के ही साथ रहेगी। हाँ, इतना अवश्य है कि उसकी गृहस्थी का सारा सामान जुटाकर वहाँ भेजना है, क्योंकि तुलसी का सुख-दुःख अब उससे जुड़ गया है।'' तुलसी ने हनुमान एवं श्रीराम का स्मरण मन-ही-मन किया, 'यह प्रभु राम जानें। मुझे तो कुछ सूझ ही नहीं पड़ता, कैसा ब्याह और कैसी बरेखी।'

दीनबंधु ने लग्न-पत्री सेठानी को थमा दी और कहा, ''कल बरेच्छा होगी। सायंकाल, सात बजे'' और फिर चाँदी के दस सिक्के निकाल कर सेठानी को देते हुए कहा, ''जलपानादि की व्यवस्था करा देना।'' सेठानी ने लौटाते हुए कहा, ''तुलसी को मैंने भी पाला है, आप अपनी बेटी को दे दें, यहाँ सब हो जाएगा।''

× × ×

तुलसी के बरेच्छा में रुपौलिहा तथा तिलौहरा दुबे ही अधिकतर आए थे। दुबे के पुरवा के अन्य पंडितों ने बहिष्कार किया था। तुलसी उनके अनुसार सुजाति नहीं, कुजाति के थे। कार्यक्रम में सम्मिलित होने वाले ये दूबे गोत्र के लोग भले मानस थे और शादी ब्याह जैसे सामूहिक सामाजिक कार्यों में मदद के लिए तैयार रहते थे। सेठानी द्वारा बनवाए हनुमान चौरा के पास के गाँव से माँग कर चारपाइयाँ इकट्ठा की गईं, हनुमान चौरा सजा दिया गया। पाठक तुलसी का बरेच्छा करने आ रहे थे। सेठानी विधवा थी, राजा बनिया थे, किसी बुजुर्ग दुबे ब्राह्मण को दूल्हे की बगल में बैठाना जरूरी था। 'राम अँजोर दुबे' सब संकट भाँप रहे थे और बिना किसी के कहे बोले, ''अरे, आज आत्माराम दुबे होते तो दरवाजा सज जाता, हमारे साथी के परिवार और गोत्र के भी। बच्चा रामबोला तुम फिकिर न करो, हम सब इन्तजाम कर दैहों।'' राजा और सेठानी का मन आश्वस्त हुआ। सेठानी ने इस संकट के निवारण कर्त्ता हनुमान जी की मन-ही-मन मनौती मानी, 'हे प्रभु! संकटमोचन! रामबोला तुलसी का संकट हरो। सकुशल विवाह हो जाए, दो सौ लोगों का भंडारा करूँगी, दूल्हन आने पर।'

दीनबंधु पाठक नाई-पंडित तथा अपने पुत्रवत् साले के लड़के के साथ समय पर आ गए। इधर कोई ब्राह्मण नहीं था। दूबे पंडित ने दोनों पक्षों की जिम्मेदारी ली और राजा ने तुलसी को सजाकर कालीन बिछे हनुमान चौरे पर बैठाया। राम अँजोर दुबे तुलसी के बगल में संरक्षक बने थे। सफेद धुला कुरता तथा लम्बी धोती, सर पर पगड़ी थी, तुलसी के सिर पर भी पगड़ी बाँध दी गई थी।

एक बड़ी परात में नारियल, चावल, हल्दी, दूब आदि के साथ चाँदी के ग्यारह सिक्के पाठक ने परात में रखा। तुलसी की ओर से राम अँजोर दुबे ने परात ग्रहण की। कार्यक्रम सम्पन्न हुआ। दो-दो लड्डू का जलपान सबको कराया। विदाई में राम अँजोर दुबे को चाँदी का एक सिक्का मिला। मन पुलकित था। तुलसी के पड़ोसी मनिराम उपाध्याय मन मसोसते रहे। "मैंने यह जिम्मेदारी पहले ही क्यों नहीं ले ली? एक चाँदी का सिक्का हाथ से निकल गया।"

अगहन, शुक्ल पक्ष चतुर्दशी को तुलसी तथा रत्नावली का विवाह तय हुआ। रत्नावली के पिता ने व्यवस्था में कांई कोर-कसर नहीं रखी। प्रातः पूर्णिमा के दिन उसकी विदाई हुई। यमुना नदी को मन-ही-मन प्रणाम करके रत्नावली राजापुर अपने पति के घर पहुँची। घर पहुँचते ही घुसने से पहले राम अँजोर चौबे की बेटियाँ धमकाने लगीं, "तुलसी भइया! बिना नेगचार के भाभी घर में न घुसै पइहैं।" तुलसी ने जेब से चाँदी का एक सिक्का निकाल कर थमा दिया। सभी लड़कियाँ भाभी को लेकर बड़े कमरे में गईं और उसके शयन कक्ष में पहुँचाया। उन्हें बैठाकर मुँह धुलाया और जलपान के लिए मिठाई रख दी। रत्ना ने एक टुकड़ा मुँह में डालकर जल पिया। रत्ना घूँघट काढ़े थी। समवयस्क ननदों ने नेगचार दिए। मुँह उठाकर रत्नावली को देखा और चहक पड़ीं। "अरे! भाभी तो रत्ना नहीं चन्दा है।" रत्नावली ने अपनी मुस्कान दबा ली तब तक खखारती सेठानी आ पहुँची, अपनी बहू के साथ। सेठानी के बारे में रत्नावली ने पहले से सुन रखा था, उठकर पैर छुआ, राजा की पत्नी ने उसे अंक से लगा लिया। दोनों ने घूँघट उठाकर बलैया ली। "तुलसी की जोड़ी भगवान ने बना दी, क्या बहू मिली है?" रत्ना संकोच में थी। राजा की बहू ने अपनी पेटी से चन्द्रहार निकाला और रत्नावली के गले में माँ का उपहार डाल दिया। उसके हार से रत्नावली जगमगा पड़ी। वह बगल की चौकी पर बैठ गई और आँखें उठाकर देखा तो लगा कि दीनबंधु पाठक ने अपने दामाद और बेटी की सारी गृहस्थी सजा दी है।

वह शाम तक रहीं और खाने-पीने की व्यवस्था देखने के लिए चली गईं। राजा की पत्नी ने उपहास किया, "देखो! मेरा देवर! सीधा पुजारी है, ठग न ले जाना।" रत्नावली ने धीरे से उत्तर दिया, "पुजारी पंडित को कौन ठग सकता है?" वह आगे न बोल सकी। राजा की पत्नी अट्टहास लगाकर हँस पड़ी।

उसके जाने के बाद एकान्त पाकर गृहणी की भाँति रत्नावली ने तुलसी के तीन कमरे वाले घर का निरीक्षण किया। वे जिस तखत के पास सोते थे— पत्थर की पटिया पर भारी आलमारी थी। तखत पर महर्षि वाल्मीकि विराजमान थे, भागवत पुराण आलमारी के कोने पड़ा था। मुहूर्त चिंतामणि दूसरी जगह

पसरी थी। रत्नावली ने तीनों हस्तलिखित प्रतियों को देखा, तुलसी ने कागज के अभाव में वाल्मीकि रामायण के तीन खाली पन्नों पर रामलला नहछू के अपने छन्द लिख रखे थे। उसे खोला तो 'कटि कर छीन नउनियाँ भौं मटकावई हो' पंक्ति पर उसकी निगाह जम गई और मुस्करा पड़ी। पंडित जी अभी क्षीण कटि और भौंहे ही देख रहे हैं। वह उनकी सारी पुस्तकें आलमारी में सजाकर अपने कमरे में आ गई। आज पति की गृहस्थी सँवारने का उसे प्रथम अवसर मिला था। उसे इन तीन पुस्तकों के अलावा तुलसी के कमरे में और कुछ न दिखा, लेकिन वह यह सब जानती थी कि उसका पति कथावाचक और ज्योतिषी है, विद्वान है और हनुमान भक्त भी। सात्विक संस्कारों में पली और पुराणादि का अध्ययन करने वाली वह युवती सम्पत्ति सुख पर दृष्टि ही नहीं देती थी और उसकी प्रकृति को ही समझ कर उसके पिता दीनबन्धु पाठक को उसके अनुरूप ही वर की चिन्ता रहती थी। तुलसी की ख्याति सुनकर उनकी अन्तरात्मा ने उन्हें अपनी सुपुत्री के अनुकूल वर पाने का अनुमान हो चुका था और वे इसमें पूरी तरह सफल रहे।

× × ×

आज विवाह के बाद पत्नी के साथ प्रथम मिलन की रात थी। जीवन भर हनुमान एवं राम के साथ जीवन बिताने वाला, परिवार जन विहीन, लोकानुभव से शून्य, प्रवचन करके जन-जन को विभोर करने वाला नवयुवक हनुमान चौरा पर बैठा असमंजस तथा दुविधा में पड़ा कुछ समझ नहीं पा रहा था। पत्नी के पास कैसे जाएगा? वाल्मीकि कथा में सीता विवाह एवं मिलन का प्रसंग पाठकों के सामने चटकारी लेकर सुनाता रहता था। आज उसे न भागवत पुराण याद आ रहा था न रामायण। अजीब-सा द्वन्द्व था। रत्नावली को देख चुका। सामने अगहन पूर्णिका का चन्द्र निकल चुका था। पूरब दिशा का सुहावना शशि उसे रत्नावली के मुख सरिस दिख रहा था। उसके आनन्द की सीमा सागर की तरह बढ़ रही थी। उसी बीच राजा की पत्नी ललकारते हुए बोली, "आप देवर चउतरा पर बैठकर चन्द्रमा को छोड़कर चलौ, घर का चन्द्रमा देखौ, मेरा नेकचार दो", कहकर उसने एक इलायची तुलसी के मुँह में जबरदस्ती डाल कर चबूतरा से खींच लिया। वही तुलसी चबूतरा जहाँ उसकी खड़ाऊँ जब चटकती तो भक्तगण अभिवादन करके खड़े हो जाते थे। आज न कोई अभिवादन है, न वन्दन। सेठ राजा की बहू अपने देवर को खींचकर ज़बरदस्ती मिलन-कक्ष के लिए पकड़े ले जा रही है और तुलसी 'न पाहि हनुमान' कह रहे हैं 'न पाहि राम'। काम प्रेरित अभिसिंचित सर की भाँति आगे-आगे बढ़ते चले जा रहे हैं। भाभी हास कर रही हैं—"लाला! मन्दिर पर बैठना भूल जाओ। जाओ, देवरानी के चरणों पर बैठो।

हाथ जोड़ो, पूजा करो, वही कल्याण करेगी।'' तुलसी मुस्करा पड़े। रामा और राम के बीच अन्तर टूट रहा था। लोकरीति, प्रभु की प्रीति, रीति बिगाड़ चुकी थी। उनकी सेठानी भाभी ने दोनों हाथों से कमरे में ठेलकर ज़बरदस्ती दरवाजों को खोला और तुलसी को अन्दर ढकेल कर दरवाजा बन्द कर दिया। ''रात भर, दोनों देखो एक दूसरे को'', और हँसती चली गईं।

× × ×

तुलसी ने हर गृहस्थ पुरुष की तरह पहली बार पत्नी की सेज देखी। चारपाई उनके पास थी नहीं, यह उनके नये अभिभावक पंडित राम अँजोर दुबे के यहाँ से मँगनी आई थी। नीचे गद्दी ऊपर रंगीन चद्दर और तकिया और दरी बिछाए पैताने की भूमि पर बैठी नव परिणीता रत्नावली घूँघट काढ़े। तुलसी का कोई हमजोली साथ भी नहीं था। इस प्रथम रात्रि की आचार संहिता से अपरिचित तुलसी को किसी ने न पढ़ाया था, न उन्होंने पढ़ा था, न सेठानी भाभी ने ही कुछ सुझाया था। एक क्षण असमंजस में पड़े तुलसी को सेठानी भाभी की इलायची की पुड़िया याद आयी। सन्त-महन्त, देवी-देवता, हनुमान-भगवान, सब भूल गए। सारे आध्यात्मिक सम्बन्ध तड़ाक से दूर गए। हँसी लाते हुए कहा, ''अरी! तू भूमि पर बैठी है। उठ!'' इतना सुनकर, भूमि छोड़कर पलंग पर बैठी और दो इलायची निकाल कर संकोच से उसकी ओर बढ़ाते हुए कहा, 'लो इलायची'। रत्ना मन-ही-मन हँसी। आज की तरह बोले, ''अरी-अरी! सुलोचने-रत्ना, घूँघट खोल। अपने नेत्रों से देख तो लो एक बार। अब तुम्हीं, इस मातृ-पितृ परिवारहीन की एकमात्र आत्मीयजन हो। तुम्हीं मेरे लिए सब कुछ हो।'' उनकी वाणी में आत्मीयता एवं दीनता, उसे इस मिलन रात्रि के शब्दों से हटकर लगे। तुलसी जाकर अत्यन्त आत्मीयता से उसके पास बिछी दरी पर भूमि पर बैठ गए। वह समझ गई कि हमारी सखियों ने समझाया था—वह पैर कमरे में रखें तो चौकन्नी हो उठना, घूँघट कस के थामना, जल्दी मुँह देखने न पाए और हाथ पकड़ कर जब उठाना चाहे तो न उठने की मनुहार करना। जीवन भर निर्वाह की कसम खाने के बाद ही इस प्रकार उठना जैसे तुम इन प्रपंचों में फँसना नहीं चाहती, जबरदस्ती ढकेली जा रही हो। लगता है, यह प्रवचन पंडित नव-परिणीता के साथ की जाने वाली आचरण-प्रक्रिया से शून्य हैं। उस सचरित्रा रत्नावली को भूमि पर बैठे पण्डित तुलसीदास के प्रति अपने व्यवहार में निष्ठुरता दिखी। अभिभूतता से उसने पण्डित तुलसीदास का हाथ थाम्ह लिया और कहा, ''भूमि पर काहे बैठते हो। उठौ स्वामी! सेज पर बैठो।'' तुलसी संकोच में कुछ न बोल सके। उसने तुलसी का हाथ पकड़ कर स्वयं शैया पर बैठा दिया। उसने प्रथम रात्रि के प्रथम मिलन की मान-मनौवल के मुग्धात्व का सारा आचरण तोड़ दिया। 'तुलसी और रत्ना', 'रत्ना

और तुलसी' दोनों इस लोक रीति में एक दम्पति के रूप में तन, मन, चित्त एवं आत्मा से एक हो गए।

तुलसी प्रतिदिन प्रातः स्नान करने के लिए यमुना जी जाते थे। आज वे प्रमाद में सो गए, सूर्योदय हो गया। रत्ना ने अपने सारे नित्य-कर्मों से निवृत्त होकर देखा तो तुलसी सो रहे थे। देखा, स्वर्ण पट्टिका की भाँति माथा, अलसित चेहरा, अपना ठंडा हाथ उसके माथे पर रखा तो वह चौक कर उठ बैठे, "अरे, अरे! कितना विलम्ब हो गया।" आँख मींजते-मींजते बोले। "अरे! आपको उस किनारे से देखती थी, यमुना स्नान करते, आज नहीं जाओगे क्या?" तुलसी बोले, "देखो, छाजन से सूरज चमक रहा है। लोटा कहाँ है, गमछा आज उन्हें भूल चुका था।" रत्ना ने सब ले आकर उन्हें थम्हा दिया और बोली, "पूजन के लिए जमुना मइया का एक लोटा जल लेते आइएगा।" तुलसी ने देखा हाथ में एक ही लोटा था। रत्ना ने ससुराल वाला लोटा थम्हा दिया। तुलसी घर से निकले, धूप थोड़ी चढ़ आई थी। आज उन्हें जल्दी नहीं थी जो आस, विश्वास, बल एवं भरोसा भगवान राम से माँगा करते थे, वह सब कुछ आज अकेली उनकी पत्नी ने दे दिया था। आज दूर से हनुमान चौरा की मूर्ति को प्रणाम किया। विलम्ब न हो जल्दी चल पड़े। नित्य-क्रिया से निवृत्त हो स्नान किया और यमुना मैया की पूजा की। भीगी धोती कन्धे पर रखी, दोनों हाथों में दो लोटे—एक अपना एक पत्नी के लिए। रास्ते में दोनों हाथों में दो लोटों को देखकर एकाध लोग मुस्कराए, एकाध ने कटाक्ष भी किया। तुलसी जैसे बिना सुने आगे बढ़ते गए। बाँया हाथ दर्द करने लगा, लेकिन घर पर ही लोटा रखा। घर में घुसे तो देखा कि सेठानी, उनकी बहू, चौबाइन चाची तथा पड़ोसिनों के अट्टहासों से घर भरा हुआ था। दो लोटे देखकर सेठानी भाभी ने ताना मारा, "कहो रामबोला! आज से ही देवरानी की चाकरी बजानी शुरू कर दी?" तुलसी हँसे और लोटे को ड्योढ़ी के अन्दर रखकर मन्दिर में आए और हनुमान जी को जल चढ़ाकर नित्य की भाँति पलथी मारकर पूजन के लिए बैठ गए। पूजन के लिए बैठे तो थोड़ा-सा पश्चाताप का भाव जागा। जिसे वह मुँह अँधेरे किया करते थे, आज नये जीवन में प्रवेश करने के कारण उसे सूर्योदय के बाद करना पड़ रहा है। फिर, एक क्षण के लिए सामने मुँह करके हनुमान जी के नेत्रों में ध्यान लगाकर पूजा प्रारम्भ कर दी। एक-दो क्षण तो वे हनुमान के नेत्रों में ध्यानस्थ रहे। एकाएक उन्हें हनुमान के नेत्र रत्ना के कमल नयन जैसे लगने लगे। चौंके और आँख मूँद ली। उन्हें हनुमान प्रतिमा के स्थान पर रत्ना का बिम्ब खड़ा दिखाई पड़ा। आँखें खोलीं, फिर हनुमान जी में मन लगाया। चित्त को दबाव से साधा किन्तु रत्ना न निकली। उनकी पूजा समाप्त हुई, जल चढ़ाया, प्रार्थना की। प्रभु हनुमान! आज

जाने क्या हो रहा है, दास नहीं जानता है। जब घर में आए तो देखा कि भीड़ जुड़ती जा रही है। सेठानी मिठाई का दोना मुँह देखाई के लिए रखे थीं। दो मिठाई देकर पानी पिलाती और वह रत्ना का मुँह देखकर नेगचार लेती। नहा-धोकर लौटे तुलसी भी पकड़ में आए और जब दो लड्डू खा चुके तो सेठानी भाभी ने कहा, 'तुम भी मुँह देखकर हमारी देवरानी को नेगचार दो।'' तुलसी मुस्कराए, शास्त्रज्ञ पण्डित की भाँति नहीं, पति की भाँति। भाभी अब मेरा क्या है? सब उसी का है। मैं तो स्वयं उसी का हूँ, मेरा मुझमें कुछ नहीं है, सब उसी का है। वह हँसी और बोली, ''शास्त्र पढ़ाने से काम नहीं चलेगा, दास बन रहे हो तो देवरानी का पाँव छुओ।'' तुलसी खिलखिलाकर हँस पड़े। क्यों नहीं, जब आगे बढ़े तो रत्ना उठकर भागी। तुलसी परिहास कर रहे थे, सारी मजलिस खिलखिलाकर हँस पड़ी। सेठानी भाभी दौड़कर रत्ना को पकड़कर ले आईं और ग्राम्य विनोद छिड़ गया। पण्डित रामबोला 'तुलसी' घर से निकलकर बाहर तखत पर बैठ गए।

यह कैसा जीवन है? हे प्रभु! जिसे अब तक आपके साथ भोगा, उसका लेशमात्र भी यहाँ नहीं झलक रहा है। सामाजिक निर्वाह का यह प्रारम्भिक चरण जितना मीठा, रोमांचक, आनन्दमय है—हे प्रभु! क्या ऐसा ही जीवन भर बना रहेगा। इस सोच में पुनः रत्नावली के दो नील-कमल जैसे नयन तुलसी के चित्त-नयन से चिपक गए।

× × ×

शादी के एक सप्ताह बीत गए। सब कुछ सामान्य-सा हो चला था। वह यह कि जीवन-भर सम्बन्धहीन निराश्रित तुलसी को रत्ना में माता-पिता, भाई, बहन, परिवारजन एवं परिजन का जितना रिक्त सम्मिलित मोह संस्कार था, सबका रूपान्तरण हो चुका था। तुलसी प्रातः यमुना स्नान करके अब ससुराल के द्वारचार में प्राप्त पीतल के गगरे में जल भर कर लाते थे। आज जब वह घर पहुँचे तो स्नान करके रत्नावली उनकी प्रतीक्षा कर रही थी। जमीन पर उकडूँमार कर एक नौकर जैसा आदमी बैठा था। तुलसी ने रत्ना की ओर देखकर उसकी ओर देखा। रत्ना ने स्पष्ट किया, ''नाई है, बप्पा ने भेजा है। आज दोपहर मुझे लिवा जाएँगे।'' तुलसी ने गगरा धम्म से रख दिया। इस अप्रत्याशित घटना की खबर ने उन्हें एकाएक मर्माहत कर दिया था। उनका चेहरा गिरा हुआ देखकर बोली, ''पण्डित जी! काहे उदास हो गए हैं। लोग अपनी लड़की शादी के बाद पहली बार ससुराल दो दिन के लिए ही भेजते हैं। फिर गौना होता है तब दो-चार महीने के लिए रहती है।'' ''यहाँ मेरा क्या होगा?'' रत्ना बोली, ''जैसे शादी के पहले होता था।'' तुलसी ने उत्तर दिया, ''रत्ना! मेरा सब कुछ बदल गया है। घर में घुसते तुम्हें देखता हूँ, घर के बाहर तुम दीखती हो, नींद में

तुम्हीं मेरा स्वप्न हो, जागृति में तुम्हीं मेरी कल्पना हो। कब तक के लिए जाना है? बप्पा तो मेरे भी बप्पा हैं, उनसे मैं सब कुछ कहकर के तुम्हें रोकूँगा।'' रत्ना इस सबक को न बूझ पा रही थी, न समझ में आ रहा था कि क्या करें? धैर्यपूर्वक समझाया, ''देखो, लोक-लाज भी बहुत बड़ी बात है। लोग कहेंगे पाठक ने अपनी बेटी बेंच दी। अभी तो गौना के साथ थौना भी बाकी है। लोक की रीति-रस्म न चलेगी तो लोक कैसे चलेगा पण्डित जी।'' पण्डित जी ने काँधे की धोती निकाल कर सूखने के लिए फैला दी। लोटे में यमुना जल भरा, ले आकर भारी मन से चौरा के हनुमान जी को चढ़ाया। पलथी मार के बैठ गए, किन्तु उनका ध्यान उसमें न लगा। इस समय दो तुलसी थे—एक वाणी से हनुमान की स्तुति कर रहे थे और दूसरे तुलसी रत्ना की चिन्ता में चिंतित सारी घटना सोच रहे थे। आरती करके लोटा लेकर नीचे आए। सेठानी आ रही थीं पूजा के लिए। तुलसी का गिरा हुआ चेहरा देखकर पूछा कि आज चेहरा क्यों उतरा है? तुलसी ने स्नेह भरी ममता से सहसा सेठानी को उत्तर दिया, ''अम्मा! आज रत्ना मैके जाएगी।'' सेठानी पीड़ा समझकर बोली, ''ठीक है, उसे दो दिन बाद ही चला जाना चाहिए था। कोई बात नहीं, पाठक गौना करेंगे, यह लोक रीति है। उनसे कह देंगे जल्दी ही विदाई करा देंगे। गृहस्थ को सन्यासी से ज्यादा योग-वियोग झेलना पड़ता है। पर जाओ, अभी मैं थोड़ी देर बाद आ रही हूँ।'' तुलसी घर गए और अपनी तखत पर धम्म से बैठ गए। रत्ना जलपान लेकर आई और हँसकर बोली, ''मेरी दो दिन की विदाई में मुरझा गए, अगर लम्बी विदाई होगी तो कैसे होगा स्वामी?'' तुलसी ने साँस खींच कर कहा, ''राम जाने रत्ना! मेरा लुप्त-सुप्त सारा संस्कार तुमसे जुड़ गया है, जैसे लोभी के लिए धन।'' ''बस-बस'', रत्ना हँसकर बोली, ''आगे न कहना? हम घर चले जाएँगे तो कविता लिखना। पण्डित जी 'कटि कर छीन नउनिया भौं चमकावइ रे'।'' तुलसी हक्का-बक्का बोले, ''तो तूने सब पढ़ लिया?'' रत्ना ने उत्तर दिया, ''हाँ! समझ भी लिया कि हमारे पण्डित जी की आँखें कहाँ-कहाँ विश्राम पाती हैं?'' रत्ना के शब्दों में उन्हें सान्त्वना मिल रही थी। तुलसी ने सुन रखा था विदुषी है। बात भी विदुषी-सी करती है। बोले, ''देखो तुम्हारा मैके जाना खल रहा है, जाने कैसे रहूँगा।'' रत्ना ने उत्तर दिया, ''पतिदेव! प्रिय वियोग का संकट झेलना भी गृहस्थ जीवन की नियति का हिस्सा है और वही आनन्द की तृप्ति का भाग एवं वियोग की उत्ताप भरी पीड़ा का झुलस, दोनों हम सबको भोगना हैं। मैं मैके में रहकर आपको भूल जाऊँगी क्या? मुझे भी तुम सालते रहोगे'' और उसने आगे बढ़कर तुलसी के हाथ थाम्ह लिए।

तुलसी जिस संसार में कुछ दिन पहले जी रहे थे, वह तो उन्हें बड़ा ही सपाट लग रहा था। उन्हें मानवीय सम्बन्धों का संसार बड़ा ही टेढ़ा लगा।

रत्ना के साथ बैठकर जलपान करके दोनों ने लोटे से जल पिया और फिर वे एक-दूसरे को देखते रहे।

× × ×

आज तीसरे पहर पण्डित दीनबंधु पाठक अपनी पुत्री की विदाई कराने के लिए आए। ठहरे सेठानी के यहाँ। विवाह के बाद पुत्री के घर का पानी भी पीना उन्हें स्वीकार नहीं था। सेठानी ने उनके जलपान भोजन की व्यवस्था की। खा-पीकर तुलसी के साथ घर आए और उनके सामने वाले कमरे में तखत पर बैठे। पैर के पास तुलसी और बगल में रत्ना थी। रत्ना के लिए यहाँ लज्जा कैसी? घर की एकमात्र नारी थी, सास का भी दायित्व निभा रही थी और बहू का भी। पाठक के साथ बैठकर तुलसी को पिता का सुख मिल रहा था। पाठक जी ने घर का समाचार पूछा। रत्ना ने सब बताया, किन्तु एक बात जो पाठक को अब सालने लगी, घर में उसका एकाकीपन। उन्होंने रत्ना से कहा, "यदि तुम्हें परेशानी हो तो दोनों लोग महेवा में ही चल कर रहो।" रत्ना ने तपाक से उत्तर दिया, "यह लोक-मर्यादा के यह विरुद्ध है?" पाठक ने उत्तर दिया, "कैसी लोक मर्यादा? क्या घर जमाई नहीं होते?" रत्ना ने उत्तर दिया, "नहीं, पिता जी! जब आप मेरा दान कर चुके हैं तो उस दान को पुनः घर में रखे जाने का क्या औचित्य और अधिकार नहीं बनता है।" रत्ना ने उत्तर दिया, "घर का प्रेम और है। आपका कुत्ता भी संदेशा देगा तो दोनों आपके यहाँ आएँगे। यदि ये न कहें तो भी मैं अकेले चली आऊँगी, केवल दो चार दिन के लिए, लेकिन रहूँगी ससुराल में ही।"

तुलसी रत्ना का तर्क सुनकर पुलिकत थे, उन्हें लगा मेरी पत्नी को स्वार्थ तथा परमार्थ दोनों का ज्ञान है।

पाठक पुत्री के उत्तर से प्रसन्न थे!

इसी बीच सेठानी भी आ गईं। एक ओर तख्त पर बैठकर बोली, "पंडित जी! आपने तो सब जान-समझकर ही शादी की थी। सबेरे से रत्ना की विदाई से तुलसी को बड़ा मलाल था, जल्दी विदा करा दीजिएगा।"

पण्डित जी ने स्वीकृति दी, एक सप्ताह के बाद गौना कर देंगे। ज्यादा परेशान न हों, जमुना उस पार और इस पार की बात है, आधे घंटा का आना जाना है, कोई डोली कहार हैं, क्या?

× × ×

सूर्यास्त के पूर्व विदाई हुई। तुलसी अपने ससुर के साथ पहुँचाने चल पड़े। पाठक ने रोका, "बेटवा! बस करो। जाओ आराम करो।" तुलसी ने उत्तर दिया, "बप्पा, जमुना इस पार तक पहुँचा दें।" संकोच के मारे पाठक कुछ नहीं बोले। रत्ना मुस्करा भी रही थी, मन भी मसोस रही थी। गाँव के लोग क्या कहेंगे, पिता के सामने वह बोल नहीं सकती थी, तुलसी घाट तक गए। दीनबंधु पाठक ने नाव पर पहले गठरी रखी, बेटी को चढ़ाया और स्वयं बैठ गए। नौका चल पड़ी। तुलसी ने अभिवादन किया। रत्ना तुलसी का मुँह देख रही थी, वह बोल नहीं सकती थी, गाँव जा रही थी। तुलसी जाती हुयी नौका को देख रहे थे। रत्ना अब भी देख रही थी तुलसी का छरहरा शरीर डूबती सूर्य-किरणों के साथ चमक उठता था। पाठक बोले, "बेटी! तुलसी बड़ा भोला है, वह लोक समाज नहीं जानता, सम्हाले रहना। इस प्रकार के पुरुष बड़े भावुक होते हैं।" रत्ना ने कोई उत्तर नहीं दिया। वह केवल मुस्करा कर रह गई।

तुलसी निराश घर लौट आए, घर आकर लेट गए। शाम के लिए रत्ना खाना बनाकर रख गई थी। वह जानती थी, वह खाना बना नहीं सकेंगे। तुलसी लेटे तो उन्हें नींद ने धर दबोचा। वह स्वप्न लोक में डूबने-उतराने लगे। आँख खुलती, करवट बदलते, फिर नींद में सो जाते। सोते-सोते उन्होंने एक बड़ा विचित्र स्वप्न देखा। यमुना में नहा रहे हैं, नहाते-नहाते यमुना की धारा तेज हो गई और वह बह चले। चिल्ला रहे हैं, 'बचाओ! बचाओ!' चारों ओर सूनसान है, कोई नहीं है। निराश और हताश तुलसी ने एकाएक देखा कि नाँदी तौरा के संकटमोचन हनुमान प्रकट हुए और बाँह पकड़ के कहा, "चलो निकलो, सम्हल के गोता लगाया करो, नहीं तो बह जाओगे पता नहीं चलेगा।" इस बीच किसी ने जोर से दरवाजा खटखटाया। तुलसी की आँख खुली और उठकर बैठ गए। फिर खटखटाने की आवाज आई, दौड़कर गए तो राजा सेठ आवाज दे रहे थे। अरे तुलसी, सो गए क्या? आँख मींजते तुलसी पहुँचे और बोले, "हाँ भइयाँ, थके थे, नींद लग गई थी।" "अरे देखो, रत्ना बहू के जाते ही घर में अँधेरा हो गया, दीपक तो जला देते।" तुलसी को अपने अकेलेपन का आभास हुआ। दीपक जलाकर हनुमान चौरा तक ले आए और दोनों बैठ गए। राजा सेठ ने पूछा, "भोजन किया कि नहीं।" तुलसी ने उत्तर दिया, "अभी नहीं, खाना रखा है, अभी स्नान और पूजन बाकी है। ठंड पड़ने लगी है।" सेठ ने कहा, "देखो, किसी बात की चिन्ता न करना, हम तो हैं ही। हम इसीलिए आए थे कि यदि खाना न बना हो तो तुम्हें घर पर खिला दें, अम्मा ने भेजा है।" तुलसी ने उत्तर दिया, "मुझ तुलसी की माँ वही हैं।" राजा चला गया। तुलसी ने स्नान किया। थके मन से हनुमान जी के सामने बैठे तो स्वप्न में नाँदी तौरा के हनुमान का

स्वप्न-दृश्य उभर कर सामने आ गया। मालूम नहीं, एकाएक उनके मन में कैसा भय समा गया। सिर हनुमान के चरणों में रखकर बोले, ''रक्षा करें, पवन पुत्र! मैं बह रहा हूँ, लोक मोह में कितना बह रहा हूँ, आप ही मेरी रक्षा करे, मेरा और कौन है?'' आज उन्हें समाधि जैसा सुख प्राप्त हुआ। हनुमान की आँख में न रत्ना की आँख दिखी और न समाधि में रत्ना।

पूजा करके खाना खाया और जाकर सो रहे।

रत्नावली जब से मैके गई तुलसी की नित्य-क्रिया पूर्ववत् शुरू हो गई। तीसरे प्रहर उनका प्रवचन शुरू हो जाता था और प्रवचन के बीच उनके ज्योतिष का संदर्भ आता रहता था। भागवत पुराण के प्रवचन में अब समर्पण नहीं विद्वत्ता चमकती थी और ज्योतिष में उनके ज्ञान का अहम्। पूर्व की भाँति श्री कृष्ण कथा के साथ उनकी तन्मयता तो नहीं रह गई थी, किन्तु उनका स्वर, आरोह-अवरोह आकर्षण, विद्या ज्ञान सभी कुछ वही था, श्रोता पूर्व की भाँति आनन्द मग्न रहते थे। तुलसी को जो कुछ दक्षिणा मिलती, उसे अब ससुराल से मिली काष्ठ पेटिका में रखते थे। अन्नदान और सीधा सब डलिया में तुलसी की संचय गृहस्थी बना रही थी।

आज तीसरे प्रहर कथा प्रारम्भ की, किन्तु सनातन के पूर्व पाठक के साली का लड़का एक नौकर के सिर पर गठरी रखाए दरवाजे पर पहुँच गया। गोपिका का कृष्ण विरह प्रकरण चल रहा था। तुलसी अपने को उसी में रमाए श्रोतागणों को लुब्ध किए हुए थे। घूँघट काढ़े रत्नावली ने दरवाजे पर धक्का दिया वह खुल गया। तुलसी कनखियों से देख रहे थे, रवि गट्ठर उठाकर अन्दर चला गया। तुलसी के कथा-प्रवाह में व्यवधान पड़ गया और वे उपस्थित लोगों से बोले, ''राधा कृष्ण की जय, श्री राजाराम की जय''—समझदार श्रोता समझ गए। कथा रुक गई और कल वह इसी समय शुरू होगी, कहकर आरती कार्यक्रम शुरू हुआ। श्रोतागण अपनी सीधा की गठरी छोड़-छोड़ कर तुलसी के विछाए चदरे पर रखने लगे। कुल मिलाकर आधे प्रहर पहले ही कथा समाप्त हुई और तुलसी थैली में पैसा और सीधा संरक्षण लेकर पत्नी के पास पहुँच गए। पत्नी मुस्करा रही थी, ''क्यों पण्डित जी क्या आपकी कथा बीच में ही भंग हो गई?'' उत्तर था, ''नहीं तो। प्रभु कथा एवं गृहस्थ का द्वन्द्व अलग-अलग चलाने से अच्छा यदि एक ही साथ चले तो क्या बुरा है।'' रत्नावली हँस कर बोली, ''यह साधक की सामर्थ्य पर निर्भर है, दोनों सध जाएँ तो अच्छा ही है।''

तुलसी ने जलपान किया, पत्नी खुश थी। तुलसी का आज पुराना संसार फिर लौट आया। रवि ने हाथ जोड़कर कहा, ''जीजा! अब चलें, नहीं तो अँधेरा हो जाएगा। तुलसी ने रुकने के लिए बहुत आग्रह किया, लेकिन वह दोनों का चरण छूकर चला गया।

अवसर पाकर तुलसी ने पूछा, "कैसा बीता तुम्हारा?" रत्ना ने उत्तर दिया, "गृहस्थी और पिता की सेवा में। आपकी भाँति न मुझे ज्योतिष आती है और न कथा वाचन। नहीं तो सबके बीच रात-दिन पड़ी रहती।" तुलसी हँसे, "क्या बात करती हो, तुम्हारे लिए आँखें तड़पती रहीं। अब मेरे प्रवचन में जो सार-तत्त्व था, तुम उसे खींच कर ले गई थी। केवल लोक शब्दों से मन बहला रहा था।" फिर तुलसी को काष्ठ पेटिका की थैली याद आई, निकाल कर बँधी थैली पत्नी के पैरों पर रखकर आज की कमाई भी सौंप दी। पत्नी बोली, "कुछ खाए-पिए नहीं'। देख रहे हैं, अनाज और आटा, दाल ज्यों-का-त्यों है।" तुलसी ने उत्तर दिया, "तुम्हारे जाने के बाद भोजन सेठानी अम्मा के यहाँ करता रहा।" थैली लेकर रत्ना ने सिक्के गिने और सम्हाल कर रख आई। उसे तुलसी की आठ दिन की कमाई देखकर विश्वास हो चला था कि गृहस्थी चल जाएगी।

पति और पत्नी दोनों एक-दूसरे को देखते अपने भावी जीवन की उमंगों में तन्मय हो उठते थे। नये जीवन का इतिहास फिर शुरु हुआ।

× × ×

तुलसी की जीवनचर्या के दो भाग थे। वे प्रातः पूजा करने के बाद बाहर अपना तखत रखवा कर बैठ जाते थे और इस काल में ज्योतिषी के रूप में बैठते। लग्न, विवाह, मुहूर्त, चोरी, शुभाशुभ प्रश्नोत्तर आदि का निराकरण करके उसके अनुसार अनुष्ठान का दायित्व अपने ऊपर लेते या पीड़ित के घर जाकर उसके ग्रहों के निवारणार्थ पूजा-पाठ करते। ग्रह शान्ति, कुंडली एवं चोरी की वस्तुओं के विषय में उनके निराकरण की व्यापक चर्चा हो चली थी।

सायंकाल तीसरे प्रहर हनुमान चौरा पर प्रवचन होता। इन दोनों पेशों से उनकी आय का स्रोत मध्यम श्रेणी का कामचलाऊ हो जाता था।

तुलसी को एक सप्ताह की पराङ्मुखता बाँध की तरह साबित हुई जो बन्धन को तोड़कर फिर से बह निकली। शाम को पत्नी के पास बैठे परिहास सुख ले रहे थे तो रत्नावली ने पूछा, "ज्योतिषी जी, संसार को बताते हैं, हमारे लिए कुछ भी भविष्यवाणी नहीं करते। कब मैं सन्तान का मुख देखूँगी?" तुलसी ने प्रश्न विचार का मुहुर्त गिना और ग्रहों की दशाओं का आकलन करके कहा, "सात मास बाद!" "क्या?" रत्ना चौंक उठी फिर बोली, "क्या सतवाँसी सन्तान होगी।" तुलसी ने कहा, 'नहीं, पुत्र होगा।' नौ माह तेरह दिन के क्रम में जो अब तक रहस्य छिपाए थी, थोड़ी देर के लिए उन्होंने पत्नी के मुँह पर अपना मुँह समेट दिया। तुलसी बोले, "क्यों रत्ना! ठीक है न।" रत्ना ने उत्तर दिया, "अभी तक, मैं आपको नहीं समझती थी।" तुलसी ने उत्तर दिया, "घर में कोई विद्वान नहीं होता, घर में तो अपनेपन में सभी मस्त रहते हैं। हाँ! तुम्हारा पुत्र तुम्हीं जैसा होगा।"

रत्ना मुँह छिपाए-छिपाए बोली, "नाथ! रूप चाहे मुझ जैसा हो किन्तु सलोने को गुण आपके मिलें, यही प्रभु से प्रार्थना है।"

× × ×

तुलसी का पुत्र ननिहाल में जन्मा, क्योंकि यहाँ तुलसी के घर में कोई व्यवस्था नहीं थी। दीनबन्धु पाठक आनन्दित थे, जब नारा काटने वाली आकर सामने 'नाती' का नेग माँगने बैठ गई। उन्होंने पूछा, "बताओ, क्या चाहिए?" उसने कहा, "बगिया में एक आम का पेड़ दे दें।" हँसकर पाठक ने कहा, "जाओ, अँचरहवा आम का पेड़ तुम्हारा।"

दूसरे दिन सबेरे तुलसी हनुमान की पूजा कर रहे थे, लेकिन उनका मन रत्ना पर लगा था। उनकी तिथि गणना का आज अन्तिम दिन था। आज पूजा में मन नहीं लगा। किसी तरह पूजा करके जैसे नीचे उतर रहे थे। ससुराल से आए परिचारक ने सूचना दी—"पंडित जी! पाठक जी ने संदेशा भिजवाया है। आपको आज सबेरे बेटा पैदा हुआ।" तुलसी ने संदेशवाहक की जाति-पाँति नहीं पूछी। सीधे हृदय से लगा लिया। ले आए तख्त पर बैठाया। गुड़ पानी दिया और जब चलने लगा तो उसने नेगचार की इच्छा जाहिर की। तुलसी ने जाकर देखा तो काष्ठ पेटिका में ताला लगा था, एक डलिया जौ उठा लाए और उसके गमछे में बाँध दिया। परिचारक जै जैकार करता चला गया।

उसके जाने के बाद तुलसी जलपान किए बिना तखत पर बैठ गए। उनमें हर्ष एवं उमंग का एक अजीब अनुभव था। अपनी सन्तति कामना, उसकी प्राप्ति का संस्कार, तुलसी एक से दो हो उठे थे। आवेग में वे घर में घुसे, कपड़ा पहना, घर में ताला लगाया, सेठानी अम्मा को न सूचना दी, न राजा सेठ के परिवार को। उन्हें आज ज्योतिष मुहुर्त निकालने की न चिंता थी और न प्रवचन की। वे सीधे चल पड़े यमुना-तट पर। एकाध लोगों ने टोकाटोकी भी की, का भैया सजकर ससुराल जा रहे हैं क्या? तुलसी मुस्कराते हुए अपने में डूबे यमुना तट पर पहुँच गए। नाव वाला जानता था। पाठक के दामाद तुलसीदास को, बिना उतराई लिए पार कर दिया। तुलसी को डग-डग पहाड़ लग रहा था। पाठक के दरवाजे पर पहुँचते ही रवि चिल्ला पड़ा बहनोई जी आ गए, बहनोई जी आ गए। तुलसी मग्न थे। पाठक निकले और चारपाई पर बैठाया। रत्ना को खबर मिली, वह पुलकित हो उठी, किन्तु मामला टेढ़ा था। क्या करे, पति को देख नहीं सकती थी, बच्चे को दिखा नहीं सकती थी, वह तो सौर में थी।

पाठक ने 'सौर' की समस्या तुलसी के सामने रखी तो उन्हें ज्योतिष की प्रसूत नियमावली याद आ गई। बिना शुद्धि कर्म के शिशु को छू नहीं सकते थे, ससुराल में रह नहीं सकते थे, खा-पी तथा जलपान नहीं कर सकते थे।

तुलसी के मुख कमल पर जैसे तुषार का झोंका लगा हो। पाठक जी ने, उनके मन को ढाँढ़स दिया, "तो भइया, आपसे बड़ा ज्योतिषी कौन होगा?" जन्म मुहुर्त समझकर तुलसी ने तुला राशि निकाली और दसवें दिन शुद्धि का कार्यक्रम बताया।

दो घंटे रहने के बाद बाहर से आए भोजन को प्राप्त करके उल्टे मुँह लौट आए। इस प्रत्यागन से रत्ना भी उदास थी, किन्तु कोई विकल्प नहीं था। ज्योतिषी जी अपने ही नियमों के जाल में आज उलझे थे।

तुलसी डगमगाते पाँव राजा सेठ के घर आकर लेट गए। सेठानी दौड़ी आईं। सोचा, रामबोला तुलसी काहे थके-थके चल रहे थे।

उन्होंने उत्सुकता से पूछा, "क्या बात है राम बोला?" तुलसी ने उत्तर दिया, "तुम्हारे नाती हुआ है।" सेठानी दौड़ के घर गईं, एक क्षण में सबको समाचार सुना डाला। बधावे वाली, जमादारिन, बुलाई गई। तुलसी चौरा के नीचे बधावा बजा। आज तुलसी के बदले सेठानी और राजा सेठ ही दक्षिणा बाँट रहे थे। तुलसी के जन्म का 'परिताप-पाप' कुछ भी आज नहीं...। सेठानी के उत्सव कृत्य में आज तुलसी भूख-प्यास खो बैठे थे। हनुमान चौरा पर प्रतिदिन कथा-श्रोता आज भी आए, वे उदास नहीं लौटे। प्रभु हनुमान जी की कृपा का स्मरण लिये हुए तुलसी को बधाई देकर सभी चले गए।

तय हुआ कथा कल से होगी।

× × ×

दसवें दिन तुलसी का ससुराल से बुलावा आया। प्रसूतिगृह से बहू की निकासन थी, साथ ही, पूजा भी। बिना दम्पति के साथ रहे तो दोनों हो नहीं सकते थे किन्तु मातृ-गृह में कन्या के लिए ऐसा विधान नहीं था। फिर भी, तुलसी की उत्सकुता का बाँध टूट ही रहा था। प्रातः हनुमान जी का पूजन करके वे चल पड़े। तुलसी को दूर से आते देखकर दीनबंधु पाठक अगवानी के लिए खड़े हो गए। तुलसी समय से पहुँचे। कार्यक्रम की तैयारी चल रही थी। सभी को आश्चर्य हुआ कि वे इतने सबेरे ही आ गए। पाठक ने रत्ना को बताया कि पण्डित जी आ गए हैं। निकासन तथा पूजा साथ-साथ हो जाए तो क्या बुरा है? अपनी सखियों-सहेलियों के बीच आँगन में ब्याह की तरह गाँठ जोड़ना उसे अच्छा नहीं लग रहा था, किन्तु अब इसके अतिरिक्त कोई विकल्प नहीं था। तुलसी का बुलावा हुआ, हाँथ-पाँव धोकर रविव्रत के साथ आँगन में जाकर खड़े हो गए और पण्डित को निर्देश करते हुए सारी समस्या बताई। नाइन ने रत्ना को ले आकर दाहिने पत्तल पर बैठा दिया, बाईं ओर तुलसी बैठे।

पण्डित गाँव के ही थे। वे अपनी कहते तो पण्डित जी टोक देते। रत्नावली ने रोका, आप चुप रहें। हमारे ब्राह्मण देवता को करने दें। हमारी वेदी के आचार्य वे ही हैं। तुलसी मन मसोस कर रह गए, लेकिन हाथ-पाँव पटकने में अपने बच्चे का मुख देख लिया। हरित-पत्र पर अरुण कमल जैसा खिला हुआ। उनके मन के उल्लास ने उन्हें हर्ष से भर दिया। रत्ना का उल्लास तनाव में बदलता जा रहा था। क्या कहेंगे गाँव के लोग, एक सप्ताह पूर्व दौड़े आए थे। जैसे मैं कहीं भागी जा रही थी, आज फिर आ धमके। गाँव देश क्या कहेगा, एकदम असहाय निराश्रित को पाठक ने अपनी पुत्री ब्याह दी है। फिर भी, वह सारा आवेग पी गई।

कार्यक्रम के बाद प्रसाद, फिर भोजन के बाद तुलसी ओसारे में अकेले चारपाई पर लेटे थे। सूने घर के पाहुने की भाँति धीरे-धीरे शाम हो गई। रविव्रत को बुलाकर तुलसी ने कहा, "भैया! अपनी बहन को भेज दो। ससुर जी कहाँ गए? अब हम जाएँगे।" ससुर तो थे नहीं, रत्ना अपना कोप शान्त किए शिशु को लेकर आई और बोली, "देखो पण्डित जी अपना छोरा।" रत्नावली की वाणी से तुलसी आत्म-चैतन्य हो उठे, उठ बैठे। आँखें मिलीं, आँखों की विशेषता यही है कि मिलते ही स्वयं मान मनौवल कर लेती हैं। रत्ना ने गोदी में कपड़े के टुकड़े में लपटे शिशु को गोद में रख दिया। जी भरकर तुलसी ने शिशु को देखा। उनका सन्तति मोह जैसे उमड़ पड़ा, फिर रत्ना ने गोदी में उठा लिया और बोली, "देखिये! उपटन, मालिश, खान-पान की व्यवस्था आपके यहाँ हो नहीं पायेगी। इसलिए सवा महीने कम-से-कम हमे यहीं रहना पड़ेगा।"

तुलसी चिन्तातुर हो उठे। कँहर कर बोले, "बड़े भाग्य से तो तुम्हें पाया और उसी भाग्य ने बेटा दिया। फिर तुमसे अलग होकर हम सवा महीने और कैसे रहेंगे।"

रत्नावली ने उत्तर दिया, "इतने दिन अकेले रहे, अब सवा महीने और सही। आप तो हनुमान के एवं श्रीराम के भक्त हैं, उन्हीं में मन लगाये रहिए, आपके यहाँ हमारी कुछ भी व्यवस्था न हो पायेगी।"

निराश मन तुलसी ससुराल से लौट आये।

पत्नी से दुतकारे तुलसी कहाँ जाते—हनुमान तथा राम के पास, और हनुमान राम की उपेक्षा करके जाने के लिए आश्रय रत्नावली थी। एक ओर राम-हनुमान दूसरी ओर रत्नावली।

तुलसी का मन लोकरीति और राम की प्रीति के द्वन्द्व के बीच निरन्तर चक्कर काटा करता था।

प्रवचन और ज्योतिष दोनों का खेल उजड़ रहा था। उसे उन्होंने फिर से सँवारना शुरू किया। इसी बीच संदेशा आया नाँदी तौरा से कि चार वर्ष से अधिक हो रहे हैं, अभी तक आए नहीं। तुलसी ने निश्चय किया कि सबेरे नाँदी तौरा चले जाएँगे।

नाँदी तौरा में तुलसी का बड़ा सम्मान हुआ। उस सम्मान का कारण हनुमत्पूजा का आयोजन था। तुलसी को आज गेरुए वस्त्र में सजाकर हनुमान जी के समक्ष खड़ा कर दिया गया। तुलसी ने ज्यों ही हाथ जोड़कर ध्यान लगाया, नदी में बहते-डूबते-उतराते आत्मरक्षा के लिए चिल्लाते उनको अपना ध्यान याद आ गया। नेत्रों से अविरल अश्रुधारा निकल पड़ी। स्वामी अच्युतानन्द ने उनकी दशा देखकर समझा की प्रभु हनुमान जी से तुलसी के चित्त का यह अद्वैतभाव साहचर्य है, उन्होंने झकझोरना उचित न समझा। तुलसी के कंठ से श्लोक पर श्लोक निकलते गए। जब शान्त हुए तो एकत्रित जनता ने 'हनुमान जी की जय, तुलसी बाबा की जय' का कर्ण-भेदी उच्चार किया। तुलसी की तन्द्रा भंग हुई, रत्नावली एवं पुत्र की संसक्ति को तोड़कर पुनः चित्तासक्ति हनुमान में प्रविष्ट हो गयी। तुलसी को मंच पर आदर के साथ लाया गया।

तुलसी ने कहा, "स्वामी जी, मैं एक सप्ताह यहीं रुकूँगा, प्रवचन करूँगा। केवल भोजन आपका लूँगा। एक कुटिया की व्यवस्था करा दें।"

अच्युतानन्द जी आनन्दित हो उठे, उन्होंने सारी व्यवस्था कर दी। चारों ओर ढिंढोरा भी पिटवा दिया कि वाल्मीकि रामायण पर एक सप्ताह का प्रवचन होगा, महाराज तुलसीदास शास्त्री का।

दूसरी दिन पंडाल बन गया, चारों ओर मुनादी पिटी तो मुहाँमुही दीनबंधु पाठक को भी खबर लगी और रत्ना को बताया कि नाँदी तौरा में तुलसी का एक सप्ताह का प्रवचन होगा, वाल्मीकि रामायण पर।

रत्ना ने उत्तर दिया, "ठीक है, इस समय मैं जा नहीं सकती, उनको तो मन विश्राम के लिए कुछ चाहिए। मैं एक महीने के बाद ही राजापुर जाऊँगी। ठीक है, उनका मन जहाँ लगता है, लगाये रहें। मेरा भी ब्याह ऐसे घर में हुआ कि परिवार के नाम पर चिरई का पूत भी नहीं है।"

दीनबन्धु पाठक ने डाँटा, "क्या बात करती है, इतना बड़ा वर तुमको मिला है, अहोभाग्य समझो।" पिता की बात, आज रत्ना को रुची नहीं। मन-ही-मन कलमलाई। कंगाल-तो-कंगाल, घर में खाने को दो जून का ठिकाना नहीं, कौन-सी विद्वत्ता।

सखियों के बीच बातों के तानों ने उसके स्थिर जलते चित्त में दो बूँद घी डालकर उसे बवन्डर बना दिया था।

सवा महीने बीत जाने पर रत्ना राजापुर आई। रवि साथ में था। परिचर की गठरी और रवि की गोदी में तुलसी पुत्र तारा, खटपट सुनकर तुलसी ने आँख खोली। बाहर निकल कर आए। रत्ना को देखते ही जैसे बावले हो गए। कटोरी में गुड़ रखा। सबने पानी पिया, गठरी में शिशु की व्यवस्था का सामान था। रत्ना

ने पूछा, "क्या अब प्रवचन-पूजा, ज्योतिष कर्मकांड खतम हो गया?" तुलसी ने उत्तर दिया, "मन नहीं लगता। माता-पिता, भाई-बन्धु सबकी ममता-डोर एक में पिरोकर तुमसे बँध गई है। हनुमान जी सब कर देंगे। संसार भर उनका खा रहा है, तो तीन के लिए क्या कोई कमी होगी?"

तुलसी का यमुना स्नान विलम्बित हो उठा। वे लोटे में दूध के लिए निकलते थे। एक पैसे सेर के हिसाब से। उन्होंने काष्ठ पेटिका खुलवाई, पचास रुपये की फुटकर धनराशि उन्हें सहस्त्रों से अधिक लगी।

गाय का दूध रत्ना के लिए तथा तारापति के लिए उन्होंने स्वयं लाना शुरू किया। चौबे जी अपनी बड़ी चारपाई उठा ले गए थे। दो तखत थे, एक बाहर के लिए एक भीतर के लिए। सेठानी से कहकर एक चारपाई लगवा दी और अपने तखत के पास रत्नावली के लिए बिस्तर लगा दिया।

जब जब अकुलाहट में रत्नावली को तुलसी छूना चाहते थे, वह रोक देती थी। प्रसूता का स्पर्श तीन महीने के लिए वर्जित है। बेचारे आहत तुलसी आँखों से अपनी स्पर्श मुद्रा पूरी करते। सेठानी अलग आकर उपटन-तेल-मालिश कर देतीं। रत्ना को भोजनादि के लिए राहत मिल जाती।

धीरे-धीरे रत्ना को आए एक मास हो गए।

एक दिन वे किसी कर्मकांड के संदर्भ में घर के बाहर गए थे। दूसरे प्रहर जब वे घर आए तो उन्हें घर सूना दिखा। दरवाजा खोलकर चारों तरफ झाँका, कहीं रत्ना न दिखी, न तारा। कहाँ गयी रत्ना। उनकी उत्सुकता नियंत्रणविहीन होती गयी। दौड़कर सेठानी अम्मा के पास गए। पूछा, क्या रत्ना आयी है? सेठानी ने उत्तर दिया, "नहीं तो!" वे असहाय से बिसूरने लगे। तब तक घर से निकलकर राजा ने बताया, "उनका भाई रविव्रत आया था, उसके साथ मैके गयी हैं। रवि ने हमे संदेश दिया था कि बहन अपने गाँव जा रही है, बहनोई जी से बता दीजिएगा।"

राजा ने बैठने के लिए आग्रह किया। सेठानी ने तुलसी को खाने के लिए कहा, किन्तु तुलसी का संसक्ति-सन्निपातग्रस्त मन रत्ना को खोज रहा था। घर आकर लेट गए, किन्तु मन की बेचैनी बढ़ती गयी। उठकर बैठ गए। रत्ना का आकस्मिक मैके गमन उन्हें सालने लगा, उठकर टहलने लगे। कोई नहीं, जैसे हनुमान और भगवान राम उनके मन से निकल गए हों। धीरे-धीरे शाम हो आयी। भादों की अमावस की रात, बादलों ने घिरना शुरू किया। आँधी और बिजली की चमक, घर में दरवाजे से घुस कर रत्ना का मार्ग देखने लगे। बिजली कड़की, आसमान आग की रेखा से आकलित हो उठा। आँधी, वर्षा, बिजली की कड़क तथा चमक, दो पहर बीत गए। अँधेरा छा गया। अब सब कुछ तुलसी की

सहनशक्ति के बाहर की बात थी। वे जिस मुद्रा में थे, निकल पड़े। बिजली कड़क कर अपनी अग्नि रेखा से उन्हें घेर रही थी। भादौं की बूँदों की बौछार उनके तन पर टपकती रही।

प्रथम प्रहर की रात्रि का समापन, रास्ता सूझता नहीं था। पाँव फिसलता तो तुलसी लथपथ किन्तु बढ़ते जा रहे थे। यमुना के तट पर केवल रत्ना के लिए। नदी के किनारे कोई नौका नहीं थी, थोड़ी देर बाद एक मछुवारे की डोंगी दिखाई दी। ललकारा, "भइया यमुना जी पार कराओ!" उसने आश्वासन तो दिया, किन्तु पार कराई आठ टके की माँग रखी। अपने कर्मकांड की सारी कमाई जेब में हाथ डाल के निकाली और उसके हाथ में थमा दिया। एक पैसे के सिक्कों से उसकी मुट्ठी भर गई। उसने तुरन्त डोंगी खींचकर तुलसी तक लगा दी। गिरते-परते नाव में चढ़े, नाव वाले ने पूछा, "भइया इतनी भयंकर रात में देखो धारा डोंगी को किधर बहा ले जाए, आप कहाँ उतरेंगे?" तुलसी ने अनुनय किया, "महेवा घाट पर उतार देना।" नाविक का साहस था, धक्के खाते बहते दूसरी प्रहर की रात में महेवा घाट पर पहुँचा दिया।

तुलसी उन्मादग्रस्त की भाँति बढ़ते जा रहे थे, बिजली चमक रही थी। घनघोर घटाओं ने रास्तों को घेर रखा था। तुलसी का रत्ना के लिए उन्माद उबल रहा था।

दरवाजे पर पहुँचकर द्वार खटखटाया। उँहासा रवि आँख मलते निकला। पूछा, "कौन है?" तुलसी ने बताया, 'मैं हूँ'। पानी एवं कीचड़ में लथपथ धोती, कंटकित काँपती देह, उद्विग्न चेहरा, वह तेजी से बोला, "बहनोई जी!" तुलसी ने उत्तर दिया, 'हाँ'। वह वैसे ही भीतर गया, अपनी बहन रत्ना को जगाया। सारी दशा बतायी। तुलसी का समाचार सुनकर उसकी त्योरी चढ़ गयी। पिता की एक सूखी धोती दी, गमछा दिया और कहा, "कह दे कपड़ा बदल लें, उनका कपड़ा खपरैल पर डाल देना, कल साफ होगा।"

आधी रात को जो भी घर का शिष्टाचार था, रत्ना ने किया। पाठक जी घर के बाहर थे। अतः भीतर-बाहर की ज़िम्मेदारी उसी की थी। स्वल्पाहार के बाद तुलसी भीतर बुलाए गए।

रत्ना गुरुशिला की भाँति तनी थी। तुलसी ने पूछा, बिना बताये चली क्यों आयी। रत्ना ने कहा, "आप इस पानी और अंधड़ में क्यों आ गए, प्रातः आते।"

तुलसी बोले, "रत्ना कैसे कहूँ। मैं जानता हूँ कि तुम्हीं मेरी, जननी, जनक, बंधु, पत्नी, पुत्र, परिवार सब-कुछ हो।"

बिजली तड़-तड़ाकर भड़की। तुलसी ने रत्ना की तनी हुई भंगिमा देखी।

"हूँ तो मैं तुम्हारे लिए सब-कुछ हूँ। अभी मेरा शरीरान्त हो जाए तो आप क्या करेंगे?" तुलसी अपराधी की भाँति आहत, पराजित होकर बोले, "नहीं रत्ना! ऐसा न कहो। रत्ना एवं तुलसी का अस्तित्व साथ-साथ है। तुम्हारे अतिरिक्त मेरी कोई कामना नहीं है। लोभी की अन्तिम कामना धन है, कामी की अन्तिम कामना नारि है, तुलसी की अन्तिम कामना तुम हो, तुम्हीं मेरी सद्‌गति हो, केवल तुम्हीं।"

"धिक्कार है आपको, पिता नहीं हैं। आज लांछित करने के लिए आए हैं। मैं आपके किसी काम में नहीं आ सकती। मैं आपको सद्‌गति नहीं दे सकती। यह कलंकित कर्दचित शरीर, जाओ, चले जाओ। राम जी की सेवा में जाओ, वहीं सद्‌गति मिलेगी।"

रत्ना इतने तीखे तथा कटु स्वर में सारी बातें कर रही थी कि बेचारा बरामदे में खड़ा रविव्रत काँप उठा। तुलसी का आवेग जो काम तथा प्रेमाद्वैत के लिए सारे संकटों को झेलकर सामने खड़ा था, स्तब्ध, चुप, निर्विकार और अपनी सारी आत्मीयता भरी संवेदना को वे हृदय के पीड़ा भरे स्वर से निकालते हुए बोले, "हे प्रभु! हे राम", जैसे भूखी गौ को घास चरते समय बाण का आघात् लगा हो। एक क्षण के लिए आँख आकाश की ओर उठाई और तुरन्त निकल कर चल पड़े। बादल गरज रहे थे, पाठक की धोती पहने और गमछा लपेटे, विषाद का मेघाच्छन्न बवन्डर से भरा उनका मन गरजते-टपटपाते मेघों के साथ निकल कर बढ़ा आ रहा था।

थोड़ी देर, रवि ने तुलसी को ललकारा, "अरे! सबेरे जाइएगा। तुलसी ने जैसे उसे सुना ही न हो।"

भादों की अर्धरात्रि के अँधेरे में यमुना तट को तुलसी ने सदा के लिए त्याग दिया। अपनी जन्मभूमि विक्रमपुर की ओर आँख भी न उठाई। राजापुर जैसे कोई बस्ती ही न हो। कौन सेठानी अम्मा, राजा भइया-भाभी। हनुमान चबूतरा, घर, बैठक, काष्ठपेटिका, छान-छप्पर सबको भूलकर तुलसी बढ़े जा रहे थे प्रयाग की ओर। मुँह से केवल निकल रहा था, 'हे राम, हे राम'।

'रातिहिं में तुलसी गृह त्यागि गए कित औचक काहु न जानी।'

पूर्व मध्याह्न पाठक जी आए, रवि मुँह झुकाए खड़ा था। भीतर घुसे, बेटी रत्ना तनी मुख-मुद्रा में खड़ी थी। सारा समाचार ज्ञात हुआ, सिर पकड़कर जमीन पर बैठ गए।

रवि को राजापुर भेजा, तुलसी का पता न था। एक परिचर को नान्दीतौरा भेजा, तुलसी वहाँ भी नहीं थे। राजा और सेठ तुलसी का पता लगा रहे थे। कुछ

मालूम न हुआ। तुलसी कहाँ गए, क्या हो गए, यमुना प्रवाह ने तो नहीं निगल लिया। पाठक की वेदना बरसाती नदी की भाँति उफनती और बहती जा रही थी और तुलसीदास...।

नंगे पाँव, कुश काँस से बिंधे रक्त लथपथ, एक गमछा ओढ़े तथा भीगी धोती पहने चलते-चलते प्रातः प्रयाग पहुँच गए। गमछा पछार कर सुखाया और त्रिवेणी में स्नान करके हाथ जोड़कर खड़े हुए। अश्रु नेत्रों से टपक रहे थे। पीड़ित, मन्द, क्रन्दन भरे स्वर से त्रिवेणी से वे मनौती माँग रहे थे।

"मुझे धन नहीं चाहिए, मुझे धर्म नहीं चाहिए। मुझे कामना मुक्त करें, मुझे सद्गति नहीं चाहिए, मुझे निर्वाण नहीं चाहिए, जितने जन्म मैं जन्मू, हर जन्म में श्रीराम के चरणों में मेरी अनन्य संसक्ति बनी रहे। हे माँ त्रिवेणी! मुझे राममय हो जाने का वर चाहिए।"

एकाएक उन्हें अयोध्या से आते त्रिवेणी तट के भरत याद आ गए। त्रिवेणी के तट पर जल से माथा लगाकर लेट गए और बोले, "मुझे भरत का जीवन चाहिए, अयोध्या और राम चाहिए। सारा जीवन, हे माँ! मैं भरत-सा बिताऊँ और लोग तुलसी को ही जन्म-जन्मान्तर श्रीराम के चरणों का अनुरक्त भरत कहें। माँ मेरी और कोई कामना नहीं है।"

घुटने भर जल में घुस कर तुलसी ने उसी जल का जलपान किया और वे नाव वाले से हाथ-पाँव जोड़कर नदी पार कराने के लिए अनुनय विनय करने लगे।

पहले जहाँ रत्ना और तुलसी थे, अब वहाँ राम और तुलसी हैं, भरत और राम हैं।

तट से उतर कर तुलसी सीतामढ़ी की ओर चल पड़े। न भूख थी, न प्यास थी, आहत मन, थका शरीर। तुलसी "हे राम, हे राम" कहते चले जा रहे थे।

काशी से लौटे तुलसी ने अपनी जन्मभूमि में रहकर पाँच वर्ष के भीतर क्या-क्या नहीं झेला, उनसे बढ़कर इसका आज कोई दूसरा प्रमाण और कौन था।

चलते-चलते तुलसी को तीन पहर बीत गया। पावों में छाले, धोती गर्द से भरी, गमछा सिर पर लपटा, तुलसी बेचैन, उद्विग्न मन चले जा रहे थे। सीतामढ़ी निकट थी। उनकी दुर्गम पद-यात्रा उन्हें, उनके शरीर को, मन को बाढ़ की धारा की तरह बहाए जा रही थी। वे सीतामढ़ी पहुँचकर घप्प से गिर पड़े। "हा राम, हा राम" कहते हुए भूमि पर पेड़ से उठँग कर लेट गए। अर्ध विक्षिप्त और सम्पूर्णतः क्लान्त थके।

थोड़े समय बाद मन पर नियंत्रण हुआ। गंगा के पास जाकर प्रणाम किया और स्नान करके गमछा पहन लिया। धोती फैलाकर राम-राम का उच्चारण करने लगे।

मन ने एक क्षण के लिए राम की चित्रमुद्रा ध्यान में ली। फिर टूट गई। पत्नी के कटु और रूखे वचन फिर याद आने लगे। इसी बीच उनको राम में अनुरक्त देखकर एक पास रहने वाले साधु ने कहा, ''बाबा, शाम को यहाँ भंडारा है, प्रसाद ग्रहण करके तब जाइयेगा।'' तुलसी ने जबसे ससुराल छोड़ी, केवल प्रयाग में दो अँजुरी गंगा जल मात्र पिया था। भंडारा की बात से उन्हें भोजन की इच्छा ने उतना प्रेरित नहीं किया, जितना पत्नी के अपमान ने। फिर भी, मौन रहकर हाथ उठाकर उसे रहने के लिए आश्वस्त किया।

तुलसी के राम का नाम धीरे-धीरे पत्नी के तिरस्कार पर भारी पड़ते जा रहे थे। वे उठे और उठकर सीता समाधि स्थली की घासों पर सिर रखकर लेट गए, वह सीतामढ़ी में एक किनारे पर रेखांकित है। तुलसी माता सीता से विनय कर रहे थे, 'माता-लवकुश की तरह मुझे भी अपने प्रिय पुत्र के रूप में अपना लो। कहाँ जाऊँ, इस दुतकार के बाद आपके भगवान राम को छोड़कर कहाँ जाऊँ' और फिर उनके नेत्रों से आँसू झर कर गिरने लगे। थकान इतनी थी कि विचलित चित्त उसी में प्रवेश करता जा रहा था। तुलसी सो गए। अँधेरे के पूर्व दाढ़ी वाले साधु ने तुलसी को तट पर न पाकर, लेकिन धोती सूखने को फैलाई देखकर, इधर-उधर खोजना शुरू किया तो वे उन्हें समाहित स्थली पर निश्चिन्त सोते पाया। उसने हाथ लगाकर जगाया तो चौंक पड़े। राम-राम कहकर आँखें खोलीं। साधु बोला, ''बाबा! क्या सो गए थे? चेहरा कितना मुरझाया है। लगता है, आप दिन भर से खाए नहीं हैं।'' तुलसी ने जगने के बाद यह एहसास किया कि माता जानकी और प्रभु श्रीराम की कृपा के लिए ही मुझे अपमानित होना पड़ा है। गुरु का उपदेश और ताड़ना दण्ड नहीं है, प्रसाद है और साधु के साथ प्रसाद लेने के लिए चल पड़े।

खा-पीकर तुलसी को अपनी धोती का स्मरण हुआ और उसे चौपर्त कर सिर के नीचे रखकर पुनः पास पड़े लम्बे पत्थर पर सो गए। प्रातः ब्रह्म-मुहूर्त में उनकी आँखे खुलीं, फिर भी वे लेटे रहे। हनुमान तथा प्रभु राम को चित्त में बुलाते रहे। वे तय कर चुके थे कि सोने, जागने, उठने-बैठने आदि के साथी अब हनुमान तथा श्रीराम हैं, जो मिलेगा खायेंगे, जहाँ जगह मिलेगी पड़े रहेंगे।

धीरे-धीरे उनका उद्विग्न मन समर्पित मन बनने लगा था। राम का बिम्ब और उनका ध्यान। लेकिन बीच-बीच में रत्नावली एवं तारापति की ओर जाता जिसे वे हठात् राम या हनुमान की ओर घुमा देते।

वे उठकर नित्य-क्रिया से निवृत्त हुए और दो अँजुरी गंगाजल पीकर काशी की ओर 'राम-राम' कहकर चल पड़े।

काशी में उनके दो आश्रयस्थल हो सकते थे। ज्योतिषी गंगाराम का घर या फिर शेष सनातन जी की पाठशाला। वे दोनों जगह नहीं जाना चाहते थे। श्रीराम के प्रति उनकी प्रतिबद्धता धीरे-धीरे सुलग-सुलग कर लपटें फेंक रही थी। शेष सनातन की पाठशाला एवं ज्योतिष से जीविकार्जन करने वाले गंगाराम के यहाँ उनकी आग बुझ भी सकती थी। धधकने की गुंजाइश तो पूरी तरह से नहीं थी।

सीधे-सीधे चलते वे वाराणसी के अस्सी घाट पर पहुँचे और माँ गंगा को देखकर प्रणाम किया। उन्हें लगा कि विष्णु सुता गंगा की तरंगों को देखकर श्रीराम के चरणों में ध्यान लगाने का शायद ही अन्य कोई स्थान प्राप्त हो। एक कुटी से थोड़ी दूर हटकर उन्होंने गमछा बिछाकर आसन डाल दिया।

शाम हो आयी थी, तुलसी स्नान करके हनुमान तथा श्रीराम के ध्यान में लग चुके थे। फिर, गंगाजी का दो अँजुरी जल पिया था। फिर भी, भोजन की कोई आकांक्षा नहीं थी।

तुलसी अर्ध पद्मासन की मुद्रा में ध्यान लगाते थे। कभी-कभी रत्नावली आती तो झटके से भगा देते थे। हनुमान का बिम्ब साधकर उनसे श्रीराम तक पहुँचने की याचना करते। श्रीराम का ध्यान लगाकर उन्हें अपनी शरण में सर्वस्व बनाकर रखने की याचना मन-ही-मन चल रही थी।

इसी बीच भादौं शुक्ल पक्ष के बादल घिर आए। वर्षा, आँधी तथा बिजली की कड़क ने मचलना शुरू किया। तुलसी भीगते रहे, आँधी के थपेड़े सहते रहे। श्रीराम का ध्यान उन्हें अपने लुभावने रूप में खींच रहा था। संदेह कभी-कभी इस दीपक की बाती को हिला जाता। बुझने के लिए विवश करता, किन्तु तुलसी ऐसे क्षणों में चौकन्ने होकर अपने को बुझने से बचा लेते। तुलसी भीग रहे थे, कड़कते मेघ के स्वर उनके हृदय मर्म को चीर रहे थे। तुलसी भीग रहे थे, भीगते-भीगते तन्मय होते जा रहे थे। अपनी कुटी से शिव-साधक हंसबाबा सारा कौतुक आश्चर्य से देख रहे थे, हठधर्मी साधुओं की यह साधना-निष्ठा वे बराबर देखते रहते थे। तुलसी थोड़ी देर पानी के थपेड़े में कसमसाने लगे, तब हंसबाबा ने कुटिया के दरवाजे पर खड़े होकर ललकारा! "बच्चा इधर आव, पानी तेज है।" तुलसी को गृहत्याग के तीसरे दिन वाराणासी में किसी बाबा की कुटिया में आमंत्रण मिला। वे भीगते हुए आए और हंसबाबा का चरण स्पर्श करके खड़े हो गए। हंसबाबा शैव साधक थे, उम्र ८० वर्ष के आस-पास। नितान्त छल-प्रपंचहीन। तुलसी से उन्होंने जानना चाहा, "क्या संन्यास ले लिया है? अभी तो उम्र ही क्या है? भीग क्यों रहे हो? शरीर की रक्षा के बिना साधना कैसे होगी? हाँ! इतना तो ध्यान रखना पड़ता है कि शरीर कहीं मन को बेंचकर खा न जाए।"

अभी तक, तुलसी अपने मन से वार्तालाप करते थे। एक तुलसी का सामान्य मन और दूसरा तुलसी का अपमानित मन। अब आज तीसरे दिन एक व्यक्ति से बात करनी पड़ी। उन्हीं की भाँति घर-गृहस्थी का त्याग कर एक कुटिया में अकेले जीवन-यापन करने वाले वह शैव साधक थे।

तुलसी ने उत्तर दिया, "बाबाजी, माँ थी, मर गई। बाप थे, वे भी स्वर्गवासी हुए। पत्नी है, वह भी त्याग उठी। अब मेरे पास केवल राम और उन तक पहुँचाने वाले स्वामी हनुमान जी ही हैं।"

हंसबाबा ने टटोलना चाहा, "यह काशी नगरी शिव-पार्वती माँ की है, यहाँ राम को कहाँ खोज रहे हो?"

भीगे तुलसी खखारते हुए बोले, "अरे! वह तो जगत के माता-पिता हैं। वह सबको आश्रय देकर कामना के अनुसार सबको वहाँ पहुँचा देते हैं। उनकी इच्छा तो यही रहती है कि बच्चे अपने लक्ष्य तक पहुँच जाएँ।"

हंसबाबा ने हँसकर कहा, "ठीक कह रहे हो। क्या नाम है तुम्हारा!" तुलसी ने अपना नाम बताया तो बाबा हँसकर फिर बोले, "क्या तुम जानते हो सारे भक्त यहाँ शिव की खोज में 'शिव-शिव' जपते हैं किन्तु भगवान भूतनाथ 'राम-राम' कहते हैं।" तुलसी ने उत्तर दिया, "मैं अब तक यह नहीं जानता था।" बाबा ने कहा, "दरवाजे पर पहले कपड़ा निचोड़ो, और देह पोंछ कर बैठ जाओ। यह चटाई है, थोड़ी धूनी तेज कर देता हूँ। तुम्हें मैं बताता हूँ, शिव का तारक मंत्र क्या है, राममंत्र जिसे भोलानाथ रात-दिन जपते रहते हैं।"

तुलसी ने गमछा निचोड़ कर पहन लिया और धोती निचोड़ के एक कोने पड़ी लकड़ी के गट्ठर के सहारे फैला दी और आग के पास चटाई पर बैठ गए। उनकी आँखों में उत्सुकता थी, शिव रात-दिन तारक मंत्र जपते रहते हैं। बाबा की तरफ कृतज्ञता भरी दृष्टि से ताका।

बाबा ने कहा, "तो तुम्हें बताता हूँ, शैव मत में द्वितीय प्रहर रात्रि के बाद ही दीक्षा दी जाती है। इसे तुम दीक्षा ही समझो। सम्पूर्ण सृष्टि के सर्जक भगवान् शिव रात-दिन जिस तारक मंत्र का जाप करते हैं, वह है—

"ॐ राञ् रामाय नमः।"

"तुम श्रीराम सिद्धि के लिए शिव के इसी तारक मंत्र का जाप करो।" तुलसी ने बाबा की स्वर-भंगिमा में कहा, 'ॐ राञ् रामाय नमः' और फिर अपनी ध्यान-मुद्रा से इस मंत्र को वे जोड़ने लगे।

'ॐ राञ् रामाय नमः' को चित्त में उतारने के बाद तुलसी जोड़ने लगे, 'राङ्' और 'राम' ये तो दोनों अनमिल आखर हैं, इनका अर्थ भी स्पष्ट नहीं। जप कंठ, हृदय दोनों में टक्कर देता है। हंसबाबा ने पूछा, "क्या बात है?। क्या मंत्र

का कोई अर्थ निकलता है?'' तुलसी तीन दिन बाद मुस्कराए। बोले, ''बाबा! मैं कुछ भी नहीं जानता। मंत्रों की माया निराली है।'' ''इस मंत्र को इस प्रकार जानो। जो रात्र् है अर्थात् सृष्टि के चैतन्य का सर्वात्म रूप है, वही राम है। मैं उसी के लिए स्वयं को अर्पित कर रहा हूँ।''

तुलसी ने बाबा के चेहरे को देखा, बड़ी ही तेजस्वी दीप्ति दिखी। उन्हें लगने लगा जगतपिता शिव अपने बोधगम्य स्वरूप का साक्षात्कार कराने के लिए अपना राममंत्र मुझे दे रहे हैं। यही मंत्र तो मेरे गुरु स्वामी नरहरिदास जी ने भी दिया था।

हंसबाबा के चरणों में तुलसी लेट गए। बाबा ने निर्विकार भाव से उठने के लिए निर्देश देकर पूछा, ''कुछ खाया है या नहीं?'' तुलसी ने उत्तर दिया, ''नहीं बाबा जी!'' बाबा ने टँगी झोली से दो केला निकाल कर दिया और कहा, ''खाकर एक कोने में चटाई पर सो जाओ।''

तुलसी ने प्रसाद समझकर उन केलों को खाया। मुँह-हाथ धोकर चटाई पर लेट गए। थकी देह, विसर्जित चित्त, थोड़ी देर बाद सो गए, गहरी निद्रा में।

तृतीय प्रहर के समापन के बाद अभी ब्रह्म-मुहूर्त में विलम्ब था, किन्तु हंसबाबा ने तुलसी को जगा दिया। तुलसी जगे और राम-राम बोलते हुए 'बाबा' का चरण-स्पर्श किया। जाओ स्नान-ध्यान का यही काल है, अन्यथा लोगों का आना-जाना शुरू हो जाता है।

तुलसी ने लकड़ी के गट्ठर के ऊपर से अपनी धोती ली और नीचे घाट पर उतर गए। नित्य-क्रिया से निवृत्त होकर वहीं किनारे पर एक समतल भूमि देखकर बैठ गए। पृथ्वी का आसन अर्धपद्मासन त्याग कर पहले हनुमान के बिम्ब स्वरूप देह का दर्शन करके आशीर्वाद माँगा और फिर हंसबाबा के मन एवं श्रीराम के रूप बिम्ब को एक में जोड़ने का प्रयास किया। अभी तक उनके पास कोई राममंत्र नहीं था। स्वामी का नाम लेकर अपनी पीड़ा बताते थे। अब उन्हें बोधमय (चिन्मय) राममंत्र प्राप्त हो चुका था, लीन हो गए।

तुलसी मंत्र में लीन थे। सूर्योदय हो गया, देह पर धूप थी। कड़वाहट का असर हुआ। आँखें उठाकर देखा तो हंसबाबा हँस रहे हैं। समाधि मुद्रा टूटी, उठे चरण स्पर्श किया। माँ गंगा को प्रणाम करके बाबा के साथ कुटी में आए।

उनके लिए बाबा ने प्रसाद रख छोड़ा था। तुलसी ने उसे खाकर जल पिया। मन को शान्ति मिली। माया की आँधी बार-बार तुलसी के वैराग्य की कुटी के दरवाजों को तोड़कर घुसने के लिए आतुर रहती थी किन्तु तुलसी बार-बार ढकेल कर दरवाजा बन्द करते रहते थे। कामना और वैराग्य के द्वन्द्व का यह काल तुलसी के जीवन का बहुत बड़ा संघर्ष काल था।

गुरु जैसे बाबा, शैव थे किन्तु राम के प्रति उनके चित्त में आस्था थी, तुलसी के वैराग्य के लिए वही आधार बने।

शान्त तुलसी को देखकर बाबा ने प्रश्न पूछा, "बच्चा तुलसी! तुमने समाधि में कैसा अनुभव किया?"

बाबा का प्रश्न यह नया था। समाधि तो चित्तवृत्ति निवृत्ति के बाद आत्मविलयन की दशा है। अपने में अपनों को खो देने का अनुभव कैसा?

तुलसी ने उत्तर दिया, "बाबा! मैं समझा नहीं। मैं तो स्वयं में विलीन होकर अनुभव शून्य हो उठा था फिर, उस अनुभव को कैसे बताऊँ।"

बाबा ने झिड़की दी, "अपने में अपने को विलीन कर लेना, यह तो निर्विकल्पिक समाधि है। यह निर्गुण उपासना की है और तुम—

तुम तो सगुण उपासक रामभक्त हो। तुम्हें कौन-सा राम रूप प्रिय है। जानकीनाथ, कौसल्या पुत्र राम, वनवासी राम, राजगद्दी पर बैठे राजा राम आदि-आदि।"

तुलसी ने उत्तर दिया, "मुझे सारे रामरूप अतिप्रिय हैं। किन्तु बालरूप राम सर्वातिशय सम्मोहित करते हैं।"

बाबा ने कहा, "कल तुम बालरूप में समाधि लगाना। देखो, वहाँ आटा है, मधुकरी लगाओ। थोड़ा गुड़ है, काम चल जाएगा।"

तुलसी ने एक मटकी में से आटा निकालकर गूँथा और बाहर कंडे की आग जलाकर लिट्टी लगाई। राम का भोग लगाकर वे हंसबाबा के सामने ले गये। हंसबाबा ने अपने लिए थोड़ा रखकर तुलसी को लौटा दिया।

खा-पी कर विश्राम करने के बाद ज्योंही मध्याह्न बीता, बाबा ने तुलसी को जगा दिया और कहा, "जाओ, नहाओ और राम जी का ध्यान धरो।"

तुलसी ने बाबा का चरण स्पर्श किया और गंगा स्नान के बाद धूप होते हुए भी तट पर आसन लगा दिया। बालरूप राम की समाधि लगाई तो रूप में ही समाधि लगी। राम रो रहे हैं, चुप हो रहे, रत्नजटित हिंडोले पर मुस्कराते करवटें बदल रहे हैं, किलकारी भर रहे हैं, नाच रहे हैं, ऊपर नीचे के कोमल ओष्ठों को उठाकर कुछ कह रहे हैं। तुलसी तीन घंटे तक बालरूप बिम्ब ही देखते रहे। इसी बीच कोई पानी में स्नान के लिए छपाक से कूदा तो उनकी आँखें खुलीं। बाबा जल के बीच तैर रहे थे। ध्यानभंग तुलसी को पुकार रहे थे, "उठो जाओ, यही समाधि का सगुणात्मक विकल्प है। राम में डूबो, राम के रूप में डूबो, राम के गुणों में डूबो, राम की क्रिया-चेष्टाओं में डूबो, तुमको राम मिलेंगे। स्नान करके वे आगे-आगे थे, पीछे तुलसीदास।

दिन का चतुर्थ प्रहर शुरू हो चुका था। बाबा ने अध्यात्म रामायण की पोथी निकाली और कहा कुटिया के सामने अपना आसन बिछाकर उत्तर की ओर विश्वनाथ शिव जी की ओर उन्मुख होकर सुनाओ। आज तुलसी तब रामकथा सुनाने हंसबाबा के साथ बैठे तो मालूम नहीं क्यों, गुरु नरहरिदास जैसे सामने आ खड़े हुए। तुलसी ने आँख मूँदकर उस बिम्ब को प्रणाम किया। हाथ उठाकर अनुमति मिली। तुलसी ने स्वामी नरहरिदास के कंठ से अध्यात्म रामायण के रामहृदय का पाठ शुरू किया—

विश्वोद्भवस्थितिलयादिषुहेतुमेकं
मायाश्रयं निगममायमचिन्त्यमूर्तिम्।
आनन्दसान्द्रमंगल निजबोधरूपं
सीतापतिंविदिततत्त्वमहं नमामि।।

'रामहृदय' के प्रार्थना श्लोकों का आनन्दपूर्ण उच्चारण सुनकर हंसबाबा जैसे समाधि में पहुँच गए हों। तुलसी के स्तवन को जिन्होंने सुना वे पास आने लगे। आठ-दस लोग इकट्ठे हो गए। तुलसी ने अध्यात्म रामायण को पढ़ा तो था किन्तु हंसबाबा के सान्निध्य से उसका रहस्य समझ में आ रहा था।

चतुर्थ प्रहर के बाद उनका पाठ समाप्त हुआ। अध्यात्म रामायण को प्रणाम करके वे हंसबाबा को प्रणाम करके आने वाले लोगों की ओर उन्मुख हुए।

एकाध ने दक्षिणा देनी चाहिए। तुलसी ने बाबा की ओर संकेत किया। बाबा ने दक्षिणा रख ली।

दो चार ने यह जानना चाहा कि यह कार्यक्रम रोज होगा। बाबा ने उत्तर दिया, "जरूर, लोगों को लेकर आना। बस तीसरे प्रहर के पूर्व प्रवचन कथा होगी।" सबके चले जाने के बाद, बाबा ने तुलसी को बुलाया। तुलसी चरण छूने लगे तो बाबा ने आशीर्वाद देते हुए कहा, "अब तुम्हारी इस वाणी में सरस्वती, गणेश और हनुमान तीनों का निवास होगा, यही मेरा आशीर्वाद है।"

काशी के अस्सी घाट पर तुलसी ने हंसबाबा की कुटिया में पाँच महीने का समय व्यतीत किया और अब वे भी रामकथा एवं राम के सगुण रूप के प्रत्यक्ष समाधि द्रष्टा बन चुके थे। लोक-कामना का द्वन्द्व समाप्त था। तुलसी और राम, राम और तुलसी बाबा में रक्षक हनुमान एवं शिवरूप हंसबाबा की प्रेरणा से तुलसी का मन राम से मिल गया था। बिम्ब में राम प्रत्यक्ष दिखायी देते थे। उनकी सारी क्रियाएँ तुलसी के चित्त में बस-सी उठती थीं। लक्ष्मण-सीता का रूप आता था, लेकिन बहुत कम। उनकी सगुण बिम्ब साधना समाधि दूसरी अवस्था तक पहुँच चुकी थी। वे शिशु राम को मन-ही-मन पुकारते, बिम्ब रूप बालक राम

हँसते, उन्हें देखकर किलकारी मारते, तुलसी और राम की सत्ता के बीच का अभेद समाप्त होता जा रहा था। तुलसी की राममयता के प्रति दैनन्दिन बढ़ती हुई अनुरक्ति से बाबा प्रभावित थे। तुलसी की केशजटा और दाढ़ी-मूँछों ने बढ़कर उन्हें बैरागी बना दिया था। अब पहले जैसे तुलसी नहीं दिखते थे।

एक दिन प्रातः समाधि के बाद भोजनादि ग्रहण करके तुलसी हंसबाबा के पास बैठे थे। हंसबाबा उन्हें तीक्ष्ण दृष्टि से देखते हुए बोले, "तुलसी राम बतियाने लगे कि नहीं?" तुलसी ने भाव-विभोर होकर उत्तर दिया, "अभी नहीं स्वामी! शिशु राम मेरे बुलाने पर किलकारी मारकर हँसते भर हैं, लेकिन मुझे टकटकी लगाकर देखते हैं।"

बाबा ने तुलसी की पीठ ठोंकी। "अभी समय लगेगा। तुम्हें राम ने अंगीकार कर लिया है। यह काशी है, राम की लीला न्यारी है। तुम अयोध्या, नहीं-नहीं चित्रकूट जाओ। छः मास तक केवल पयस्विनी नदी का ही जल पीकर रहना, अन्न न ग्रहण करना, समझे! वहीं रामघाट के सामने कुटिया बनाओ। फल-फूल खाना, किसी भी प्रकार का अन्न न ग्रहण करना। वहाँ सीता-राम-लक्ष्मण की समाधि लगाकर तारक मंत्र का जाप करना। तुम्हारा कल्याण होगा।"

तुलसी ने बताया, "मैं वहीं राजापुर का हूँ। ससुराल वाले सुनकर आ सकते हैं?"

स्वामी ने कहा, "केवल समाधि और हनुमान की सेवा करना। प्रवचन का कार्य न करना। हनुमान धारा के पास रहना, सीता रसोई में जाकर माता सीता को प्रणाम कर लेना। कल तुम चले जाओ।"

छः मास के बाद सीधे इसी अस्सी घाट पर मेरी ही कुटिया पर आना और कहीं मत जाना।

गुरु के आदेश से तुलसी के चित्त को चित्रकूट जाने का चेत हुआ और वे चल पड़े।

प्रयाग से एक अलग मार्ग नदी तट के किनारे से होकर राजापुर जा रहा था। तुलसी ने उसी मार्ग को छोड़कर आगे दक्षिण वाला मार्ग पकड़ा। यह मार्ग सीधा कामदगिरि पहुँचता था। कामदगिरि के आगे चित्रकूट। तुलसी नीचे जाकर पयस्विनी नदी को प्रणाम करके उसके तट पर जाकर बैठ गए। इसी उत्तरी छोर के उन्होंने पयस्विनी के ऊँचे तट को देखा जिसको नदी ने धनुषाकार रूप में घेर रखा था। यह टीला भगवान श्रीराम का आश्रम है। तुलसी सोचते रहे, ऐसे स्थान पर आश्रम बनाएँ जहाँ से श्रीराम की वह पूर्व निवास स्थली दिखती रहे। उन्होंने पयस्विनी नदी उस पार तट के पूरब के दक्षिणी छोर पर थोड़ी-सी निर्जनता देखकर अपना आश्रम बनाने का निश्चय किया। स्नान-पूजार्चन के बाद पुलकित तुलसी ने जब

हनुमान धारा के बारे में सुना तो दर्शनार्थ हनुमान जी के पास गए और हृदय की सारी भावनाएँ अर्पित करते हुए उनसे श्रीराम के दर्शन की आकांक्षा प्रकट की। गुरु ने बताया था, ऊपर सीता रसोई है। घूम कर तुलसी ने माता सीता का स्मरण किया और फिर आकर अपने निर्धारित स्थान पर वटवृक्ष के नीचे तपोस्थली निर्धारित की। बाईं तरफ हनुमान जी, सामने दाहिनी ओर श्रीराम जी का आश्रम, ऊपर सीता रसोई, सामने अत्रिप्रिया द्वारा लायी गयी पवित्र मंदाकिनी नदी। तुलसी ने इसी वटवृक्ष को अपनी कुटी मान लिया। धीरे-धीरे ठंडक पड़ने लगी थी। वैसे कुटिया बनने तक इस वटवृक्ष के नीचे निवास किया जा सकता था। तुलसी ने उमंगपूर्वक सीताराम-सीताराम करते हुए अपना आश्रम बनाया।

एक दिन मंदाकिनी नदी के किनारे तुलसी ने देखा आसपास के स्नानार्थी, ऋषि, मुनिवृंद, जंगली फल एवं शहद बेचने वाले कोल किरात आदि इकट्ठे हो रहे हैं। तुलसी ने अपनी चटाई रामघाट पर नहीं, उसके सामने दूसरे घाट पर बिछाई। बाईं तरफ हनुमान धारा के हनुमान का स्मृति बिम्ब और सामने राम-सीता-लक्ष्मण नदी से उतरते हुए भाइयों को थामे, सीता को सम्हाले हुए ऋषियों से धर्मचर्चा करते हुए आदि रूपों में तुलसी के राम के बिम्ब आने लगे। इन सबके बीच धीरे-धीरे धनुर्धर खड़े हुए राम के बिम्ब से अपना चित्त एकाग्र किया और वही उनकी मंत्राराधना का केन्द्र बन गया। कभी-कभी उन्हें उत्साहित करने के लिए हंसबाबा बिम्ब रूप में चित्त में आ जाते थे। उनकी साधना प्रातः ब्रह्म-मुहूर्त से मध्याह्न तक चलती थी। पयस्विनी नदी का जल पीकर वे बैठते थे और दोपहर को बेर आदि का फलाहार लेकर तपस्या करते थे। मन का प्रपंच सिकुड़ता जा रहा था, देह दिनो-दिन दुबली होती किन्तु राम की प्रेमप्यास बढ़ती जा रही थी। सम, दम, नियम, उपवास आदि निर्मल नक्षत्र की भाँति उनके हृदय में झाँकते थे और वे तपस्या के प्रकाश में पूर्णचन्द्र की भाँति दैदीप्यमान होते जा रहे थे। बिना वस्त्र के केवल एक लँगोटी में कसे हुए उनके अंगों से उनका ऋषि तेज फूटने लगा था। उनके पास कोई कुटिया नहीं थी किन्तु, वट वृक्ष तो था ही।

एक दिन फलाहार से निवृत्त होकर कुशसाथरी पर बैठे तुलसी रामघाट की ओर देख रहे थे तो एक काली आकृति के ठिगने व्यक्ति ने आकर सामने दण्डवत किया। तुलसी ने आशीर्वाद लेकर उसकी ओर देखा। व्यथित-सा हाथ जोड़े बोला, ''स्वामी जी! बच्चों के आधार के लिए मैंने दो गाएँ जीवन में पहली बार पालीं। भले मानुसों को देखकर गाय पालना अच्छा लगा।'' तुलसी उत्सुक हुए। वह फिर बोला, ''दोनों गाएँ और बछिया साथ में थी। खो गई या कोई उन्हें उठा ले गया। मैं कोलों का सरदार हूँ। 'जागिया'

मेरा नाम है। आप तो तपस्वी हैं, आप आशीर्वाद देंगे तो हमारी गाय मिल जायेगी।''

तुलसी की थोड़ी उत्सुकता बढ़ी। पास में उसे बैठने को कहा और वे उँगलियों से गणना करने लगे। तुम्हारी एक गाय काली थी और एक सफेद। 'जागिया' ने उछल कर कहा, ''हाँ महाराज! गायें मिल जायेंगी, लेकिन तुम्हें मेहनत करनी पड़ेगी।'' रागिया ने उत्तर दिया, ''स्वामी जी! वह तो मैं दो दिन से कर रहा हूँ। वे गायें मेरे घर के प्राणियों की तरह हैं, मैं सब कुछ करने के लिए तैयार हूँ।'' तुलसी ने बताया, ''दक्षिण तरफ एक कोस जाओ। एक पीपल का पेड़ मिलेगा, उस पेड़ के पश्चिम तरफ एक गुफा है, उसी में बँधी है। अब गायों को घर के अन्दर बाँधा करो।'' वह हाथ से उनका पैर छूकर चला गया तो तुलसी को पश्चाताप हुआ। वह जो मैं अब तक अपने को छिपाता फिर रहा हूँ, कामना के भीड़ से कल घिर जाएगा। फिर मन को समझाते हुए उन्होंने सोचा, 'देखा जाएगा। शास्त्र की रचना लोकहित के लिए ही तो है। अन्य क्या उपयोग है, इसका। श्रीराम जी आगे जानें।'

दूसरे दिन तुलसी अपनी समाधि से निकल कर स्वस्थ चित्त जब प्रसाद ग्रहण के लिए बैठे तो भैंसे के ऊपर कुसकास लकड़ी लादे पाँच व्यक्ति के साथ दो औरतें आ कर खड़ी हो गईं। 'रागिया' आगे बढ़कर चरण पर गिर पड़ा। तुलसी ने पहचान कर कहा, ''कहो सरदार! क्या गाएँ मिल गईं?'' सरदार बाग-बाग होते हुए बोला, ''इतना बड़ा संन्यासी यहाँ बैठा है और किसी को कोई खबर नहीं। आपने मेरी गायों का ऐसा पता बताया कि जाकर ठीक वहीं सीधे खड़ा हो गया। कोई आदमी नहीं था। गाएँ मुझे देखकर चिल्लाने लगीं। महात्मा जी! आज से हम सारे कोल किरात आपके शिष्य हैं। आप हमारे गुरु और गुरु के पास तपस्या के लिए मड़ही न हो, यह कैसे हो सकता है?'' रागिया ने ललकारा, सब दौड़े हुए आए और तुलसी के पैरों पर पड़ गए। रागिया की पत्नी मटके में उबाल कर दूध लाई थी। सूखे फल, नारियल आदि थे। सबको सामने रख दिया। कोलों ने एक घंटे में तुलसी की कुटी बनाकर छा दी। सुरक्षा के लिए थोड़ा स्थान का फासिला लगाकर बाँसों का घेरा बना दिया, जिससे तपस्या करते समय कोई घुस न सके। दो कुश की चटाई एक सोने के लिए, एक बैठकर तपस्या करने लिए बिछा दी।

सब हो चुका तो तुलसी अपने फलाहार के लिए जो बेर रखे थे, गठरी से निकाला और प्रसाद के रूप में बाँट दिया। कोलों की दृष्टि में यह कोई सिद्ध-महात्मा थे और उन्हें यह आशा बँधी थी कि ऐसे मौके पर हमारी मदद करते रहेंगे।

तुलसी ने उनके सूखे फलों को खाकर उनके द्वारा लाए गए मटके में दूध पिया, जो बचा उन सबको बाँट दिया।

तुलसी ने अभिभूत रागिया से कहा, "देखो! हम यहाँ भगवान राम जी की तपस्या के लिए आए हैं। हमारे बारे में कोई बात किसी से न कहना। नहीं तो यहाँ भीड़ लगने लगेगी और फिर मेरी तपस्या में विघ्न पड़ने लगेगा। केवल तुम जितना कुछ जानते हो, अपने लोगों तक ही रखना। नहीं तो मुझे यहाँ से चला जाना पड़ेगा।"

रागिया ने हामी भर दी लेकिन उसने भी एक बात की स्वीकृति ले ली कि शाम को प्रतिदिन आशीर्वाद लेने के निमित्त आता रहेगा। किसी तरह से तुलसी ने स्वीकृति दी।

तुलसी की कुटिया उनकी साधनास्थली बन गयी और प्रतिदिन रागिया शाम को गाय का मटकी में दूध लेकर आता। तुलसी के लाख मना करने पर भी उसने बंद न किया। उन्हें एकाएक वाल्मीकि एवं अध्यात्म रामायण में भगवान राम के वे प्रसंग याद आ गए जो कोलों-किरातों के सम्बद्ध थे। तुलसी ने मन बना लिया कि 'ये कोल-किरात राम के दास और सखा तथा तुलसी के भाई हैं।' कोलराज और तुलसी दोनों के हृदय एक हो गए।

तुलसी को एक मास से यहाँ अधिक हो चुका था। वे अपनी चित्त समाधि से धर्नुधर राम को एक क्षण के लिए विलग नहीं होने देते थे और कोलराज की सेवा में एक दिन का भी नागा नहीं पड़ रहा था। तुलसी आज मध्याह्न के बाद पुलकित मन से बैठे फलाहार की तैयारी कर रहे थे कि एक भिखारी साधु आकर खड़ा हो गया। बाबा, बाबा, भूख लगी है। तुलसी ने खड़े होकर प्रणाम किया और अपना गमछा भूमि में बिछाकर बैठाया। छोटी मटकी का दूध सामने रखकर पत्ते पर बेर आदि सामने रख दिया। बिना तुलसी को देखे, वह कुल खा गया। मुँह धोया और खड़े होकर अन्यमनस्कता से बोला, "कल फिर आयेंगे" और तुलसी का प्रणाम स्वीकार करके चला गया। उसके व्यवहार पर तुलसी को थोड़ा-सा आश्चर्य हुआ। फिर सोचा देवभूमि है, यह महात्माओं का देश है। उनके वेश, व्यवहार एवं मुद्राएँ अनन्त हैं। सभी मेरे लिए आदरणीय हैं। हाथ जोड़कर श्रीराम की आराध्य-मुद्रा को प्रणाम किया। बिना खाए, जल पीकर रह गए और उन्हें इस बात की चिन्ता भी हो गयी कि महात्मा जी के लिए भी कल की व्यवस्था करनी चाहिए, कह गए हैं।

शाम को तुलसी श्रीराम की समाधि लगाए बैठे थे, उसी समय कोलराज एक गट्ठर हाथ में लटकाए आ पड़े। तुलसी को प्रणाम करके बैठ गये। जब तुलसी की समाधि खुली तो उसने फिर प्रणाम किया और गठरी सामने रख दी। कपड़ा खोला तो केले की खम्म थी। सत्तर-अस्सी केले रहे होंगे, पके तथा अध

पके। अब तुलसी को बेर, कैथ आदि के लिए भटकना नहीं पड़ता था। उन्होंने अनुमान लगाया, 'मेरे और स्वामी जी दोनों के लिए प्रभु राम ने कल की व्यवस्था की है।' केवल, कोलराज की मटकी का दूध पीकर रह गए।

दूसरे दिन ठीक उसी समय लाल कपड़े से सजे साधु बाबा आकर खड़े हुए और तुलसी ने कल की भाँति उनका स्वागत किया और सारा केला उनके सामने रख दिया। साधु ने तीन केले निकाल कर तुलसी को थमा दिया और पालथी मार कर सारा केला खा गए। खाने के बाद छिलके उसी तरह छोड़कर बिना तुलसी से कुछ कहे, चले गए। तुलसी ने हाथ से बटोर कर छिलकों को बाहर फेंक दिया और जल पीकर तीनों केले खा गए। उन केलों से उन्हें अपूर्व शान्ति मिली। ऐसा लगा सम्पूर्ण सृष्टि-जगत एक निर्मल सरोवर हो गया हो। वे तट पर खड़े दृश्य की तरह जगत को देख रहे हैं। उन्हें लगा दृश्य एवं द्रष्टा का भेद जैसे उनका स्वयं निर्मित हो। दर्शक की तरह वे संसार को देख रहे थे, तुलसी का अपने स्वयं के द्रष्टाभाव होने का सारा संदर्भ जैसे लुप्त हो उठा हो।

उस साधु भिखारी के ऊपर उनकी चित्तावस्था जैसे जम-सी गयी। कोलराज आए, पैर छूकर सूखे फलों की पोटरी रखकर चले गए। आज तुलसी बेर आदि की खोज में भी नहीं उठे। मटकी का दूध कसोरे में उड़ेर कर पी गए। मटकी धोकर रख दिया और रात्रि देखकर सो गए।

तुलसी की श्रीराम की समाधि का क्रम अधिक गहरा होता जा रहा था। वे अपने चित्त में तन्मय रूप समाधि के क्षणों में डूब जाते थे। निवृत्तिमूलक समाधि का क्षण उन्हें सगुण रूप गुण क्रिया-वृत्ति की भावमयी सृष्टि से कहीं फीका दिखने लगा। अन्दर-ही-अन्दर चित्त की समाधिदशामयी वृत्ति लीला में तन्मय स्वयं को भुला देती थी। आज अपराह्न तक उसी में डूबे रहे, समाधि भंग हुई और बगल में लाल वस्त्रधारी साधु को बैठे देखा। प्रणाम के लिए उठना चाहते थे, किन्तु हाथ से शरीर दबा दिया। तुलसी दाब से कँहर से गए। साधु हँसने लगा और बोला, "तू श्रीराम की रूपमयी लीला में तन्मय रहता है, श्रीराम जी को बाहर भी देखो।" तुलसी ने हकला कर कहा, "कहाँ देखूँ।" बाबा ने कहा, "वहीं देखो, जहाँ चित्तदशा में दिख रहे हैं और अब इस गड्ढे से निकल कर तखत पर बैठ। इसी वटवृक्ष के नीचे कुटी के सामने पूजापाठ करके श्रीराम का प्रवचन कर। राम जी आएँगे और तू चित्त में उन्हें देखता है, पहचान लेगा। श्रीराम जी को अन्दर नहीं, बाहर देखो। श्रीराम जी भी सभी के बीच में सभी की तरह रहते हैं। श्रीराम जी लोक के बाहर नहीं हैं, लोक में उन्हें खोजो।" इतना कहने के बाद, बाबा जी उठे और हनुमानधारा की तरफ चल दिए। तुलसी भी उठे, पीछे-पीछे चले, लेकिन न जाने वे कहाँ गायब हो गए।

आज उन्हें फलाहार कराने की तुलसी की कामना अधूरी ही रह गयी।

मुँह-हाथ धोकर तुलसी फलाहार के लिए बैठे। कल का सूखा फल कोलराज दे गए थे। चार महीने बीत चुके। वे पयस्विनी घाट का जल पीते, फलाहार करते और ध्यान लगाते। संशय के अंकुर फूट पड़े, राम ध्यान में आते हैं तो लोक में भी प्रकट होंगे। क्या श्रीराम किसी क्षण लोक में प्रकट होकर छद्म और सत्य रूप में नयनगोचर होंगे। हमने देखा नहीं है, केवल भाव चित्त एवं समाधि क्षणों के छाया चित्त रूप राम के बिम्बों से खेला है। क्या रामजी सही-सही आएँगे। जैसे शबरी के पास गए थे, अहल्या के पास गए थे, गृद्धराज के पास गए थे। उन्होंने निश्चय किया कि बाबा की आज्ञा का कल से पालन करेंगे। किन्तु तखत कहाँ? किसी तरह फलाहार करके वे आज अविश्रमित तथा द्वन्द्वपूर्ण चित्त से श्रीराम जी और बाबा जी के सम्बन्ध में सोचते रहे। सायंकाल कोलराज तीन हरकारों के साथ एक तखत तथा उस पर फल एवं चन्दन घिसने की पत्थर की पटिया लेकर पहुँच गए। तुलसी आश्चर्यचकित थे, उन्होंने निषादराज से पूछा, ''यह तखत किसलिए है?'' कोलराज ने उत्तर दिया, ''आपका एक भगत आज हमारे घर इसे पहुँचा गया था, वह जाते समय प्रार्थना कर गया कि स्वामी बाबा के पास इसे भिजवा दें, ज़मीन पर सोते हैं, उन्हें बड़ा कष्ट है।''

तुलसी ने लाल वस्त्रधारी बाबा का चमत्कार फल समझकर उस तखत को प्रणाम किया। सच है, केवल चित्त जगत के बिम्ब ही नहीं, सारा दृश्यमान लोक जगत प्रभु श्रीराम हैं, श्रीराम का है, श्रीरामार्पित है। उन्होंने उस तखत को पयस्विनी नदी के थोड़े और किनारे रखवा दिया। प्रातः स्नान करके उस पर बड़ी चटाई बिछा दी। स्नान करके शिलापट्टिका पर चन्दन घिस कर लगाया। श्रीराम का स्तवन किया और एक क्षण के लिए प्रभु का ध्यान किया तो कौसल्या पुत्र राम शिशु उनके आगे आकर किलक उठे। रोमांचित तुलसी के मुँह से हनुमान की वन्दना के स्वर निकले। जैसे अन्तरात्मा ने अन्तरात्मा को वरण कर लिया हो। समस्त शून्य मंडल स्वर-लहरियों से समाधिस्थ हो उठा। नहाकर जाने वाले भाग कर आए और खड़े हो गए। पयस्विनी नदी के वट वृक्ष के नीचे तुलसी की कुटिया के समक्ष अच्छी भीड़ इकट्ठी हो गयी। स्वामी अपने प्रवचन से श्रीरामामृत की वर्षा कर रहे थे। एक घंटे के प्रवचन के बाद श्रीराम को प्रणाम करके अपना प्रवचन समाप्त किया। कुछ घटवारे पंडे बिदक गए कि यह कौन है, भीड़ खींच रहा है। लोगों ने तुलसी को दक्षिणा देनी चाही तो उन्होंने तीव्र स्वर में हँसकर कहा, ''यह यहाँ के पंडों की सम्पत्ति है, उन्हीं को दीजिए।'' उस दिन दो-तीन पंडों के हाथ दक्षिणा की रकमें लगीं।

तुलसी ने घोषणा की कि प्रतिदिन प्रातः श्रीराम कथा होगी। तुलसी इस प्रकार कथा कहते-कहते अपना पाँचवाँ महीना भी बिता दिया। पंडे यहीं आकर अपनी दक्षिणा और सीधा ले लेते थे। एकाध ने स्वामी जी से घर की कोठरी में रहने का प्रस्ताव किया। उन्होंने इन्कार कर दिया। स्वामी की श्रीराम कथा का प्रचार पूरे क्षेत्र में हो रहा था। वे श्रीराम की लीला कथा कहकर उनके स्वरूप से जुड़े चित्त की समाधि की सिद्धि कर रहे थे। वे श्रीराम के इन नेत्रों के प्रत्यक्ष दर्शन की कामना में डूबे, कथा की लीलामयी समाधि में मन को रमाये थे।

श्रीराम, केवल श्रीराम, केवल पयस्विनी का जल और फलाहार। इसके अतिरिक्त कुछ भी नहीं ग्रहण करते। स्वप्न में भी हनुमान, श्रीराम, सीता, लक्ष्मण और जागृति में चित्त सर्वत्र उन्हीं के लिए भटकता रहता था।

आज प्रातः स्नान करके श्रीराम का नाम लेकर अपने तखत पर चन्दन घिस रहे थे। खड़ाऊँ की खटक में उनकी आँखें ऊपर हुईं। कोई श्यामल निर्मल सामने चन्दन की आकांक्षा में खड़ा था। तुलसी की एकटक आँखें उस व्यक्ति से मिलीं। तुलसी के नेत्र उस निर्मल नेत्र में विलीन थे और वह तुलसी को एकटक देख रहा था। एक ही क्षण में तुलसी कुछ कहते, चैतन्य स्पन्दन की दशा में एकाएक मूर्च्छित होकर ढुलक गए। थोड़ी देर बाद उनकी आँखें खुलीं तो कोई नहीं था। पसीने से भीगे, सत्वशेष, चिन्मय निहाल पड़े, तुलसी अपंग से देख रहे थे। कटहल फल के समान रोमांचित शरीर जैसे ध्यानजनित छवि सुख में अर्धनिर्मित, अर्धतन्द्रित, अर्धजागृत कोई सिद्ध। एक क्षण के लिए लाल वस्त्र वाले बाबा ने आकर तुलसी के हृदय पर हाथ रखा, सिर पर अपनी उँगलियाँ चलाईं। तुलसी उठकर बैठ गए। बाबा को देखकर उनके पैर पकड़कर रो पड़े। बाबा ने प्रेमपूर्तक जगाते हुए कहा, "उठ! प्रभु का स्मरण कर, कथा कह।" तुलसी चैतन्य होकर देख रहे थे, बाबा चले जा रहे थे।

तुलसी का घिसा हुआ चन्दन गायब था। तुलसी ने फिर से चन्दन घिस कर लगाया। अपूर्व भाव जागृत हुआ। धीरे-धीरे कथाश्रवण के लिए भीड़ जुटी। रोमांचित तुलसी ने आज चित्रकूट के अरण्यवासी श्रीराम की कथा सुनाई। उन्होंने कहा, "चित्रकूट की कथा भक्तों एवं राम के मिलन की कथा है। चित्रकूट के मुनिगण भीं श्रीराम को जान गए थे। अत्रि को राम ने स्वरूपबोध कराया, अनुसुइया से मिले, मुनि सुतीक्ष्ण से मिले, मुनि अगस्त्य से मिले, गृद्धराज से मिले, नारद से मिले, लक्ष्मण को वास्तविक स्वरूप का बोध कराया। सम्पूर्ण अरण्यवास चित्रकूट से पंचवटी तक का जीवन श्रीराम के स्वस्वरूप के बोध का ही जीवन है।"

एक ने प्रश्न किया, "आपको भी श्रीराम मिले हैं?" तुलसी के मन में उस श्यामल स्वरूप का बिम्ब क्षणभर के लिए मेघ की भाँति घिर आया। अश्रुवर्षा होने लगी और भावभीनी वाणी में एक क्षण के बाद उत्तर दिया, "आप ही मेरे श्रीराम हैं।"

तुलसी का स्वरूप बिम्ब देखकर सारी मंडली हर्षित होकर चिल्ला पड़ी, 'श्री रामचन्द्र जी की जै'। तुलसी ने दोनों भुजाएँ उठा दीं—'श्री सीतापति श्रीरामचन्द्र की जय' जयकारा शुरू हो गया। आज का प्रवचन समाप्त हो गया।

आज तुलसी के सामने हर क्षण वही बिम्ब छाया रहा। सोते, जागते, उठते, बैठते, खाते, पीते हर क्षण। यदि बाबा न आते तो कितनी देर अर्धविक्षिप्त पड़े रहते, कोई नहीं जानता। तुलसी जिस स्वरूप का रसास्वादन करना चाहते थे, वह हो चुका था। उसको फिर-फिर देखने की छटपटाहट उन्हें बनी रहती थी। सोचते काश! मूर्च्छा न आती, थोड़ी देर और निहार लेते।

धीरे-धीरे छः मास हो गए। अन्तिम दिन बैठे थे, उसी रूप में छके। कथा-प्रवचन हो चुका था। सायंकाल की गोधूलि बेला में लाल वस्त्रधारी बाबा न जाने कहाँ से आ टपके। तुलसी ने उठकर उनका चरण पकड़ लिया। छोड़ते ही नहीं थे, एक हाथ छुड़ावें तो तुलसी दूसरा पकड़ लें। बाबा के पुलक प्रेमाश्रु पड़ते ही तुलसी को जैसे किसी ने छींटे मार कर जगाया हो। बाबा, तुलसी के सिर पर हाथ फेरते हुए बोले—

"तुलसी! तू श्रीराम जी के लिए पैदा हुआ है। जिस रूप को तूने देखा है, जिसमें अहिर्क्षण तू रमता है, उसी रूप को श्रीराम का रूप समझ। तुम्हारी तपस्या पूरी हो गयी। यहाँ का सारा लोक तुझे जान गया है। कल रात्रि के अन्तिम प्रहर तू यहाँ से चला जा, जिस रूप को देखा है, उसकी लोक के लिए रचना कर ताकि सम्पूर्ण लोक तुम्हारे श्रीराम स्वरूप का दर्शन करे।" चित्रकूट की इस कथा का रहस्य उन्हें जीवन पर सालता रहा।

"यह सब छोड़ जा, अब यह स्थान रामघाट के समान ही जाना जाएगा।" दिव्य शक्ति सम्पन्न बाबा तुलसी को आशीर्वाद देकर गायब हो गए।

तुलसी की चेतना एक क्षण के लिए जगी, 'अरे तो क्या ये मेरे स्वामी अंजनी-नन्दन तो नहीं हैं। हाय राम! मैं क्या करूँ, रे दुष्टमति अधम तुलसी! तू अहंकार चेतना में बँधा स्वामी मारुति नन्दन हनुमान को भी नहीं पहचान सका। माता, पिता, दुनिया सारी, नरहरिदास, श्रीराम, हनुमान स्वामी सभी मुझे क्षण भर के लिए ही तो मिले थे।'

और धीरे-धीरे प्रकृतस्थ होकर तखत पर लेट गए, बिना खाए पिए। श्रीराम, हनुमान और तुलसी का केवल एक नाता चित्रकूट से जुड़ चुका था।

प्रातःकाल कथा के श्रद्धालु जुटते गए, भीड़ इकट्ठी हो गयी। तुलसी के तखत पर सारा समान सजा पड़ा था। किन्तु तुलसी नहीं थे। तरह-तरह की बातें कहते लोग तितर-बितर होते गए। जितने मुँह उतनी बातें, बाबा तो सबके मन में श्रीराम को बसाने के लिए संकल्पबद्ध थे।

तुलसी प्रातः एक छोटा-सा गट्ठर हाथ में लिए अयोध्या की ओर चल दिए। वे मध्याह्न प्रयाग पहुँचे। गंगा-यमुना के संगम पर पुलकित होकर स्नान किया। श्रीराम के रस में तन्मय गट्ठर में जो कुछ भी सूखा फल था, खाया फिर भरद्वाज आश्रम आए। भरद्वाज आश्रम से शृंगवेरपुर पहुँचे। रात्रि वहीं व्यतीत की और प्रातः सई नदी पार करके गोमती तट पर विश्राम किया और नन्दिग्राम पर पहुँच कर भरत की साधना स्थली के पास रुक गए। वे यहाँ आज रात्रि विश्राम करना चाहते थे। जीवन में उपेक्षित तुलसी को राम के प्रति भरत समर्पण जैसा कोई समर्पण नहीं मिला था। तुलसी स्वयं भरत जैसे समर्पण को अपने जीवन में उतार रहे थे और श्रीराम के प्रति उनके चित्त विगलन की दशा भरत जैसी ही हो रही थी। अपनी पत्नी के प्रेम को तुलसी पूरी तरह से श्रीराम में रूपान्तरित कर चुके थे और जीवन का वही उनका लक्ष्य बन गया था। ज्यों-ज्यों, जितनी बार सोने को जलाया जाएगा, उसमें हर बार उतनी ही निखार आती जाएगी। तुलसी राम के लिए इस जीवन को बार-बार सोने की कसौटी पर जला रहे थे। स्नानार्चन करके गोस्वामी जी श्रीराम के ध्यान में लीन होते गए। वही आँखें, वही मुख, वही आकृति, वही रूप जिसने उन्हें अचेत कर दिया था, उनकी चित्तवृत्ति में उभरा। वे उसी में लीन हो गए। अर्धरात्रि के बाद उनकी ध्यान चेतना भंग हुई और श्रीराम-श्रीराम का उच्चारण करने लगे। उनके श्रीराम के उच्चारण का पुनः दूसरे द्वारा उच्चारण सुनकर वे चौंके और अपने बगल में एक वृद्ध साधु को देखकर उन्हें प्रणाम किया। साधु ने आशीर्वाद देते हुए कहा, "धन्य हैं, मैं वृक्ष की ओट से सारी बातें देख रहा हूँ। आज मुझे लगा जैसे मूर्तिमान भरत स्वतः पुनः अवतरित हो गए हों। आपके ध्यान की प्रतीक्षा करता रहा, महाराज आप कहाँ से पधारे हैं?" तुलसी से उस वृद्ध साधु ने पूछा। तुलसी ने बताया, "चित्रकूट से, श्रीराम की कर्मभूमि में उनके दर्शन के लिए गया था, भगवान का आदेश हुआ मेरी जन्मभूमि में जाओ।" वृद्ध साधु ने जानना चाहा, "किस मत से जुड़े हैं, भैया!" तुलसी का उत्तर था, "हनुमान-राम की भक्ति ही मेरा सर्वस्व है। माता, पिता, भाई, बहन, पत्नी-पुत्र श्रीराम ही हैं। हनुमान मेरे रक्षक हैं। मैं उनके स्वामी का दास और उनका सेवक हूँ।" वृद्ध योगी गदगद हो उठे, बोले, "प्रभु ने मेरी कामना पूरी कर दी। मैं श्रीराम के भक्त भरत का भक्त हूँ। प्रतिदिन रात्रि यहाँ आकर भरत की पूजा करके चला जाता हूँ। आज तुम्हारी श्रीराम भक्ति ने मुझे रोक

लिया। चलो, वत्स! मेरे साथ, मेरी कुटी पर प्रभु श्रीराम ने बड़े भले समय पर तुम्हें भेजा है।'' गोस्वामी तुलसीदास उन वृद्ध योगी के साथ चल दिए। राम जन्मभूमि के थोड़ी दूर आगे एक बड़ी भूमि पर महात्मा का आश्रम था। तुलसी को ले जाकर बैठा दिया और बोले, ''चलो सरयू स्नान करके रामलला का दर्शन कर लें। तुलसी अत्यधिक उत्साहित होकर उनके साथ चल दिए।''

पिछली बार सरयू नदी को उन्होंने अपने गुरु श्री नरहरिदास की श्रद्धाभक्ति में देखी थी। आज उन्हें सरयू नदी उनकी माता हुलसी की तरह हिलोरें लेती मिली। श्रीराम और कौसल्या का वन्दन करके स्नान किया और योगी जी के पीछे चल पड़े।

वृद्ध योगी ने उन्हें ध्वंस राम मन्दिर दिखाया। रामलला एक कोठरी में रखे थे। तुलसी की आँखें कष्ट से डबडबा आईं। हमारी आस्था के आधार भगवान श्रीराम एक कोठरी में बन्द हैं। धिक्कार है, हम श्रीराम भक्तों को। उनके मन ने निश्चय किया कि इन राम को भरत की तरह लोक के मन मन्दिर में स्थापित करना ही अब मेरे जीवन का व्रत है और यह निश्चय करके श्रीराम के सामने भूमि पर लेट गए। योगी जी ने सिर सहलाकर उन्हें उठाया और साथ लेकर आश्रम पर आए।

सायंकाल योगी महाराज तुलसी को समझा रहे थे, ''बच्चा! देखो, मैं तुम्हारी ही प्रतीक्षा में यहाँ इस जीवन की रक्षा कर रहा था। संकल्प था, जब भी कोई रामभक्त आएगा, यह आश्रम उसको देकर मैं प्रभुलोक चला जाऊँगा। तुम आ गए हो, मेरा एक काम तुम्हें करना होगा। मैं एक सप्ताह बाद आने वाली दशमी तिथि को दैवलोक के लिए प्रस्थान करूँगा किन्तु तुम भरत-राम के अटूट प्रेम की कथा रामनवमी को शुरू करो। मेरी जीवन की लालसा है कि 'राम-भरत' के प्रेम की एक लीला कथा लिखी जाए। बोलो, आश्वासन देकर मुझे मुक्त करो।''

तुलसी इस प्रस्ताव पर रोमांचित हो उठे। चित्रकूट के लाल बाबा और अयोध्या के श्याम बाबा। उन्होंने पैर थाम लिया, बोले, ''आप साक्षात् ऋषि कवि वाल्मीकि जी तो नहीं हैं? एक बार छला गया हूँ।'' बाबा हँसे, ''अरे नहीं, मैं तो श्याम बाबा हूँ। जीवन भर 'श्रीराम और भरत' के साथ रहा हूँ। जो कुछ है, मैं तुम्हें अर्पित कर रहा हूँ'' और कह कर अपना अँगूठा तुलसी की कनपटी पर चिपका दिया। तुलसी की देह सनसनाने लगी। तुलसी ने श्रीराम का ध्यान किया। स्वामी जी बोले, ''बच्चा, रामनवमी को मंगल की उदया तिथि है'', तुलसी ने स्वीकृति दे दी। बाबा हर्ष से बोले, आज से यह आश्रम तुलसीचौरा के नाम से स्मरण किया जाएगा और जन-जन के बीच श्रीराम की अक्षय कीर्ति के लिए आधार होगा।

श्याम बाबा के आदेश के बाद तुलसी के चित्त में सम्पूर्ण श्रीराम की कथा-दर्पण बिम्ब की भाँति नाचने लगी। वह अद्‌भुत शक्ति थी। हाथ में दर्पण होते हुए भी दर्पण के प्रतिबिम्ब पर नियोक्ता का कोई नियंत्रण नहीं है। तुलसी के चित्त में भरत-कथा चित्र की भाँति साकार हो उठी। राम को देखा, कौसल्या और भरत को देखा, मंथरा को तथा उसकी मति को फेरने वाली सरस्वती को देखा। सीता, लक्ष्मण, शत्रुघ्नादि से सम्बद्ध सारी कथाएँ चित्त में चित्राकार होकर प्रस्तुति के लिए तत्पर हो गईं। तुलसी अब लगभग बयालिस वर्ष के हो रहे थे। कितनी ठोकरें खाईं, कितने द्वन्द्व एवं अन्तर्द्वन्द्व झेले। अपनी सारी पीड़ा को भी इसी रामकथा से जोड़कर कहने का समय आ गया। तुलसी की तरह सारे अयोध्या के नर-नारी, राज परिवार, सामन्त एवं भृत्य, सारी रानियाँ, दशरथ, आमात्य सभी राम के लिए क्षण-क्षण तरस रहे हैं। तुलसी ने मंगलाचरण के बाद शुरु किया—

जबते राम व्याहि घर आए। नित नव मंगल मोद बधाये।

उन्होंने लिखने के बाद स्वामी जी को सुनाया। स्वामी तृप्त थे।

दूसरे दिन प्रातः स्नानार्चन करके श्याम बाबा ने तुलसी को बुलाया और बोले, "जो कुछ भी लिखा है, उसे तुम सुनाते रहो।" तुलसी सुनाते रहे। बाबा साँस ताने रहे और उनकी प्राणवायु कब इस काय पिंजर को एक झटके से तोड़कर निकल गयी, तुलसी को भी पता न चल सका। अपने द्वारा रचे गए पाँच छन्दों को सुनाने के बाद तुलसी ने सन्तुष्टि से बाबा की ओर देखा तो बाबा अनन्त समाधि में विलीन थे।

बाबा अकेले थे, अपना आश्रम तुलसी को सौंपकर दिवंगत हुए थे। तुलसी ने उनके शव का सरयू प्रवाह करा कर संक्षिप्त हवन एवं ब्राह्मण भोजन द्वारा उनकी आत्मा को सांस्कारिक शान्ति दी।

तुलसी ने अयोध्याकांड की रचना शुरू की तो उन्हें लगा कि यह पूरी रामकथा तुलसीकथा बनती जा रही है। यह राम की नहीं, उन्हीं की ही व्यथा कथा है। सारे के सारे पात्र तुलसी की भाँति अन्तर्द्वन्द्व में झटके खाते दुःख तथा क्लेश के सागर में डूबे हैं। उन्हें लगा राम का व्याह करके अयोध्या लौटना और आनन्द मंगल क्षणिक था। इसी प्रकार तो मेरा भी पाँच साल रत्ना के साथ व्यतीत हुआ था और दशरथ की बुढ़ौती की कामासक्ति से मेरी कामासक्ति बहुत गहरी थी। उन्हें लगा कि जैसे वे भादौं की अँधेरी रात में रत्नावली को सम्बोधित कर रहे हों।

बार-बार कह राउ सुमुखि सुलोचनि पिक बयनि।
कारन मोहिं सुनाउ गजगामिनि निज कोप कर।।

रत्ना झटक देती है और तुलसी उस झटके में उद्विग्न एवं उत्तापग्रस्त हो उठते हैं—

गयेउ सहमि नहिं कछु कहि आवा। जनु सचान बन झपटेउ लावा।।
विवरन भयउ निपट नरपालू। दामिनि हनेउ मनहु तरु तालू।।
माथे हाथ मूँदि धरि लोचन। तनु धरि सोच लाग जनु सोचन।।
व्याकुल राउ सिथिल सब गाता। करिनि कलपतरु मनहुँ निपाता।।
कंठ सूख मुख आव न बानी। जनु पाठीनु दीन बिनु पानी।।

तुलसी को अपनी तरह सारी अयोध्या अस्त-व्यस्त लगी। राम का वन गमन तुलसी को अपना वन गमन लगा। जैसे तुलसी अपनी पत्नी का वैभव, घर त्याग कर जा रहे हों। अकेले में आनन्द उत्फुल्ल, अयोध्या की प्रजा रो रही है। वह जो तुलसी का सब-कुछ व्यवस्थित था विवाह के थोड़े अन्तराल के बाद टूट कर करुणा का विषय बन गया। राम का संसार, तुलसी का संसार, दोनों एक जैसे हो उठे।

तुलसी अपनी सम्पूर्ण अन्तर्वेदना अयोध्या के साथ जोड़कर निकालते रहे। वे अपने दुःख के तनाव से जैसे मुक्ति पाते जा रहे थे।

कथा प्रतिदिन लिखकर शाम को स्नान पूजा करके एक दीपक श्याम बाबा के लिए जलाते। निष्पन्द जलते दीपक के सामने सस्वर पूरी कथा जितनी रचते उतनी सुनाते। उनके कंठस्वर के कारण दस-पाँच व्यक्ति आ जाते। एकाध-दो साधुजन भी। प्रतिदिन लिखते प्रतिदिन बाँचते, श्रोता उसी द्वन्द्व में डूबे बाबा जैसे तन्मय। धीरे-धीरे कथा की चर्चा फैलने लगी।

कथा का पूर्व पक्ष समाप्त हुआ। उत्तर पक्ष आया भरत का प्रसंग। राम के लिए व्याकुल, छटपटाते तुलसी, भरत माँ के पास जाते हैं, कौसल्या-सुमित्रा के पास जाते हैं, वशिष्ठ के पास पहुँचते हैं। राम कहाँ हैं? राम वन में हैं। राम की झलक के लिए भरत नहीं तुलसी व्याकुल हो उठते हैं। सारी प्रजा, परिवार, ऋषि वर्ग राम के लिए व्याकुल। कथा चलती है। आगे-आगे राम के लिए नंगे पाँव तुलसी जैसे भरत निकल पड़ते हैं। चित्रकूट के लिए, जहाँ लालायित होकर तुलसी पहुँचे थे—

जस जग भाजन चातक मीना। नेम प्रेम निज निपुन नवीना।।
अस मग गुनत चले मग जाता। सकुच सनेह सिथिल सब गाता।।
भरत दसा तेहिं अवसर कैसी। जल प्रवाह जल अलि गति जैसी।।
देख भरत कर शील सनेहू। भा निषाद तेहिं समय बिदेहू।।

तुलसी अपने चित्त को बदल कर भरत बन जाते हैं। और जब भरत से राम मिले तो उन्हें वह आकृति सामने आती हुई दिखायी दी जो प्रातः पयस्विनी के तट पर एक क्षण के लिए प्रकट हुई थी।

मिलनि प्रीति किमि जाइ बखानी। कवि गुण अगम करम मन बानी।।
कहहु सप्रेम प्रकट को करई। केहिं छाया कवि मति अनुसरई।।

आज श्याम बाबा कुटी का सारा श्रोतावृन्द रो रहा था। निस्तब्ध दीप प्रकाश में ऐसा लगा जैसा श्याम बाबा के नेत्र पुलकित होकर भर आए हों, तुलसी गा रहे थे—

अगम सनेह भरत रघुबर के। जहँ न जाइ मन विधि हरि हर के।।
सो मैं कुमति कहौं कहिं भाँती। बाज सुराग की गाँडर ताती।।

तुलसी की प्रतिपल वेदना भरी जीवन कथा जैसे अयोध्याकांड के पर्याय के रूप में हो। तुलसी रो रहे हैं, उनके साथ सभी पात्र रो रहे हैं, तुलसी को श्रीराम के साक्षात्कार से शान्ति मिली। अयोध्या के सभी नर-नारी चित्रकूट के पशु-पक्षी राम के दर्शन से तृप्त हुए। तुलसी की भाँति भरत भी प्रभु का विम्ब बाँधे, अयोध्या आए।

श्रीराम के पुनर्दर्शन की महती आकांक्षा के साथ तुलसी की भरत कथा का समापन हुआ। भरत जैसी आकांक्षा तो तुलसी में भी थी। लगता था जैसे, तुलसी ने अपनी राम की कामना दर्शन पूरी कर ली हो।

अयोध्याकांड के समापन में लगभग तीन मास से अधिक का समय लगा था। अन्तिम दिन श्रोताओं की भीड़ बढ़ी थी।

आनन्द पुलकित श्रोताओं ने तुलसी से हाथ जोड़कर आग्रह किया कि स्वामी जी कथा को और आगे बढ़ाएँ। पहले श्रीराम के जन्म और विवाह की फिर वनवास के बाद की क़था और इस कथा से तो लोक का बड़ा कल्याण होगा।

श्रोताओं के आग्रह पर तुलसी ने आगे के लिए थोड़ा-सा समय माँगा किन्तु अयोध्याकांड के बाद लगा जैसे तुलसी अपने जन्म से लेकर आज तक की भोगी जाती हुई अपनी मर्मान्तक पीड़ा से मुक्ति प्राप्त कर चुके हों।

अयोध्याकांड के लेखन के बाद तुलसी कुछ दिनों के लिए काशी में पंडित ज्योतिषाचार्य सहपाठी गंगाराम जी के यहाँ प्रह्लाद घाट पर आए। गंगाराम अपने मित्र को आकस्मिक वैराग्य मुद्रा में देखकर भाव-विह्वल हो उठे और अंक लगाकर स्वागत किया। आसन लगे तखत पर उन्हें बैठाकर सारा समाचार पूछा। पत्नी, व्याह, त्याग, वैराग्य श्रीराम के प्रति समर्पण सबकी जानकारी उन्हें पहले से ही थी। गंगाराम ने सूचना दी आपका 'रामाज्ञा प्रश्न' लोगों के संज्ञान में आ गया है और उसकी चर्चा यहाँ आने वाले लोग करने लगे हैं। तुलसी का वैराग्योन्मुख मन ज्योतिष एवं उसकी व्यवहारिक उपयोगिता की ओर कम जुड़ा और उन्होंने बताया कि अब मैंने 'श्रीरामचरित' की रचना को लक्ष्य बनाकर लेखन शुरू कर दिया है। अयोध्याकांड की कथा लिख ली गयी है। गंगाराम के आग्रह

पर तुलसी ने अयोध्याकांड के स्वहस्तलेख की प्रति दिखायी। तुलसी तथा गंगाराम ज्योतिषी बात ही कर रहे थे कि इस बीच एक लम्बे हट्टे-कट्टे गौर व्यक्ति ने आकर उन्हें प्रणाम किया। आने वाले व्यक्ति जमींदार टोडर जी थे। गंगाराम ने टोडर का परिचय तुलसीदास से कराया और यह जानकर कि ये रामभक्त एवं एक कुशल प्रवचनकर्ता हैं उन्होंने अपने घर के पास के गोपाल मन्दिर पर प्रवचन का आग्रह किया। जब उन्होंने यह सुना कि तुलसी ने रामायण की कथा पर अयोध्याकांड की रचना की है तो उनका यही आग्रह था कि उसी का कथावाचन करें। तुलसी ने अपनी स्वीकृति दे दी। कथा कल पूर्वाह्न के लिए तय की गई।

अपने मित्र गंगाराम ज्योतिषी के साथ तुलसी यथासमय गोपाल मन्दिर पहुँचे। कथा का सुन्दर आयोजन था। तुलसी के आने पर टोडर जी ने उनके चरणों में प्रणाम करते हुए उच्च मंचासन पर बैठाया और उनकी वैराग्य सिद्धि का परिचय दिया। तुलसी ने श्रोताओं को प्रणाम करते हुए अयोध्याकांड के कैकेयी प्रसंग से कथा प्रारम्भ की। मंत्रमुग्ध श्रोताओं को तुलसी की वाणी एवं उनकी सर्जित काव्यार्थ रचना की संयुक्त प्रक्रिया सुनते ही बनती थी। तुलसी ने मंथरा तक ले आकर सारे श्रोताओं को भाव के ऐसे जाल में बांध दिया जिसे न समेटा जा सकता था और न छोड़ा जा सकता था। यद्यपि टोडर ने तुलसी का नाम पहले सुन रखा था किन्तु आज उनकी कृति ने जिस भावात्मक प्रवाह के आवेग को बहाकर सबको उसमें डुबो दिया, वह विलक्षण था। सूर्यास्त के पूर्व कथा समाप्त हुई। भरत को बुलाने वशिष्ठ दूत भेज चुके थे। टोडर को आगे लेकर श्रोताओं का भावाभिभूत दल तुलसी के सामने हाथ जोड़कर खड़ा हो गया। तुलसी निर्विकार राम में मग्न। टोडर ने प्रार्थना की, "यहाँ यह सब श्रोता आपके अयोध्याकांड की पूरी रचना प्रतिदिन सुनना चाहते हैं। हम सब पर प्रभु श्रीराम और आपकी कृपा होनी चाहिए। आप एक सप्ताह तक अपने द्वारा रचित अयोध्याकांड का प्रवचन करके कृतार्थ करें और हमारा आग्रह है कि एक सप्ताह तक यहीं ठहरें भी।"

तुलसी ने गंगाराम ज्योतिषी की ओर देखा। गंगाराम ने भी उस प्रस्ताव को स्वीकार करने का आग्रह किया।

जमींदार टोडर जी के संरक्षण में तुलसी शेष दिनों के लिए गोपाल मन्दिर में रुक गए।

गोपाल मन्दिर के एक कमरे में तुलसीदास ठहरे। उनके लिए तखत पर बिस्तार बिछा था। बगल की कोठरी में टोडर भूमि पर अपना आसन जमाए थे। तुलसी ने टोडर के साथ आज प्रातः गंगा स्नान किया और विश्वनाथ स्वामी के मन्दिर में शिव की आराधना में लीन हो गए। आराधना समाप्त करके गौरी पार्वती का दर्शन किया और टोडर को सम्बोधित करके बोले, "श्रीराम कथा के मूल

वक्ता जगत्पिता शिव एवं श्रोता जगत्माता पार्वती हैं।'' उन्होंने शिव पुराण एवं अध्यात्म रामायण का प्रसंग छेड़ दिया। टोडर तुलसी के ज्ञान से प्रभावित हाँ-में-हाँ मिलाते रहे। प्रकरण समाप्ति के बाद पूछा, ''क्या स्वामी जी, आप पूरी रामकथा लिखेंगे?'' तुलसी ने उत्तर दिया, ''आज आराधना के क्षणों में जगत्पिता शिव ने आज्ञा दी है, रामकथा लिखेंगे। इसके लिए फिर अयोध्या जाना पड़ेगा।'' टोडर ने विनती की, ''महाराज! यहीं व्यवस्था हो जाएगी। काशी में ही लिखें!'' तुलसी ने आश्वासन देते हुए कहा, ''जैसी श्रीराम जी की इच्छा होगी।''

टोडरमल की सेवा से तुलसी बहुत प्रभावित थे और टोडरमल तुलसी की संसक्तिरहित श्रीराम के प्रति पूर्णसमर्पण से।

इस बार उन्हें टोडरमल नया क्षत्रिय साथी मिला था। एक सप्ताह की कथा के बाद तुलसी के अयोध्याकांड की चर्चा काशी में होने लगी थी। पुराने पंडित तथा पंडा लोगों में उनके प्रचार-प्रसार से असंतोष दिखने लगा था। एक सप्ताह के बाद पर्याप्त चढ़ावा चढ़ा था, एक सहस्त्र के आसपास की तो धनराशि ही थी। टोडरमल थैलियों में बाँध कर तुलसीदास के सामने ले आए। तुलसी ने हँसते हुए कहा, ''यह सब प्रभु श्रीराम की थाती है।'' दो थैलियाँ गंगाराम ज्योतिषी को देकर शेष टोडर को लौटाते हुए कहा, ''इसे आप भी राम के काम में लगा दें। मुझे केवल मधुकारी का सुख लेने दें।'' बहुत आग्रह पर भी उन्होंने एक भी मुद्रा का स्पर्श नहीं किया। टोडर ने तय किया, इस धन को परमार्थ में लगा दिया जाएगा।

तुलसी शिव की प्रेरणा पाकर 'श्रीरामचरित' को पूरा करने का संकल्प लेकर तीन माह बाद श्रीराम की नगरी अयोध्या के अपने तुलसीचौरा आश्रम पर लौट आए।

इन्होंने स्वामी जी के शिष्य को तुलसीचौरा की सारी जिम्मेदारी दी थी। वह तुलसीदास के लौटने पर बड़ा प्रसन्न हुआ। उसे अब दक्षिणा एवं दान की आशा जग गई थी। तुलसी अपना लेखन एवं कथावाचन का कार्यक्रम प्रायः नित्य रखते थे। अयोध्या तुलसीचौरा लौट आने के बाद उनके मन में एक संदेह उभर कर सामने आ पड़ा। बालकांड से कथा शुरू करें या अयोध्याकांड के बाद अरण्य से किन्तु अन्त में निश्चय हुआ, बालकांड से शुरुआत की जाए।

तुलसी की रामकथा अब उनके अन्तर्द्वन्द्व की कथा न होकर रामचरित की कथा बन रही थी। सम्पूर्ण अयोध्याकांड के बाहरी भीतरी मानवीय अन्तर्द्वन्द्व का सम्पूर्ण संघात जैसे तुलसी के आन्तरिक व्यक्तित्व से जुड़ता हुआ बढ़ता चला गया था किन्तु बालकांड की स्थिति भिन्न थी। उनके सामने तीन आदर्श थे—वाल्मीकि रामायण, अध्यात्म रामायण तथा भागवत पुराण। इसी के साथ-साथ उनके मन में लोक का आदर्श सबसे जुड़ा था। तुलसी लोक का उद्धार चाहते थे। रावण एवं राक्षस भी इसी लोक के ही थे। समाज रक्षण का आधार लोकबद्ध नहीं लोकमुक्ति

है। उन्होंने रावण कथा से बालकांड का प्रारम्भ शुरू किया। अब उनके गुरु नरहरिदास उनके सामने आने लगे। लोक रक्षा के लिए रामकथा शुरू की।

अब रघुपति पद पंकरुह हियँ धरि पाइ प्रसाद।
कहउँ जुगल मुनिवर्य कर मिलन सुभग संवाद।।

कवि ने बालकांड की व्यापक भूमिका बाँधनी शुरू की। सती के भ्रम के बाद पुनः उसने अध्यात्म रामायण के प्रसंग को कथा का आधार बना लिया।

पार्वती मंगल की शिवकथा उसके समापन में वक्ता श्रोता से जुड़कर आगे बढ़ी। शिव-पार्वती पूरी तरह से कथा के अंग न बनकर वक्ता-श्रोता बन गए। फिर रामकथा के हेतुओं पर का क्रम प्रारम्भ हुआ। तुलसी को इस रामकथा को व्यापक लोक कल्याण से जोड़ने का अवसर मिल गया। उनकी रामकथा बह चली, सरयू नदी की भाँति, शिव के मानस सरोवर से उत्पन्न श्रीधारा के अखण्ड प्रवाह की भाँति। तुलसी कभी इतिहास और परम्परा की ओर और कभी लोकमानस की ओर झुकते। धीरे-धीरे उनके मानस का बालकांड जो उनके परम्परा मोह से जुड़ा था, लोक और लीला से जुड़ने लगा।

तुलसी श्रीराम के जन्म पर मुग्ध हैं। शिव, ब्रह्मा, भुशुंडि तथा नारद सभी-के-सभी श्रीराम के अवतरण के लीलारस में विभोर हैं। यह लोक, लीला, अध्यात्म तथा आनन्द का प्रसंग विश्वामित्र प्रसंग तक चलता है। यहाँ रामकथा का इतिहास और उसकी परम्परा गायब है। तुलसी केवल लोक और लीला के आनन्द को केन्द्रित किए हुए हैं। विश्वामित्र के प्रसंग से रामकथा के इतिहास की परम्परा पुनः जुड़ती है, किन्तु वह पूरी तरह से मुक्ति के साथ ताड़का की मुक्ति, सुबाहु की मुक्ति, अहल्या की मुक्ति, फिर जनकपुर में प्रवेश करते ही लोक और लीला कथा उनके मानस पर हावी होने लगती है। तुलसी इतिहास को लोक से साधकर राम को पूरी तरह से लोक का विषय बनाते हैं। लोक, इतिहास तथा आध्यात्मिक संवेदन के द्वन्द्व के बीच यहाँ कथा निर्मित होती है। धीरे-धीरे लोक पक्ष प्रबल हो उठता है। राम-सीता का विवाह जैसे समाज के घर-घर का विवाह हो। तुलसी की कामना थी सीता-राम के विवाह की कथा घर-घर गाई जाए। वह लोक के घर-घर में पहुँची और बालकांड समाप्त हो उठा।

तुलसी का प्रवचन उनके नियमित कार्यक्रम का अभिन्न अंग था। वह उनकी जीविका तथा उनके श्रीराम के प्रचार के दोनों मन्तव्यों से जुड़ा था। उनके प्रवचन के कारण उनकी रचित रामकथा की चर्चा चारों ओर हो रही थी। भीड़ तथा चढ़ावे की प्रचुरता के कारण अयोध्या के समाज में तुलसी का सम्मान दिनोदिन बढ़ रहा था और उनके आश्रम पर बराबर भीड़ जुटती जा रही थी। तुलसी अपने आस-

पास के एकत्रित इस समाज के अभिन्न अंग बन गये थे। अयोध्या नगरी जैसे पुनः सांस्कृतिक केन्द्र के रूप में उभर आयी हो।

एक दिन तुलसी तुलसीचौरा की अपनी कुटी में निर्द्वन्द्व सो रहे थे तथा बगल में तुलसीचौरा के महन्त भी थे। रात्रि की द्वितीय प्रहर की प्रगाढ़ निद्रा के अँधेरे में कुछ सूझ नहीं रहा था। इसी बीच 'हाय राम, हाय राम' की आवाज सुनकर तुलसी उठ बैठे और महन्त को आवाज दी, "अरे भइया, उठो! देखो, क्या बात है?" प्रभुदास बोले, "भइया, कोई बात है, देखते हैं।" तब तक 'हाय-हाय' कहकर कँहरने की आवाज तेज हो गयी। प्रभुदास अँधेरे में टटोल कर बोले, "भाई कौन है?" कराहने वाला बोला, "क्षमा महराज, क्षमा। अब न लेटा जा रहा है, न उठा जा रहा है। हाय राम, कौन-सा पाप करने आया था?" प्रभुदास ने किसी तरह कसोरे का दीपक जलाया। तुलसी भी उस घायल-क्षत के पास आए और दोनों ने मिलकर उसे बैठाया और कुटी के बाहर ले आए। वह कष्ट से चीख रहा था। तुलसी को पहचानते ही वह उनके पैरों पर गिर पड़ा, "क्षमा महाराज! पाप क्षमा हो।" तुलसी कुछ समझ नहीं पाए। दोनों ने मिलकर उसका घाव धोया। जगह-जगह गहरी-साधारण खरोंचे थीं। उसने कहरते हुए बाबा से पानी माँगा। प्रभुदास ने ले जाकर लोटे में पानी दिया। पानी पीने के बाद थोड़ा-सा आश्वस्त हुआ। फिर, तुलसी के पैरों में लिपटकर रोने लगा, "महाराज! क्षमा कर दो, बड़ी गलती हो गयी। बड़े महन्त की लालच के चक्कर में मारा गया।" तुलसी हक्का-बक्का थे। उन्होंने उससे प्यार से पूछा, "डरो न, सच-सच बताओ क्या हुआ?" उनके मन में स्वयं संदेह व्याप गया। वह घायल आदमी हाथ जोड़कर घिघियाते हुए दुहाई देकर कहने लगा, "महाराज! मेरी रक्षा करें। महन्त लक्ष्मनदास ने पाँच सिक्के की लालच देकर आपकी रामायण चुरा लाने के लिए रात में कहा था। ज्योंही मैं आपकी कुटिया में घुसने लगा किसी ने पीछे से मेरी टांगे खींच लीं। जमीन पर गिर जाने पर उसने वानर, भालू, कुत्ते की तरह नोच डाला" और कहकर वह पीड़ा से कराहा, "बचाओ!" राम और राम का नाम सुनकर तुलसी उसका सिर सहलाने लगे। बोले, "भइया अब दुख न करो", और कहकर एक थैली से मुट्ठी भर सिक्का निकाल कर उसे थमाते हुए बोले, "लो, जाओ, राम का नाम जपो। तुम मरोगे नहीं लेकिन अब ऐसा काम न करना।" उस व्यक्ति ने मुट्ठीभर सिक्के पाकर राहत का अनुभव किया और तुलसी का पैर छूकर लँगड़ाता चला गया।

तुलसी आज चिन्तामग्न थे। सबेरा हो रहा था। प्रभुदास को सामान दिखाकर सरयू तट पर नित्य क्रिया के लिए चल पड़े। मन उद्वेग से भरा था। यह राम की नगरी है। लगता है, यहाँ पाप ने अपना बसेरा बना लिया है। साधु, महन्त,

गोस्वामी, धार्मिक धनसंचयी होते जा रहे हैं। कोई अच्छा व्यक्ति यहाँ नहीं रह सकता। सोचा था, श्रीराम की नगरी में ध्यानमग्न उनका चरित लिखूँगा, लेकिन मेरे रहने से यहाँ के महन्तों, पुजारियों, ब्राह्मणों एवं दक्षिणा भोगी साधुओं पर असर पड़ रहा है। तुलसी बिसूरते हुए और सरयू स्नान के बाद ध्यानमग्न होकर प्रभु के स्वरूप में खोए रहे। समाधि भंग होने पर अपना वस्त्रादि समेट कर तुलसीचौरा आए। रामदास निवृत्त होकर तुलसी की ही प्रतीक्षा कर रहे थे। दोनों ने मिलकर भगवान श्रीराम की आरती की और जलपान करके तुलसी बोले, "भाई प्रभु! अब तुम तुलसीचौरा पर स्वामी की तरह रहना। मेरा यहाँ रहना रामजी के भक्तों को अच्छा नहीं लग रहा है" और उन्होंने अपनी गठरी थैले में डालकर कंधे पर रखकर काशी के लिए प्रस्थान किया। प्रभुदास ने बार-बार समझाया परन्तु तुलसी ने एक न सुनी और श्रीराम-श्रीराम कहते वे काशी के लिए चल पड़े।

राम और रामचरित दोनों ने मिलकर तुलसी को बेचैन बना दिया था। तुलसी सृजन की छटपटाहट में डूबते-डूबते काशी आए। किन्तु इस बार उन्हें न गंगाराम ज्योतिषी, न टोडर से मिलने की इच्छा थी। वे भटकते-भटकते असी घाट गंगा के संगम तट पर पहुँचे। अच्छा घाट देखकर थोड़ी देर विश्राम करके स्नान किया और जगन्निवास श्री शिव का ध्यान किया। प्रार्थना की, 'प्रभु श्रीराम का चरित यहाँ पूरा करने आशीर्वाद दें।' शिव की आराधना के बाद तुलसी ने हनुमान की पूजा-अभ्यर्थना के बाद राम-राम का उच्चारण करना प्रारम्भ किया। तुलसी को आज का अनुभव अद्‌भुत लगा। बार-बार 'र' राम के उच्चारण से आवेग कंटकित हो उठता था। धीरे-धीरे वे स्तम्भित चित्त होकर राम की रूप समाधि में लीन हो गए, कुछ भी स्मरण नहीं। दूर गंगा के तटवर्ती क्षेत्र से एक साधु उनको एकटक देख रहे थे। सारूप्य समाधि में एक प्रहर तक उनको निमग्न देखकर उन्हें चिन्ता हुई और आकर उनके पास बैठ गए। थोड़ी देर बाद तुलसी की समाधि मुद्रा लोक ज्ञान की चेतना की ओर लौटी और आँखें खोलने पर सामने रक्त चन्दन से चर्चित भव्य ललाट के अधेड़ उम्र के साधु उन्हें साक्षात् शिव से लगे। तुलसी ने उठकर चरण-स्पर्श किया। साधु ने बताया, "मैं बगल कुटी में देवसाधना के लिए निवास करता हूँ। आपकी समाधि से प्रभावित होकर यहाँ दौड़ा आया। आप समाधि में लीन हैं और आपकी झोला-झंडी इधर-उधर पड़ी है।" तुलसी के मन में उन साधु के प्रति आत्मीयता का भाव जागा और इस घाट पर हुए नाम स्मरण एवं समाधि के अपूर्व अनुभव ने एक प्रकार से उनके बेचैन मन को शान्ति दी। उन्होंने साधु को अपने बारे में बताया। साधु तुलसी की बात सुनकर आनन्दित होकर बोले, "अरे तुम्हीं, तुलसी हो?" जटाधारी, तुम्हारे चार महीने पहले के प्रवचन की बड़ी

धूम थी। साधु महात्मा ने गदगद चित्त से उन्हें हृदय से लगा लिया। तुलसी हल्के हुए। फलहार खाकर बाबा के पास विश्राम किया और सायंकाल होने के पूर्व बाबा को अपनी चिन्ता बतायी। बाबा हँसे, बोले, "तुलसी चिन्ता न करो", और ढाल पर उतर किनारे एक गुफा जैसी कोठरी उन्होंने तुलसी को दिखायी। कोठरी थोड़ी बड़ी थी, गुफा जैसी नहीं। तुलसी ने देखा, बगल में हनुमान जी की भी प्रतिमा है। वे उनके चरणों पर गिर पड़े।

बाबा ने आग्रह किया, "तुलसी यहाँ सायंकाल प्रवचन करो, और उससे यह घाट पक्का बनवा दें। इस घाट को इतना बड़ा कर दे कि यह 'तुलसीघाट' के नाम से जाना जाए।"

तुलसी ने बाबा का पैर छूकर कहा, "जैसी प्रभु की आज्ञा होगी।" तुलसी के लिए सृजन का एक शान्तिपूर्ण ठौर मिल गया।

तुलसी के प्रवचन पर उनकी सृजन आकांक्षा ऊपर हो गयी। अयोध्याकाण्ड के प्रवचन जैसा उत्साह नहीं था। अयोध्याकाण्ड में तुलसी को भरत की भक्ति मिली, जिसे व्याकुल भाव से स्वयं खोज रहे थे। बालकांड में लोक के लिए राम, दसरथ, कौसल्या, सीता, लक्ष्मण, भरत, शत्रुघ्न, विश्वामित्र, वशिष्ठ आए। पुत्रजन्म, कथा यज्ञ, विवाह, विदाई, बारात, द्वारचार-समाज के लिए एक आलम्बन जैसी रामकथा ने दे दी। अब उन्हें चिन्ता भक्तों, ऋषियों, मुनियों, साधकों, तपस्वियों की हुई। तुलसी चित्रकूट से गोदावरी तट तक पैदल घूम आए थे। अब उनके राम चित्रकूट से अभयारण्य की ओर जा रहे थे। तुलसी ने अरण्यकांड में अपनी पहली चिन्ता प्रकट की।

पुर नर भरत प्रीति मैं गाई। मति अनुरूप अनूप सुहाई।।
अब प्रभु चरित सुनहु अति पावन। करत जे बन सुर नर मुनि भावन।।

अब वे राम को इस रूप में ले आना चाहते थे, जो मनुष्यों, मुनियों तथा देवताओं के लिए मनभावन था। इस मनभावन चरित्र को सीता की श्रृंगार-रचना एवं जयन्त की कुटिलता से शुरू किया। शरणागत को क्षमादान, सर्वोच्च मानवीय मूल्य है। फिर क्रमशः अत्रि-अनुसुइया, ऋषि शरभंग तथा सुतीक्ष्ण तक पहुँचकर जैसे फिर तुलसी और राम परस्पर प्रेममय अद्वैत एवं अंतरंग हो गए। क्रम आगे चलता रहा—अगस्त्य, जटायु, शबरी, लक्ष्मण सीता एवं नारद प्रसंग यहाँ प्रमुख हो उठते हैं। उन्हीं के मध्य आरोपित सीता हरण एवं लीला पुरुष राम विलाप की कथा गौणभाव से आगे चलती हुई अरण्यकांड की कथा को पूर्णता प्रदान करती है।

अपनी कथा में दृढ़ रामभक्ति को सर्वोपरि बताकर उसका समापन करते हैं; ऐसा लगता है, रावण से जुड़ी कथा मात्र एक बहाना है।

तुलसी का प्रवचन प्रतिदिन अपराह्न के बाद होता तथा प्रातः और रात्रि रामकथा की रचना चलती रहती। उनके प्रवचन की चर्चा टोडर तथा गंगाराम ज्योतिषी के कानों तक पहुँची और टोडर जी गंगाराम ज्योतिषी से पहले तुलसी से मिलने आए। तुलसी सुतीक्ष्ण प्रसंग की कथा सुना रहे थे, मानस में रामभक्ति के सर्वश्रेष्ठ मानक भरत से भी आगे सुतीक्ष्ण की कथा प्रारम्भ हुई। भरत की गति को जलभँवर में पड़ी जलभ्रमरी की थी किन्तु सुतीक्ष्ण राम के रूपबिम्ब में गाते हैं, रामबिम्ब में हँसते हैं, राम बिम्ब में रोते हैं, राम का अद्‌भुत सानिध्याद्वैत चित्त, कर्म, चेष्टा का सहज रूप बन गया। आज तुलसी की प्रवचन की तन्मयता ऐसी बढ़ी कि वह राम की रूप समाधि में सुतीक्ष्ण हो गए। कहाँ वाणी का स्फुरण, कहाँ तन्मयीभूतदशा! क्षण में हाहाकार मच गया। टोडर जी ने दौड़कर तुलसी की देह साध ली, ऐसा लगा भगवान राम ने हृदय में चतुर्भूत रूप दिखाकर उन्हें चेतन की संज्ञा से मुक्त कर दिया है। तुलसी को होश आया, जनता में तुलसी की जय-जय जयकार हो उठी। जय हो का गुंजार हो उठा। सामने टोडर को देखकर उन्हें हाथ से संकेत देकर अति आत्मीयतावशात् पास में बैठा लिया। ध्यानरूप होकर पुनः उन्होंने कथा कहनी प्रारम्भ की। सुतीक्ष्ण और तुलसी की यह समाधि तादात्म्य कथा उनके अनुभव की भाषा से जुड़कर श्रोता और कथा की कड़ी के बीच भावात्मक सेतु बन गयी।

कथा समाप्त हुई। तुलसीदल के प्रसाद वितरण के बाद आरती के चढ़ावे को बाबा ने इकट्ठा किया। तुलसी स्नेहाभिभूत होकर टोडर का सिर सहलाते हुए बोले, ''राम कथा के तीन कांड पूरे हो चुके हैं। एकान्त की व्यवस्था रामजी ने स्वयं कर दी। आप सोच-विचार न करें।'' टोडर ने कहा, ''कल मैंने सुना तो मन को बड़ा कष्ट हुआ। मुझसे गलती क्या हुई, स्वामी जी! बिना सूचित किए, कहाँ ठहर गए और पता लगाकर यहाँ पहुँच गया।'' तुलसी ने हँसकर उत्तर दिया, ''बन्धुवर! सारी व्यवस्था रामजी कर रहे हैं, अपने चाकर के लिए। सेवा उनकी कर रहा हूँ, जहाँ ठहरा दें। तब तक साधु बाबा भी आ गए। टोडर ने स्वयं अपना परिचय दिया और तुलसी ने भी उनकी आत्मीयता की स्नेहभरी चर्चा की। अन्तरंगता समझकर साधु बाबा ने कहा, ''बच्चा! हमारी तो इच्छा है कि तुलसी का एक स्थायी आश्रम और पक्का घाट यहाँ बन जाता। वे इसी अस्सी और गंगा के संगम पर स्थायी निवास करते।'' तुलसी ने आपत्ति की, ''नहीं बाबा! अभी रहने दें। रामकथा पूरी होने के बाद सोचेंगे।'' टोडर ने बाबा का पक्ष लेते हुए कहा कि इनको परेशान करने की जरूरत नहीं है। हम आप मिलकर यह काम कर लेंगे। तुलसी अपने चित्त की सृजन समाधि में वहाँ से उठकर अपनी गुफा जैसी कोठरी में जा घुसे। किष्किंधाकांड शुरू किया।

शिवजी की काशी का स्मरण करते हुए, काशी के शिव के प्रति पूर्णतः समर्पित होकर लिखने लगे—

मुक्ति जन्म महि जानि ग्यान खानि अध हानि कर।
जहँ बस संभु भवानि सो कासी सेइय कस न॥
जरत सकल सुर वृंद विषम गरल जेहिं पान किय।
तेहिं न भजसि मतिमंद को कृपाल संकर सरिस॥

तुलसी को अब सही-सही पीड़ा सताने लगी। हनुमान और श्रीराम के मिलन की कथा सामने आयी। तुलसी पाटों के बीच हैं, उनके जीवन रक्षक हनुमान और उनके तथा अपने आराध्य भगवान श्रीराम ने हनुमान के चित्त में कुछ क्षण के लिए लोकभ्रम का विलम्ब उत्पन्न कर दिया अन्यथा सुतीक्ष्ण से भी गहरी भावुकता को तुलसी सम्हाल न पाते। हनुमान ने राम को पहचाना नहीं, यह पुराण के इतिहास का प्रथम साक्ष्य है किन्तु क्षणभर में ही वासनात्मक संस्कार के धुलते ही—

प्रभु पहिचानि परेउ गहि चरना। सो सुख उमा जाहि नहिं बरना।।
पुलकित तन मुख आव न बचना। देखत रुचिर वेष कइ रचना।।

माँ के रहने पर पुत्र निश्चिन्त विचरता है, स्वामी के रहने पर दास को स्वयं की चिन्ता नहीं और कहकर वटु रूपधारी हनुमान श्रीराम के चरणों में ऐसे गिरे कि उनका वटुरूप स्वतः त्याग उठा।

हनुमान और श्रीराम का मिलन भरत से बहुत आगे सुतीक्ष्ण से भी एक कदम आगे, जैसे तुलसी का चित्त राम को घेर रहा है, भरत के द्वारा, सुतीक्ष्ण और हनुमान के द्वारा।

तुलसी की कथा आगे बढ़ती गयी, सारे वानर तथा भालू समूह समुद्र के किनारे जाकर बैठ गया।

सहसा हवा के एक झोंके से कसोरे का दीपक बुझ गया, किष्किंधाकांड समाप्त हुआ। तुलसी का मन लोक जगत में लौटा, वे बाहर आए। रात्रि के दो प्रहर व्यतीत हो गये थे। उनकी प्रतीक्षा में टोडर जी बैठे थे। स्वामी बाबा की मधुकरी जुड़ा गयी थी। टोडर ने उठकर तुलसी का चरण स्पर्श किया। तुलसीदास जी ने पूछा, "आप अभी तक यहीं हैं?" टोडर ने उत्तर दिया, "आपके पास से अब मैं बिना आपकी आज्ञा के कैसे जा सकता हूँ?"

भोजन विश्रान्ति के बाद टोडर भी वहीं कुटी में सो रहे।

दूसरे दिन प्रातः नित्यकर्म एवं पूजन ध्यान से निवृत्त होकर तुलसी ने बाबा तथा टोडर से आज्ञा माँगी। प्रभुजी का आदेश है कि मैं चित्रकूट जाऊँ तब तक आप लोग जो भी चाहें इस घाट पर निर्मित करा दें। वैसे प्रभु की कृपा है, मेरी

शान्ति तो काशी में ही टिकी है, लेकिन भगवान का आज आदेश चित्रकूट के लिए हुआ है।

तुलसी ने अपनी गठरी थैले में रखी और चलने को उद्यत हुए। टोडर ने भी साथ चलने को कहा किन्तु तुलसी ने स्वीकार नहीं किया। दूसरे दिन सायंकाल रामघाट के सामने अपनी साधना कुटी पर खड़े हो गए। रामघाट की पयस्विनी को देखकर प्रणाम किया। तुलसी को कुटिया के सामने खड़ा देखकर अन्दर से खँखारते हुए पंडा संकठा निकले और पूछा, "कहाँ से पधारे हो महाराज! पूरे प्रयाग काशी भर में हमारी जजमानी है, रुको, दर्शन करो।" तुलसी ने संक्षिप्त उत्तर दिया, "अरे! आप तो सामने वाले सौ कोठरी के पुरोहित संकठा जी हैं न!" संकठा जी ने पुनः तुलसीदास जी की तरफ निहारा और बोले, "कुछ-कुछ पहचान रहा हूँ। जजमान, कब देखा था।" तुलसीदास ने उत्तर दिया, "दो साल पहले।" पंडा ने जानना चाहा, "कहाँ निवास है?" तुलसी ने उत्तर दिया, "सारी भूमि श्रीराम की है, मैं उनका दास तुलसीदास हूँ, जहाँ भी मांग कर खा लूँ, जहाँ भी बिछाकर सो लूँ।" संकठा जी को स्मरण हो आया, दौड़कर चरण पर गिर पड़े, "अरे! स्वामी तुलसी जी, आप हैं। मैं तो आपकी इस कुटी का पहरेदार हूँ।" उन्होंने आग्रह किया कि चलकर कुटी में रहें। तुलसी ने कहा, "पन्द्रह दिन रहेंगे।" संकठा जी ने आग्रह किया "किन्तु स्वामी जी! प्रसाद हमारे हाथ का ग्रहण करें।" तुलसी ने प्रस्ताव रखा, "किन्तु प्रवचन का सारा चढ़ावा आप लेंगे। मुझे कुछ नहीं चाहिए, तभी भोजन करूँगा। मधुकरी मेरे सामने बने और मेरे विश्राम में कोई विघ्न न डाले, यह देखना पड़ेगा।" चढ़ावे की दक्षिणा के लोभ में पंडा संकठा जी ने सब-कुछ स्वीकार कर लिया।

घर से ले आकर बढ़िया आसन तुलसी के पुराने तखत पर बिछा दिया। तुलसी विश्राम करके उठे, पयस्विनी के तट पर बैठ गए। थोड़ी देर देखते रहे। हनुमान का रूप विग्रह जल में प्रतिबिम्ब की भाँति उभरा। तुलसी प्रणाम करते हुए उठे और सृजन की समाधि चित्त दशा में हनुमानधारा के लिए चल पड़े। प्रभु हनुमान जी! मैं आपके द्वारा जन्म से रक्षित हूँ। आपने पाला-पोसा और अपने स्वामी राम तक पहुँचा दिया। मेरी तरह आज इस दिव्यभूमि भारत के लोग पीड़ित, दुखी, असहाय, निर्धन, निर्बल रो रहे हैं। मैं जो कुछ आपके नाम से सुन्दर कांड में लिखूँ, वह लोक के लिए मेरे संकटों की मुक्ति की भाँति लोक के लिए संकटमोचक हो जाए। हनुमान विग्रह को चित्त में उतारते ही ज्योंही हनुमानधारा के उज्ज्वल जल से नहाया और हनुमान जी के सामने हाथ जोड़कर खड़े हुए एक श्लोक उनके मुँह से फूट पड़ा—

अतुलित बलधामं हेमशैलाभदेहं, दनुज वन कृशानुं ज्ञानिनां अग्रगण्यम्।
सकल गुणनिधानं वानराणामधीशं रघुपतिप्रिय भक्तं वातजातं नमामि।।

इस फूटे हुए श्लोक से संकट मुक्ति दिलाने वाले हनुमान मंत्र का स्मरण करते तुलसी अपनी कुटी तक लौट आए।

तुलसी की इच्छा थी, सुन्दरकांड तथा लंकाकांड की रचना चित्रकूट में ही पूरी करें और इसे वे हनुमान जी की प्रेरणा मानते थे। दूसरे दिन से संकटमोचन हनुमान की यशगाथा तुलसी ने लिखनी शुरू की। तुलसी यह जानते थे कि महर्षि वाल्मीकि ने सुन्दरकांड में कविता एवं मंत्र दोनों को मिलाकर उन्हें पराकाष्ठा पर पहुँचा दिया है। उनके श्लोकों में मंत्रशक्ति का बीजतत्तव है और वह ऊपर से कविता लगती है। उन्हें शंकराचार्य की आनन्दलहरी याद आ गयी। तुलसी ने भी स्वयं कविता और मंत्र दोनों को हनुमान की सिद्धि याचना का आधार बनाना शुरू किया। हर क्षण मंत्रजटित कविता सुन्दरकांड की सिद्धि से जुड़ती है, विभीषण का गृह रामायुध अंकित बनाया, भूमि की ओर देखती हुई सीता को देखते ही कवि की वाणी स्फुरित हुई—

'निज पद नयन दिए मन रामपद कमल लीन।'

साधक की मुद्रा में सीता और श्रीराम के प्रति समर्पित निष्ठा को रावण भय विचलित करने में असमर्थ है। कविता की मुद्राएँ रचकर कविवर कपीश्वर की सार्थकता भी तुलसी रखना चाहते थे।

नाम पाहरू मंत्र निसि ध्यान तुम्हार कपाट।
लोचन निज पद जंत्रित प्रान जाइ केहिं बाट।।

हनुमान की कविता तुलसी के मन को भाती जाती है और जब तक उनका जो कुछ भी भक्त रूप था, तुलसी उसे कवीश्वर रूप से जोड़कर अद्वितीय सुन्दर और सुन्दरकांड के नायक के रूप में रखते जाते हैं। तुलसी विभीषण को भी वही स्थान देते हैं, जो हनुमान का है। हनुमान इसे जानते थे और सुन्दरकांड में तुलसी कवि, साधक और भक्त तीनों मान्यताएँ शिखर तक पहुँचाते हैं।

तीन मास तक तुलसी चित्रकूट में रहकर सुन्दरकांड लिखते रहे।

चित्रकूट में सुन्दरकांड समाप्त हुआ और उस बीच उनके प्रवचन की ख्याति भी दूर-दूर तक पहुँचने लगी। दिनभर दर्शकों का ताँता लगने लगा। करें तो क्या करें, फिर निश्चय किया कि यहाँ से जल्दी ही काशी के लिए प्रस्थान करना अनिवार्य होगा। इसी बीच पीताम्बर पहने दाढ़ी-मूंछ रहित एक नवयुवक ने प्रवेश करके उनका चरण स्पर्श किया। तुलसी ने एकटक उसे देखा और पहचान कर मुँह फेर लिया। वह उनके स्वसुर पाठक जी के साले का पुत्र था। अत्यन्त आर्त और विनीत स्वर में कहा, "रत्ना बहन ने भेजा है, देखने के लिए कि आप ही

हैं, या और कोई। एक बार आप उनसे मिल लें। बेचारे प्राणप्रिय तारापति के परलोकगमन से वे अत्यन्त क्षीण हो गयी हैं। क्या आज्ञा है?'' तुलसी ने मुँह फेरे ही जवाब दिया, ''मेरा रामजी के अलावा और कोई नहीं है और अब मैं किसी को जानता भी नहीं। मेरे सारे नाते-रिश्ते प्रभु से हैं, वे जो मान लेंगे, वही मुझे स्वीकार है।''

थोड़ी देर वह हाथ जोड़े खड़ा रहा, और तुलसी उतनी देर मुँह दूसरी तरफ फेरे बैठे रहे। वह निराश होकर चला गया तब तुलसी ने संकठा जी को बुलाया और कहा, ''पंडित जी आप अब सब अपना समान सम्हाले अब, फिर कभी आऊँगा।'' संकठा जी आश्चर्य में थे, सोचते थे एकाध महीने और रह जाते तो सालभर का अगवड़ भोजनान्न इकट्ठा हो जाता। हाथ जोड़कर बोले, ''महाराज! क्या मुझसे कोई गलती हुई?'' तुलसी ने उत्तर दिया, ''नहीं बाबा! साधु और बालक का चित्त स्थिर नहीं रहता। अब हम काशी जाएँगे'' और फिर अधारी में गट्ठर रखकर कांधे पर लटकाया और काशी चल दिए।

यहाँ आकर अपने पुराने स्थान अस्सी घाट पर तुलसी ने पुनः अपना डेरा जमाया।

पक्का तुलसीघाट बन चुका था। घाट के ऊपर पत्थर पर 'तुलसीदास' स्थली लिख उठी थी और तुलसी उसे पढ़कर एक बार मुस्काए। तुलसी ने अभी कौन-सा काम किया जो लोगों ने उसे 'दास' की सम्मानित उपाधि दे दी। वह तो अभी भाँग का ही पौधा है, फिर प्रभु कृपा का स्मरण किया। यह श्रीराम के स्मरण की कृपा है जिसने उसे तुलसी से तुलसीदास बना दिया। तीन-चार महीने में उनकी कोठरी थोड़ी बड़ी कर दी गयी थी। हनुमान जी की छोटी-सी चौकी बनवाकर उन्हें स्थापित कर दिया गया था। तुलसी के लिए एक तखत भी बिछौने सहित लगवा दिया गया। बाबा ने उन्हें ले जाकर दिखाया और बताया कि यह सब टोडर जी की कृपा का फल है।

तुलसी श्रीराम का नाम लेकर 'प्रभु कृपाकेवलम्' बोलकर रह गए।

तुलसी चित्रकूट से लौट आने के बाद यह अनुभव करने लगे कि उनके विरोधियों की संख्या बढ़ती जा रही है। वे अपने में कुछ तय नहीं कर पा रहे थे कि आखिर कौन-सी बात विरोध की है। काशी में शैव और वैष्णव के बीच कोई अलगाव नहीं है। उन्होंने अपने प्रवचनों में शिवभक्ति का जितना समन्वय भरा गायन किया है, शायद उतना अन्यत्र न हो। शुरू में शैव नाराज हुए किन्तु तुलसी की बातों से वे धीरे-धीरे सन्तुष्ट होते गए। विशेष रूप से 'अध्यात्म रामायण' आधारित रामकथा शैवमत की लीलावादी रामकथा है और तुलसी उस पर अन्त तक टिके रहे। तुलसी के विश्लेषण में उनका विरोध अद्वैतवेदान्त, कर्मकांड,

पंडागिरी एवं पुराने पाँव पुजाने वाले सठियाये ब्राह्मणों से था। अस्सी घाट पर तुलसी लंकाकांड की रचना के लिए तत्पर थे और शुरुआत भी कर दी किन्तु प्रतिदिन कोई-न-कोई विघ्न पड़ता देखकर वे चुप-चुप अपने मित्र मेधा भगत के आश्रम भदैनी चले गए और उन्होंने एक कुटिया तुलसी के लिए बनवा दी। तुलसी ने लंकाकांड एवं उत्तरकांड का रामराज्याभिषेक तक कर लेखन पूरा किया। इस कार्य में लगभग पाँच महीने एकान्त भाव से लगे रहे क्योंकि वे समझ गए थे कि प्रवचन करने पर अब समर्थक तथा विरोधियों की संख्या इतनी अधिक हो उठेगी कि उसे पूरा करना सम्भव नहीं हो सकेगा।

तुलसी की रामकथा का एक रूप अब बनकर उनके सामने आ चुका था। उन्होंने उसके बाद अपना प्रवचन कर्म प्रारम्भ कर दिया। तुलसी के अनुसार प्रवचन कर्म राम की भक्ति का लोकजन के बीच प्रचार-प्रसार का साधन था, आजीविका नहीं थी।

तुलसी का लंकाकांड काशी की भदैनी में लिखा गया और उत्तरकांड का पूर्वार्द्ध भी। रामायण समाप्ति के बाद उन्होंने अपना पहला प्रवचन भदैनी के मेघा भगत की कुटी पर शुरू किया। चारों तरफ उनकी रामकथा और उनके प्रवचन का शोर मच चुका था और अब लोकजन और पंडितों के बीच तुलसीदास की ख्याति महाकवि, विद्वान, शास्त्रज्ञ एवं रामभक्त के रूप में फैलने लगी। तुलसी प्रवचन के बाद टोडर तथा बाबा के पास बैठकर थोड़ी देर विश्राम भरी बातें करते। आज लंकाकांड के प्रवचन की बात बाबा के मन में बार-बार उठ रही थी। उन्होंने पूछा, ''क्यों स्वामी जी! वाल्मीकि और अन्य रामायणों तथा ग्रन्थों में रावण राम के हाथों मारा जाता है, आप कहते हैं कि लंकाकांड रावण का मुक्तिकांड है।''

लंकाकांड के विषय में तुलसी ने अपना मन्तव्य पुनः स्पष्ट किया, ''बाबाजी! इस संसार में तो सभी रामजी के पैदा किए हुए हैं, क्या कोई पिता अपनी ही सन्तानों का वध करता है। फिर, सबके सर्जक रामजी रावण ही नहीं, कुम्भकर्ण, मेघनाद आदि को अपने में समाहित करके सायुज्य मुक्ति देते हैं। दशरथ को मुक्ति नहीं मिली, लेकिन रावण आदि को प्रभु ने मुक्ति ही नहीं दी, अपना अभिन्न अंग बना लिया। नीच और पंडित सभी तो प्रभु की संतानें हैं, पिता अपने पुत्रों को एक जैसा देखता है। वे जो अपने सदाचरण से हनुमान विभीषणादि की भाँति प्रभु के पास है, किन्तु दूसरे जो विधर्मी हैं, प्रभु उन्हें भी उनके दुर्गुणों को दूर करके अपने पास ही बैठाते हैं। पिता के लिए सारे पुत्र एक जैसे हैं।''

टोडर जी तथा बाबा तुलसी की इस उदारवादी व्याख्या से बहुत प्रभावित थे। राम से बैर करके भी मुक्ति और प्रेम करके भी मुक्ति, राम-से अपने को जोड़ो।

चाहे जैसे। टोडर बोले, "स्वामीजी! रामायण में आप इसकी व्याख्या न करेंगे तो पढ़ने वाले भ्रम में पड़ जाएँगे और आपका मत भी स्पष्ट नहीं हो पाएगा।"

तुलसी ने इस सुझाव को स्वीकारा और उन्होंने आश्वासन दिया कि रामकथा लिख लेने के बाद मैं निश्चयपूर्वक इसके प्रारम्भ और अन्त में तथा स्थान खोजकर स्थल-स्थल पर इस पर पुनः विचार लिखूँगा।

तुलसी का उत्तरकांड रामराज्य के बाद समाप्त हो गया और इस प्रकार रामजन्म कथा के प्रारम्भ से होकर रामराज्य तक पहुँचकर समाप्त होने वाली तुलसी की रामकथा का एक समापन संदर्भ लोक के समक्ष आया। यह तो मात्र रामकथा थी। तुलसी संशोधन द्वारा इसे आर्षकाव्य बनाना चाहते थे। उनके मस्तिष्क में संशोधन की प्रक्रिया शुरू हुई, दूसरे विकल्प एवं प्रयास के रूप में।

बालकांड में रामजन्म से लेकर राज्याभिषेक की कथा रचना के बाद तुलसी के सामने कई प्रश्न उठने लगे। तुलसी अब अपने राम और रामजी की रामायण में लीन रहने लगे। संयोग की बात थी कि उन्हें माघ महीने में मकर संक्रान्ति के पुण्य पर्व पर प्रयाग के लिए प्रस्थान करना पड़ा। अपने पूर्व परिचित स्वामी जी की कुटिया में तुलसीदास पहुँचे और स्वामी जी को प्रणाम करके बैठ गए। स्वामी जी तुलसीदास को पहचान गए और बड़ी आत्मीयता से कुशल समाचार पूछा। तुलसी ने बताया कि इस बार मकर संक्रान्ति तक उनका यहाँ रहने का विचार है। किन्तु, शाम को प्रवचन भी करना है। स्वामी जी तुलसी के इस रूप से परिचित नहीं थे। बोले, "यह तो बड़े शुभ की बात होगी। देखो भइया, रामकथा का प्रवचन यहीं से शुरू हुआ था।" तुलसी को आश्चर्य हुआ और पूछा, "स्वामी वह कैसे!" स्वामी जी ने बताया, "पहली रामकथा याज्ञवल्क्य ने कही थी, भरद्वाज ऋषि के पूछने पर, और यहीं भरद्वाज आश्रम पर।" स्वामीजी की चिन्ता का मार्ग खुल गया। याज्ञवल्क्य रामायण का अध्ययन तुलसी ने किया था, किन्तु उसमें भरद्वाज नहीं हैं। तुलसी को लगा कि रामकथा को स्थापित करने के लिए परम्परा से जोड़ना पड़ेगा। तुलसी ने एक मास तेरह दिन तक प्रयाग में निवास किया और प्रातः समय श्रीराम का ध्यान, रामकथा का लेखन तथा सायंकाल प्रवचन। तुलसी के सायंकाल प्रवचन से महात्मा को बड़ी शान्ति मिली और श्रोताओं से मिलने वाले दान से एक अच्छा धन एकत्रित हो चुका था। तुलसी के प्रति प्रयागवासियों की श्रद्धा से उनके नाम से एक पक्का आश्रम बन गया। गोस्वामी तुलसीदास ने अब श्रीरामचरित मानस के बालकांड का प्रारम्भ भरद्वाज प्रसंग से करके सम्पूर्ण 'शिव-पार्वती' प्रसंग उससे सम्बद्ध करके वक्ता श्रोता को शिव-पार्वती से जोड़ दिया। इसी संदर्भ में रामजन्म के हेतुओं का प्रश्न भी कथात्मक एवं भागवत पुराण के लीलात्मक प्रसंग के सामने ले आकर

रामजन्म कथा की वक्ताश्रोता परम्परा एवं रामजन्म के हेतुओं से सजा दिया। अब रामचरितमानस का भागवत पुराण, अध्यात्म रामायण, वाल्मीकि, याज्ञवल्क्य रामायण आदि से मिश्रित लीला-भक्तिमय आध्यात्मिक रूप सामने आ गया। तुलसी फाल्गुन कृष्णपक्ष तेरस को शिव की माहात्म्य कथा प्रयाग में सुनाकर पुनः काशी आ गए।

काशी में अब उनके कई स्थल हो चुके थे। भदैनी के प्रति भी उनके मन में मोह जाग पड़ा था क्योंकि रामकथा वहीं समाप्त हुई थी। तुलसी ने भदैनी में अपना आसन डालकर एक बार पुनः रामकथा कहनी शुरू की और लीलाभक्ति के भागवत समर्पित रामायण ने कृष्णभक्त कवियों तथा भक्तों को आकर्षित करना शुरू किया। अब तुलसी की रामायण में वाल्मीकि रामायण, भागवत आदि सब सम्मिलित हो उठे थे।

तुलसी अपने भदैनी के आश्रम में कथा विश्रान्ति के बाद प्रभु श्रीराम का स्मरण कर रहे थे, इसी बीच आहट सुनकर उनका ध्यान भंग हुआ। टोडर जी दो सन्यासियों के साथ आ रहे थे। तुलसी ने अपने आसन से उठकर उनका स्वागत किया और टोडर का कुशलक्षेम पूछा। टोडर ने उत्तर दिया, ''महाराज! आप कितना भी छुपेंगे, आपकी रामकथा का प्रकाश छिपने नहीं देगा। आपका पता लगाते-लगाते हम यहाँ आए हैं और देखिए आपसे मिलने के लिए अद्वैतमयंक स्वामी मधुसूदन सरस्वती अपने शिष्य के साथ पधारे हैं।'' तुलसीदास जी सरस्वती जी को हृदय से लगाकर तथा अपने आसन की पीठ पर उन्हें बैठाकर पैर की ओर बैठ गए। सरस्वती जी के बार-बार इनकार करने पर भी उन्हें पीठासन पर बैठाया किन्तु तुलसी ने अपना हठ नहीं छोड़ा।

औपचारिकताओं के बाद तुलसीदास एवं सरस्वती जी महाराज में सामान्य विषय चर्चा छिड़ गयी, रामकथा के अद्वैतरूप पर। तुलसी लीलाभक्ति की बात करते रहे, स्वामीजी अद्वैत की। अन्त में, स्वामीजी ने राय दी, ''तुलसीदास जी! आपकी रामायण ऐसी होनी चाहिए जिसमें काशी के पंडित एवं अद्वैतवेदान्तियों को भी पढ़ने का सुख मिले। आपकी बातों से पता चल गया है कि आपने राम एवं कृष्णभक्तों, काशी के शिवोपासकों, उपासना एवं सदाचार में विश्वास रखने वाले लोक मानस तथा कर्मकांडियों को राम से जोड़ लिया है, श्रीराम तो अद्वैत ब्रह्म हैं और लोकमाया विकृति से मुक्ति देने वाले श्रीराम के चरित्र को भी इसमें जोड़ने पर सारा लोक तथा आध्यात्मिक समाज आपसे जुड़ जायेगा।'' स्वामी जी की बात तुलसी को अच्छी लगी और उन्हीं के परामर्श पर भुशुण्डि रामायण का बाद में अध्ययन किया। उनका बालकांड समाप्त हो उठा था, बीच में जोड़ा नहीं जा सकता था। उन्होंने अन्त में यही निष्कर्ष निकाला कि

रामराज्य के बाद अद्वैत वेदान्त सन्दर्भ जोड़कर फिर से राम के कथाफल का समापन करें।

तुलसी ने भुशुण्डि प्रसंग को गरुण के सन्दर्भ में सामने रखा और ब्रह्म राम के स्वरूप की ऐसी व्याख्या की जिसका भक्ति एवं लीला तथा शिव से कहीं विरोध न हो। बालकांड में पार्वती को कथा सुनाने के प्रसंग में थोड़ा-सा अंश जोड़ा और अयोध्याकांड को छोड़कर अनेक स्थलों पर ब्रह्म राम की स्थापना की। अब तुलसी के तीन राम हो गए—दशरथ पुत्र राम, लीला राम एवं ब्रह्म राम और इन सबका निरूपण इस प्रकार किया कि उनमें कहीं भी परस्पर विरोध न रहे। लोक समन्वय के साथ आध्यात्मिक समन्वय की एक विशिष्ट कृति निर्मित हो उठी **श्रीरामचरित मानस की तुलसी कथा**।

भदैनी में रहकर तुलसी के मन में एक बार पुनः विचार आया कि उनके राम जन-जन के, हर धर्म के, प्रत्येक सिद्धान्त के और देश भर में व्याप्त समस्त क्षेत्रों के हैं। उनके राम केवल भक्ति, ज्ञान, लीला, अध्यात्म के रूप नहीं साहित्य और कला के आधार भी हैं। स्वयंभू की रामकथा 'पद्मचरित' पढ़कर उनके मन में एक विशाल प्रेरणा जागृत हुई और फिर अन्त में दोहा सं. ३३ तक की एक लम्बी भूमिका लिखी जो उनकी कविता तथा कला दृष्टि मानसरोवर रूपक, सरयू रूपक से जुड़कर एक विशाल आयाम देने लगी और शिव के हृदय से निकलने वाले इस श्रीराम काव्य सरोवर का नाम उन्होंने 'श्रीरामचरितमानस' रखा। कथाफल को स्पष्ट करने के लिए उत्तरकांड में मानस रोग को समापन के संदर्भों में जोड़ा। कविता, साधना, चिन्तन, भक्ति, अध्यात्म का समवेत फल "पायो परम विश्राम राम समान प्रभु नाहीं कहूँ" सब कुछ तुलसी को प्राप्त हुआ।

तुलसी के श्रीरामचरितमानस में इतने सारे परिवर्तनों के कारण आई परिपूर्णता को स्थापित करने में तीन वर्ष से भी अधिक समय लगे। तुलसी अब मानस का पारायण एवं प्रवचन प्रतिदिन करते थे।

तुलसी का सर्वाधिक विरोध कर्मकांडी पण्डितों तथा पंडाओं से था, जिनकी नित्य की आय पर उनके प्रवचन का प्रभाव पड़ रहा था। उन सबने तुलसी के विरुद्ध अभियान छेड़ दिया। यद्यपि यहाँ तुलसी किसी से बहस न करके केवल 'श्रीराम-श्रीराम' कहकर अपनी बात रखते थे लेकिन विरोधी पंडित उन्हें वंचक एवं ठग जैसे नामों से चिढ़ाते तथा दुतकारते थे। सम्पूर्ण जनता तुलसी के श्रीरामचरितमानस की जहाँ सराहना करती, वहीं दूसरे वर्ग में उनके तथा रामायण के प्रति विरोध का वातावरण बनता जा रहा था।

तुलसी भदैनी छोड़कर फिर अस्सी घाट के अपने पुराने आश्रम पर आ गए। वहाँ भीड़ ज्यादा थी किन्तु उनकी अपनी गुफा कोठरी प्रायः बन्द ही पड़ी थी। एक

शिष्य ने उसे खोलकर सफाई की। तुलसी ने हनुमान जी की स्तुति करके पुनः अपना आसन जमाया।

तुलसी ने शिवकथा यद्यपि मानस के अन्तर्गत कही थी, फिर भी उनके मन में विचार आया कि 'जानकी मंगल' की भाँति लोक के मंगल के लिए 'पार्वती मंगल' भी लिखें। आज समाज को और विशेष रूप से काशी जैसे समाज को 'पार्वती मंगल' की आवश्यकता है। दो सप्ताह में उसकी रचना की और रचना के बाद उसकी तिथि फाल्गुन सं. १६४३ दी। यह मानस के बारह वर्षों बाद लिखी गयी।

उन्होंने उसे लिखकर अपने प्रवचन में 'पार्वती मंगल' पर प्रवचन किया और कहा कि विवाह के पूर्व 'मटिमंगरा' कार्यक्रम पर दोनों गाये जाएँ। पार्वती तथा जानकी दोनों सभी का कल्याण करेंगी, जैसे सीता को पार्वती ने वर देकर मनोकामना पूरी की थी, ठीक वैसे ही सभी की मनोकामना पूर्ण होगी।

आज़ के इस प्रवचन में तुलसी की शिवभक्ति का ही प्रचार अधिक रहा लेकिन कट्टर शिवपंथी तुलसी को रामभक्त वैष्णव ही मानते थे। तुलसी की चिन्ता निरन्तर इस बात में रहती थी कि सारा समाज एक हो, समाज के केन्द्र में एक सात्त्विक व्यक्तित्व हो, श्रीराम की भाँति और उन श्रीराम का किसी से विरोध न हो। मनुष्य-मनुष्य, धर्म-धर्म, चिन्तन-चिन्तन की विषमताओं का हल खोजना जैसे तुलसी का एक मात्र मन्तव्य रह गया हो।

तुलसी के मित्र टोडर ने तुलसी के सामने प्रस्ताव रखा कि जैसे पूरब के धर्म केन्द्र काशी, प्रयाग, अयोध्या तथा चित्रकूट हैं वैसे कृष्ण भक्ति की साधना के केन्द्र मथुरा, वृन्दावन हैं। यदि आपकी आज्ञा हो तो एक छोटी-सी मंडली के साथ मथुरा, वृन्दावन चला जाए। तुलसी काशी की किचकिच से ऊबे भी थे। उन्होंने सहर्ष स्वीकृति दे दी और मथुरा-वृन्दावन की तैयारी शुरू हो गयी। तुलसी के मन में अपने मित्र नन्ददास एवं नितान्त आत्मीय नाभादास से मिलने की इच्छा जाग उठी। श्रीरामचरितमानस की ख्याति ने तुलसी को पुनः बहुश्रुत बना दिया था, किन्तु श्रीकृष्ण यात्रा में अपने साथियों के बीच कृष्ण चर्चा प्रमुख रही। दोपहर तथा सायंकालीन विश्राम के समय श्रीकृष्ण सत्संग का प्रकरण चलता। गोस्वामी तुलसीदास को भागवत प्रसंग लगभग कंठस्थ था। टोडर और उनके साथी बार-बार तुलसी को कुरेदते और जिज्ञासापूर्वक पूछते, "आखिरकार 'राम और कृष्ण' में अन्तर क्या है?" तुलसी बराबर कहते, "भगवान विष्णु के चौबीस अवतारों के दो रूप मात्र हैं, भेद हम लोग क्यों करते हैं? लोक रक्षण तथा जन विश्रान्ति के लिए दोनों ने एक ही कार्य किया है। लोक रक्षण तक जीवन सीमित नहीं है। आनन्द लोक की आकांक्षा है। श्रीकृष्ण राम के एक कदम आगे बढ़कर रक्षण और आनन्द दोनों की सामाजिक व्यवस्था करते हैं।" एक यात्री ने पूछा, "फिर

आपके राम क्या हैं?" तुलसी ने उत्तर दिया, "कृष्णमयी राम हैं। उसी तरह लोक लीला मेरे मानस में श्रीराम भी करते हैं, जैसे श्रीकृष्ण ने किया था। किन्तु वे कौसल्या, दशरथ, केवट, निषाद, गृद्ध, ऋषि, मुनि, तपस्वियों, वनवासियों से करते हैं और श्रीकृष्ण गोप परिवार के साथ। मेरे राम और कृष्ण के 'लोक रमण' में कोई अन्तर नहीं है, केवल प्रसंगों का अन्तर है। मेरे धनुर्धर राम और वंशीधर कृष्ण की लीलामयी आनन्दाभिव्यक्ति में कोई अन्तर नहीं है।"

टोडर जी बोले, "स्वामी जी! आप 'राम और कृष्ण' में कोई भेद नहीं मानते।" तुलसी ने कहा, "काशी लौटकर तुम्हें अपने राम-कृष्ण-शिव का हरिहरात्मक ऐक्य रूप बताऊँगा।"

काशी का यह यात्री दल मथुरा पहुँचा। मथुरा की काशी से अधिक दुर्दशा थी। मंदिर और मस्जिद को एक में जोड़ देना या मंदिर की तरह मस्जिद का निर्माण और उनसे जुड़ी कथाओं से पूरी मथुरा नगरी व्याप्त थी। आगरा के पास होने के कारण मुसलमानों का सबसे अधिक धार्मिक दबाव मथुरा को ही सहना पड़ा था। लेकिन वह एक ऐसा जीवट क्षेत्र था कि अहम् और दबाव को भूलकर पुनः भक्तों एवं धर्मावलम्बियों का संगठन कृष्ण तथा कृष्णाराधना में उन्मत्त हो उठा। कृष्ण भक्ति के धर्मावलम्बियों ने शायद इसीलिए मथुरा को अपना केन्द्र बनाया कि मुसलमानी शासकों की मार, प्रभाव तथा आतंक को बराबर वे बेअसर करते रहें।

तुलसीदास सबसे पहले गोवर्धन पर्वत पर स्थित मंदिर में गए। मंदिर की व्यवस्था देखकर आनन्दित हो उठे और टोडर से बोले, "ठाकुर साहब, क्या पूरब में ऐसा कोई ठाट-बाट है?" प्रथम अष्टकालिक सेवा में कृष्ण को जगाने की स्वर लहरी गूँज रही थी, "जागिए गोपाल लाल भोर भए प्यारे"। लगता था सम्राट अकबर के गवैये प्रभाती गा रहे हैं। अकबर के कहाँ नौकर, कहाँ प्रभु के प्रति स्वयं समर्पित लीलाभाव भक्ति से परिपूर्ण ये अष्टछाप के कवि। पूछने पर ज्ञात हुआ यही बूढ़े सूरदास जी हैं। उनकी छवि, संसक्ति, तन्मयता, गानमाधुरी की सरलता पर मुग्ध तुलसी की आँखें छलछला आईं और प्रणाम करके मन-ही-मन सूर के स्वरों में स्वर मिलाने लगे। कन्हैया के जागरण के बाद आरती, फिर प्रसाद वितरण हुआ। प्रसाद लेकर शान्त अपना तानपूरा लिए सूर को निरखते तुलसी मुग्ध थे। चरण स्पर्श किया और अपना नाम बताया। टटोलते हुए सूर ने तुलसी के माथ का स्पर्श किया और बोले तुम्हीं तुलसीदास हो, हमारे नन्ददास खूब चर्चा करते हैं। नन्ददास का नाम आते ही, तुलसी ने पूछा, "महराज! कहाँ हैं, स्वामी नन्ददास?" सूर मुस्करा कर बोले, "महाराज तो यहाँ केवल ब्रजबिहारी जी ही हैं जो सबके सामने हैं, बाकी उनके सेवक हैं" और बोले, "भइया,

नन्ददास, ओ नन्ददास, देखो कौन आया है?'' किसी ने जोर से आवाज दी और आने पर तुलसीदास की ओर उसने इशारा किया। नन्ददास एकटक देखते ही पहचान गए। गौरवर्ण की तेजोमय देहयष्टि वाले तुलसीदास की ओर दौड़कर उनके वक्ष से लग गए। तुलसी नरहरिदास के शिष्यों में ज्येष्ठ और नन्ददास जी कनिष्ठ थे। तुलसी की सारी मंडली को ले जाकर एक कमरे में बैठाकर उनके आतिथ्य की व्यवस्था की। तुलसी को नन्ददास क्या मिले स्वयं जैसे ब्रजराज मिल गए हों।

तुलसी गोवर्धन मन्दिर की अष्टकालिक सेवा और प्रत्येक याम से जुड़े गीतों का वाद्य रागसहित गायन निरन्तर आत्म-विभोर करता रहा। टोडर आदि भी उन्हीं के साथ भक्ति का आनन्द उठाते रहे। तीसरे दिन मथुरा से वृन्दावन गए। यमुना का दर्शन करके तुलसी ने उन्हें प्रणाम किया। तुलसी की बचपन की यमुना हिलोरें ले रही थी। सारे लीला स्थलों को देखा, कदम्ब कुंजों तथा करील वृक्षों को देखा। वृन्दावन की यात्रा ने तुलसी के मन में कृष्ण की ऐसी गाँठ बाँध दी कि उनके सामने भागवत पुराण के वाचन से प्राप्त आनन्द सामान्य-सा लगने लगा। राम का ध्यान करते तो कृष्ण उन्हीं से जुड़कर खड़े हो जाते और एक क्षण के लिए उनके कंठ से फूट पड़ा—

गोपाल गोकुल वल्लभी प्रिय गोप गोसुत वल्लभं।
चरनार विन्दमहं भजे भजनीय सुर मुनि दुर्लभं।।
घनस्याम काम अनेक छवि लोकाभिराम मनोहरं।
अपहरन तुलसीदास भास विहार वृंदाकाननं।।

राम की ध्यानभंगिमा से जुड़कर कृष्ण का श्यामल बिम्ब और भी उनके चित्त को द्रावक बना गया। उन्होंने शाम को अपने कक्ष में चिन्तन के समय विचार किया कि 'श्रीरामचरितमानस' में सभी मतों का समन्वय तो कर दिया है, किन्तु 'कृष्ण तथा रामभक्ति' अभी भी शेष हैं। राम के धनुर्धर और कृष्ण के वंशीधर के रूप में कोई अन्तर नहीं है। मानस की लीलाभक्ति तो भागवत में स्थापित श्रीकृष्णलीला भक्ति का रूपान्तरण है। दोनों के रूपभेद काल तथा समस्या सापेक्ष्य हैं। तुलसी के राम का श्यामल वर्ण कृष्ण के पीताम्बर में खो गया। दोनों पीताम्बर युक्त हो उठे। शिशुलीला एक है, केवल नामभेद का अन्तर है—

सुभग सेज सोभित कौसल्या रुचिर राम सिसु गोद लिए।
बार बार विधु वदन बिलोकति लोचन चारु चकोर किए।।
कबहुँ पौढ़ि पय पान करावति कबहूँ राखति लाइ हिये।
तुलसीदास ऐसे सुख रघुपति पै काहू तो पायो न बिये।।

कौसल्या, राम, तुलसीदास एवं रघुपति की जगह यशोदा, कृष्ण, सूरदास एवं मोहन कर देने के बाद शेष सन्दर्भ एक हो जाते हैं। सूर एवं तुलसी, कृष्ण एवं राम के बीच का यह समन्वय ही तुलसी के मन को अच्छा नहीं लगा अपितु दोनों रूपों को जोड़ने पर समाज का श्रीरामकृष्णमय व्यापक विस्तार रूप उनकी समझ में आ गया।

निश्चय किया, काशी लौटकर श्रीराम और कृष्ण की लीलाभक्ति का गायन करेंगे।

काशी लौटने पर तुलसी का मन न असी और न गंगा के संगम तुलसीघाट पर लगता था और न भदैनी में। रामकृष्ण के अद्वैत भावमयी उन्मेष ने उनके चित्त को जिस तरह झकझोर रखा था, उसके अनुरूप ये जगहें नहीं थीं क्योंकि उनके दर्शनार्थी एवं विरोधी दोनों पक्षों के बीच उनका चित्त निरन्तर द्वन्द्वों से पीड़ित रहता था। शाम की बैठक में टोडर के आने पर तुलसी ने अपनी समस्या रखी। टोडर तुलसी की भावना के अनुरूप उन्हें गोपाल मंदिर ले आए और उसके बगल स्थित एकान्त कमरे की व्यवस्था कर दी। तुलसी के भोजन आदि के लिए एक परिचर रख दिया। गोपाल मंदिर का यह स्थान उन्हें बड़ा सुहावना लगा और उन्होंने अरसे से हृदय में संचित् भावमयता को गेय पदों का रूप देना शुरू किया। प्रातः अब पूजार्चन गीतों से करते थे। लगभग एक वर्ष के अन्तराल तक तुलसी वहाँ थे और पूरी रामकथा 'गीतावली' एवं 'कृष्ण गीतावली' यहाँ रहकर रची।

दोनों की रचना के बाद राम-कृष्ण के ऐक्य स्थापना का उनका व्रत पूरा हुआ।

अब तक तुलसी ५८ वर्ष के आसपास पहुँच रहे थे।

गोपाल मंदिर में रामकृष्ण के अद्वैत की साधना के बाद वे पुनः असीघाट पर आए उनके आने पर दूसरे दिन जानकारी मिलने पर भक्तों की जय-जयकार शुरू हो गयी। तुलसी को दोनों वक्त दो सीधा चाहिए और उनकी वृत्ति मधुकरी में रमती थी और इसके लिए उन्हें कुछ-न-कुछ करना था। तुलसी की कुटिया बनवाने का टोडरमल का संकल्प तथा भक्तों एवं कथाप्रेमियों का आग्रह तथा उससे भी महत्त्वपूर्ण जन-जन में 'लोक राम' के प्रचार का उद्देश्य उन्हें प्रवचन कथा के लिए विवश करने लगा और दो-तीन दिन के बाद उनका प्रवचन प्रारम्भ हुआ।

इस बार तुलसी के प्रवचन की ऐसी धूम मची कि श्रोताओं को कहीं तिलभर भी जगह बैठने को नहीं मिलती थी। अब लगता था कि सारी कथा जैसे उनकी भोगी हुई आत्मीयता का अभिन्न अंग है। उनकी वर्षों की प्रवचन कथा अब उनकी भावमयता में परिवर्तित होती जा रही थी। कथा के साथ रोते, हँसते, संवेदनशील बनकर स्वयं से जोड़े हुए थोड़े ही क्षण के बाद श्रोताओं की

अन्तरंगता से जुड़ जाते। सम्पूर्ण वातावरण को कथाकाल में वे रामकथामय बना देते। धीरे-धीरे पूरे बनारस, बाहर तथा आसपास के गाँवों में तुलसी की कथा की चर्चा उठ खड़ी हुई। अब उनके मित्र गंगाराम ज्योतिषी, उनका सारा परिवार, टोडरमल एवं कितने पंडित तथा ज्ञानी जन इस प्रवचन का प्रतिदिन आनन्द लेने लगे।

तुलसी की इस बढ़ती हुई ख्याति से काशी के शास्त्र पंडित दुखी थे। तुलसी के मानस की शास्त्र चर्चा घरों और गलियों में शुरू हुई और जब लोग उन्हें उत्तर देते तो वे कहते अरे शास्त्र-चिन्तन किस्सा कहानी थोड़ी है। कितनी सारी पुस्तकें और ग्रंथ शास्त्र की व्याख्या करते-करते स्पष्ट नहीं कर पाते और तुम लोग भाषा रामायण में उसे खोज रहे हो। यदि यही रहा तो फिर शास्त्रों को धिक्कार है। सामान्यजन अपनी तरह से उत्तर देते। शास्त्री जी, रामायण में बचा ही क्या है? ... सब तो उसमें है, और कौन-सा शास्त्र चाहिए। हम लोगों के लिए तो वही वेद है। शास्त्रज्ञों में एक थे—रामभद्र तर्काचार्य जी। षड्दर्शन के ज्ञाता और विद्वान। उन्हें तुलसी की ख्याति से बड़ी ही ईर्ष्या थी। एक दिन उन्होंने निश्चय किया कि वे तुलसी से शास्त्रार्थ करके ही रहेंगे। चारों ओर भक्ति का ऐसा पाखंड इस व्यक्ति ने फैला दिया है कि काशी में पंडितों की बात कोई सुनने वाला ही नहीं है। इस विषय पर सोच विचार कर अपना बहुमत बनाने के लिए शास्त्रज्ञ पंडितों से इसकी चर्चा की। प्रातः मठों एवं सम्मानित सम्भ्रान्त जनों के लिए कर्मकांडी पंडित समाज तुलसी के विरुद्ध एकमत होता गया और कुल मिलाकर उसी दिन पूर्वाह्न पूरा विरोधी समाज तुलसी के अस्सीघाट स्थित मठ पर पहुँचा। तुलसी अपनी कोठरी के अन्दर भगवान श्रीराम के विग्रह में समाधि लीन थे। कोठरी बाहर से बन्द थी और बाहर सोलह वर्ष का उनका किशोर शिष्य रामू द्विवेदी भूमि पर कुश की चटाई पर वज्रासन में बैठा रामचरित मानस का पाठ कर रहा था। वह चार-पाँच चोटीधारी चन्दन चर्चित पंडितों को देखकर आदरपूर्वक खड़ा हो गया और उनका चरण स्पर्श करके स्वागत किया। दल की अगुवाई करते शास्त्री जी ने पूछा, "पण्डित तुलसीदास कहाँ है, तू कौन है?, और यहाँ क्या कर रहा है?" उसने स्वामी जी की साधना की सूचना देते हुए बताया कि वह पंडित जी का शिष्य रामू द्विवेदी है और निश्चय किया है कि श्रीरामचरित मानस का संस्कृत में अनुवाद करूँगा। उसमें से एक ने व्यंग्य मारा, "भाषा को देवभाषा में बदलोगे। यह तो कलयुग की नई रीति है। अब तक तो देवभाषा को लोकभाषा में बदला जाता रहा है।" रामू द्विवेदी ने कहा, "स्वामी जी ने शास्त्र को इतना सरल कर दिया है कि हमारे पण्डित कहते हैं, इसमें शास्त्र है ही नहीं। देववाणी में रूपान्तरण के बाद लोग समझेंगे कि यह केवल कथा नहीं, महामुनि

वाल्मीकि रामायण की भाँति सम्पूर्ण शास्त्र के तत्त्वों से मंडित रचना है।'' दूसरे ने ही-ही करते हुए कहा, ''इस मूढ़मति को देखो, ऋषि कवि से इस भाषा कवि की तुलना कर रहा है। अपने पंडित तुलसी को बुलाओ, हम उनसे आज शास्त्र चर्चा ही करने आए हैं।'' ''ठीक है, आप अपना नाम बता दें! हम महाराज से कह देंगे। लेकिन आपको उनके महामुनि होने में किस प्रकार का भ्रम है। वे पूज्यापाद श्री नरहरिदास के शिष्य एवं स्वामी शेष सनातन जी की पाठशाला के छात्र तथा गुरु रहे हैं। स्वयं अद्वैतवेदान्त के प्रकाण्ड पंडित स्वामी मधुसूदन सरस्वती ने उनकी रामायण को महामुनि की रामायण जैसा कहा है।'' तर्काचार्य ने डाँटते हुए कहा, ''मंदमति! नहीं जानता तो मत बोल, कहाँ महामुनि वाल्मीकि और कहाँ म्लेच्छों का साथी ढोंगी पंडित तुलसी। मैं सरस्वती जी महाराज से पूछूँगा, तुलसी को महामुनि किस बात पर कहा है?'' कोठरी में तुलसी को समाधिस्थ समझकर सम्पूर्ण विद्वत् सम्प्रदाय लौट गया। तुलसी राम समाधि में थे। मध्याह्न समाधि टूटने पर भोजन के लिए बाहर आकर कुटी में तखत पर बैठे। सहमता हुआ रामू द्विवेदी पैर छूकर भूमि पर बैठ गया और तुलसी का चरण चापने लगा। रामू द्विवेदी ने उचित अवसर पाकर सूचना दी, ''आज कई पंडित महाराज से शास्त्रार्थ करने आये थे। कहते थे, शास्त्रार्थ करेंगे।'' तुलसी हँसे और फिर बोले, ''वत्स रामू! श्रीराम ही ब्रह्म हैं। उनमें तो स्वयं ही सारे वेद, स्मृति, कर्मकांड, उपनिषद्, षड्दर्शन आदि सभी कुछ समाए हैं। मैं उसे देख रहा हूँ। समाधि चित्त में, उसी में समाहित होता हूँ। गरुण ने उनमें समाहित होकर स्वयं अनुभव किया था, संसार सागर को तरने के लिए राम नाम की नौका चाहिए। शब्द-ज्ञान से क्या कोई भवसागर तर सका है। मुझे किसी से कोई शिकायत नहीं जो रामजी ने चेताया, उसे लिख दिया। मुझसे किसी से कोई विवाद नहीं। अब आयें तो कह देना आपका शास्त्र सही है, तुलसी ने कथा कहीं पढ़ कर लिखी है।'' रामू द्विवेदी मन-ही-मन सुनते हुए भी असन्तुष्ट बना रहा क्योंकि जैसा प्रवचन में गुरु जी सुनाते हैं, वैसे शास्त्रार्थ में भी सुना सकते हैं, अपनी इस धारणा को चित्त में रखते हुए भी वह शान्त बना रहा।

प्रवचन काल में दूसरे दिन तुलसीदास रामकथा का गुरु वशिष्ठ प्रकरण बता रहे थे। अपराध और प्रायश्चित की मुद्रा में वशिष्ठ आकर श्रीराम के सामने विनय करते हैं—

सुनहु राम मुनि कह कर जोरी। कृपासिंधु विनती कछु मोरी।।
देखि देखि आचरन तुम्हारा। होत मोह मम हृदय अपारा।।
महिमा अमित वेद नहिं जाना। मैं केहिं भाँति करउँ भगवाना।।
उपरोहित्य कर्म अति मंदा। वेद पुरान सुमृति कर निंदा।।

उन्होंने स्पष्ट किया, मैं तो पौरोहित्य कर्म ग्रहण नहीं कर रहा था, यह तो अतिनिन्दित एवं पापपूर्ण कर्म है—

उपरोहिती पापपूर्ण कर्म है, की प्रतिक्रिया में पहले से आये हुए विरोध के लिए घुसे ब्राह्मणों ने हंगामा शुरू कर दिया। एक चुटैया वाले बोले, "अरे! कथावाचक पंडित! ब्राह्मण कभी निन्द्य नहीं होता। तू लगता है, कोई अब्राह्मण जातिहीन कथावाचक है, बन्द कर अपनी रामायण।"

उसके साथ के सहयोगी चिल्लाने लगे किन्तु तुलसी समर्थक भीड़ के आगे कुछ नहीं चली। तुलसी दोनों हाथ जोड़े बोले, मेरी भी सुनें और कहकर उन्होंने गौतम का उद्धरण देना शुरू कर दिया।

'राजा राष्ट्रकृतं पापं राज्ञः पापं पुराहितः'

क्योंकि पुरोहित को सदा द्रव्य प्राप्ति एवं सुख कामना की आकांक्षा रहती है। दूसरे के दुष्कृत्य को धन द्वारा वह धोता है किन्तु एक बार धन खर्च कर देने से क्या किसी को पाप से मुक्ति मिल जाती है। इसीलिए मैंने आगे समझाया है कि 'मल की जाहिं मलहिं के धोये' वाल्मीकि ने राम से मुक्ति की याचना नहीं की, भक्ति की याचना की—

प्रेमभगति जल बिनु रघुराई।
अभि अंतर मल कबहुँ कि जाई।।
नाथ एक बार माँगउँ राम कृपा करि देहु।
जन्म जन्म प्रभु पद कमल कबहुँ घटै जनि नेहु।।

वाल्मीकि की भक्ति याचना के लिए राम की शरण में जाना पंडितों को ग्राह्य नहीं हुआ और चिल्लाते हुए चले गये कि इस पाखंडी का प्रवचन यहाँ कल से नहीं होगा।

कथा समापन तथा आरती के बाद तुलसी के समर्थकों की बैठक हुई और तुलसी ने अपना प्रस्ताव रखा, "ये यदि इस अस्सीघाट पर रामकथा नहीं होने देते तो दूसरी जगह चुन ली जाएगी, किन्तु प्रवचन मैं जरूर करूँगा। प्रभु श्रीराम के लिए ही तो मेरा जन्म हुआ है, ... हनुमान जी जानें। टोडरमल समझाते रहे, "भागने से काम नहीं चलेगा। कल यहाँ मैं अपने पहलवानों को सभा के बीच-बीच में बैठा दूँगा, वे उन्हें बाहर कर देंगे या फिर चुप करा देंगे।" गंगाराम ज्योतिषी की भी यही सलाह थी। रामू स्वामी जी की चटाई वगैरह लपेट कर नीचे रख आया और पास में खड़ा हो गया। कल के उत्पात की उसे भी आशंका समा गयी थी। तुलसी को पीड़ा इसी बात की थी कि शिव की नगरी में रामकथा का इतना अधिक विरोध है तो भक्ति का क्या होगा, धर्म का क्या होगा?

दूसरे दिन यथासमय तुलसी अपनी भव्य चित्तात्मा से दीप्त आसन पर आकर बैठ गए और उनके आत्म-विश्वास को देखकर जनसमुदाय रामजी की जय, हनुमान जी की जय, स्वामी तुलसीदास जी की जय, बोल उठा। इस जयकारे की ध्वनि के बीच ईंट-पत्थरों की खटखटाहट शुरू हो गयी। तुलसी की पीठ पर पत्थर का एक टुकड़ा लगा, लेकिन उन्होंने ध्यान न देकर, मानस के उत्तरकांड के वशिष्ठ प्रसंग के बाद नारद आगमन की कथा शुरू की। किसी तरह से दबाव देकर बैठाई गयी भीड़ शान्त हुई और प्रवचन शुरू हुआ कि ईंट और पत्थर के टुकड़ों की बौछारें फिर शुरू हुईं। स्त्रियाँ उठकर चलने लगीं और पुरुष भी भय खाकर भागे और इस बार भीड़ नहीं सम्हाली जा सकी। तुलसी राम-राम करते उनके ध्यान में मग्न हो गए। सारी भीड़ चली गयी। तुलसी ने आँखे खोली, ईंट और पत्थरों की बौछारें बन्द हो चुकी थीं। टोडर ने गाली देते हुए कहा, "इन अधम कर्मकांडी और शास्त्रज्ञानी ब्राह्मणों के कारण ही काशी को ठगों की नगरी कहा जाता है, स्वामी! कल आपके प्रवचन का स्थान बदल दिया जाएगा। ये उपद्रवी यहाँ रामकथा नहीं होने देंगे। महात्मा जी, आपने ठीक ही लिखा है—

"जाके ये आचरन भवानी। ते जानहु निसिचर सम प्रानी।

ये सब निसिचर हैं, राक्षस हैं।"

तुलसी हाथ उठाकर उन्हें शान्त करते हुए बोले, "अपने भक्त की परीक्षा स्वयं रामजी लेते हैं, सब चलने दीजिए। प्रभु कृपा से ही यह सब होता है।"

गंगाराम ज्योतिषी ने प्रस्ताव रखा, "कल से हमारे घर के सामने प्रह्लाद घाट पर रामकथा का प्रवचन करें।" तुलसी ने उसे स्वीकार कर लिया।

चारों तरफ सूचना हो गयी कि तुलसी की मानस कथा मंगलवार से प्रह्लादघाट पर होगी। काशी नगर में श्रीरामकथा और भक्ति का प्रचार तुलसीदास का पहला प्रयास था। तुलसी के प्रयास का मूल उद्देश्य सबको एक मंच पर खड़ा करना था। वे इसके द्वारा हिन्दू, मुस्लिम, भारतीय-अभारतीय, निम्न वर्ग, उच्च वर्ग, पंडित, अज्ञ समस्त विरोधों को तोड़कर एक मंच पर खड़ा करना चाहते थे और भक्ति के साथ नैतिक शील एवं सद्भावना का सामूहिक विकास भी चाहते थे, जिससे समाज स्थिर रह सके। उनके कथा-प्रवचन का यही उद्देश्य था किन्तु मूल प्रश्न था काशी जैसे तीर्थस्थल पर पंडा, पुरोहित, मठ और उससे जुड़े लोग, कर्मकांडी, शैव भक्त आदि की ओर से सामान्य जनता की विमुखता। यही उनके विरोध का सबसे बड़ा कारण था। तुलसी के विरुद्ध यह बौखलाहट यहाँ भी दिखायी पड़ी।

एक सप्ताह तक कथा ठीक-ठाक चली और श्रद्धालुजनों की भीड़ का उमड़ना शुरू हो गया। जो कुछ भी मिलता था, तुलसी केवल अपने भोजन से

सम्बद्ध थे। उनका शिष्य रामू द्विवेदी मधुकरी बनाता, गंगाराम शास्त्री ने बहुत आग्रह किया। तुलसीदास ने केवल एक दिन का भोजन उनके आग्रह पर ग्रहण किया, शेष, जो कुछ भी मिलता था, अन्न उनके परिवार में चला जाता था और सिक्के तथा द्रव्य टोडरमल के पास जाता था। तुलसी को केवल अपने शिष्य एवं स्वयं के भोजन से मतलब था।

आज तुलसी प्रातः उठे तो उन्हें बड़ी तीव्र दुर्गन्ध महसूस हुई। आवाज दिया, "बेटा रामू उठो, देखो क्या गंधा रहा है? रामू ने जगकर पहले गुरु के चरणों को छुआ और दरवाजा खोलकर देखा तो एक मरे हुए कुत्ते को पंडित गंगाराम जी के दरवाजे के सामने देखकर आश्चर्य हुआ। कई दिन का मरा सड़ांध भरा बदबू करता हुआ कुत्ता, आकर सूचना दी। प्रातः होने वाला था। गंगाराम ज्योतिषी जी को खबर दी गयी। दरवाजा खुलते ही सड़ाँध भरी बदबू से उनका सारा घर भर गया। प्रायः सभी जाग गए। इस समय कोई डोम भी नहीं मिल सकता था। कैसे फेंका जाए, बड़ी समस्या थी। रामू ने कहा, आप लोग घबड़ाएँ नहीं। उसने अपने मुँह-नाकं पर गमछा बाँध लिया और एक पगहा लेकर मरे कुत्ते की टाँग उसी में फँसा दी। तेजी से घसीटता हुआ लेकर चला और दूर नाले में फेंक आया। आकर एक झाड़ू से सफाई की और गाय का गोबर लेकर शास्त्री जी के दरवाजे को लीप डाला। उसके बाद वह गया, गंगा स्नान करके लौटा।

वैसे, इस घटना से शास्त्री जी पर कोई खास प्रभाव नहीं था, किन्तु उनके परिवार में कुनमुनाहट थी। तुलसी को इससे आभास हो रहा था कि ये स्वार्थीजन इससे भी बड़ा कांड कर सकते हैं। तुलसी की राम पर अगाध आस्था थी। वे सोचते थे, राम जी की कृपा से सब टल जायेगा, लेकिन थोड़े खिन्न अवश्य थे।

तुलसी आज स्नान करके प्रभु के ध्यान में बैठे थे कि किसी ने सांकल खटखटाई। उनका ध्यान भंग हुआ। श्रीराम-श्रीराम कहते हुए वे उठे, रामू द्विवेदी लगता है किसी कार्यवश बाहर था। देखा तो कोई नहीं था।

तुलसी को यह लगा कि किसी ने उनका ध्यान भंग करने के लिए यह कार्य किया है। मन-ही-मन मुस्काए, इससे क्या मेरा राम का नाता टूटता है। मुझसे कह दें कि यहाँ से छोड़कर चले जाइए। तुलसी को क्या, दूसरी जगह आसन जमा लेगा।

आज सायंकाल कथा प्रवचन के बाद टोडरमल आदि उनके मित्र जब एक साथ बैठे तो तुलसी ने अपना अभिप्राय सुनाया, "भइया! देखो कार्तिक मास शुरू हो गया है, एक महीने के लिए चित्रकूट निवास करेंगे।" तुलसी का यह प्रस्ताव कई दृष्टियों से सभी को अच्छा लगा। रामू द्विवेदी प्रसन्न था कि वह अब इसी बहाने गुरुदेव की जन्मभूमि देख लेगा और बाहर जाने से मन भी बदल जाएगा।

तुलसी इस बार पुनः पयस्विनी नदी पर रामघाट पर स्थित अपने सिद्धपीठ की कुटिया पर दल बल के साथ पहुँचे। पहुँचकर कुटी को देखा तो आसपास कई कुटिया छा उठी थीं। कुटी के साधुबाबा को जब यह ज्ञात हुआ कि स्वामी तुलसीदास आए हैं तो हर्ष से उनका मन भर उठा। प्रसन्न मन से उनका आसन बिछा दिया तथा पत्ते के दोने में गुड़ के टुकड़े को, उनको बैठाकर, सामने रखा। साधुबाबा ने कुशलमंगल के बाद जानना चाहा कि अब कितने दिन रहेंगे। तुलसी ने बताया एक माह, कार्तिक पूर्णिमा तक रहेंगे। पूर्णिमा के नाम पर साधु चौंके, लेकिन कुछ बोले नहीं।

तुलसी ने रामघाट के पंडा जी के घर संदेश भेजा। पंडा जी तो नहीं थे। उनका पुत्र आया और उसने तुलसी को छोड़कर टोडरमल आदि के ठहरने के लिए कोठरियों की व्यवस्था कर दी। तुलसी रामू के साथ कुटिया में ही रह गया।

रामघाट पर पूर्ववत् तुलसी का प्रवचन चला। यहाँ उन्हें बड़ी शान्ति मिली और उनके चित्त में आया कि काशी के कर्मकांडियों, पंडितों, पुरोहितों, पंडों, शैव पुजारियों की किचकिच से हमारे रामजी की यह प्रवास भूमि ही अच्छी है, जहाँ उन्होंने बारह वर्ष बिताए थे। तुलसी की ख्याति अब पहले से काफी फैल चुकी थी, तुलसी हर संकटग्रस्त के लिए रामजी से प्रार्थना करते। विशेष परिस्थिति में ज्योतिष का भी प्रयोग करते और राममय तन्मयता तो उनकी विलक्षण थी। राममय सारे ग्रन्थ तुलसीमय हो चुके थे। मानस कंठस्थ था। प्रत्येक प्रसंग के साथ जैसे उनका आत्म-चैतन्य साक्षी बनकर पाठकों के आत्म चैतन्य का साथी बन जाता था।

तुलसी प्रातःकाल ब्रह्म मुहूर्त में घाट पर आ जाते थे। आज जब स्नान के लिए पयस्विनी में उतरे तो लगा, उन्हें कोई ध्यान से देख रहा है। उन्होंने ध्यान नहीं दिया, तुलसी स्नान करके निकले। वह नारी अपनी टकटकी तुलसी पर लगाए बैठी थी, चातकी की तरह। तुलसी की दृष्टि उस पर गयी किन्तु फिर उन्होंने अपने चित्त को राम से जोड़ दिया। वस्त्र निचोड़ कर उसी अपने तखत पर बैठे, खड़िया और चन्दन मिलाकर घिसने लगे। यकायक उन्हें साधना वर्ष के दिनों का वह दृश्य याद आ गया, वह श्यामल वर्ण का तेजोमयी व्यक्तित्व और चंदन घिसने के स्थान पर से वे तन्द्रित हो उठे। उस बार की चेतना लाल बाबा के स्पर्श से जागृत हुई थी और इस बार उन्हें कोई झकझोर रहा था, "अरे! बहनोई जी। अरे तुलसी भइया, अरे तुलसी भइया!" तन्द्रा पर आघात् लगने पर समाधि खुली तो राम-राम कहते हुए आँखें उठायी। चालीस वर्ष की उम्र का व्यक्ति कह रहा था, आपने पहचाना नहीं, मैं आपका साला रविव्रत हूँ और दूसरे ने बताया तुलसी भइया मैं राजा हूँ। तुलसी की स्मृति राम से राजापुर

लौट आई। राजा और रवि को तखत के एक कोने पर बैठने का संकेत किया। इसी बीच पीछे अर्द्ध-घूँघट काढ़े एक नारी ने तुलसी के चरणों को ऐसा पकड़ा कि उनके छुड़ाने से वह छूट नहीं पा रहा था। तुलसी ने अपने पैरों को किसी तरह से खींच लिया। तुलसी की उत्सुकता को शांत करते हुए राजा ने कहा, "भइया! ये रत्ना भाभी हैं, तुम्हारी शरण में हैं। अब चाहो राखो, चाहे कह दो पयस्विनी मैया में डूब मरें।"

तुलसी ने तुरन्त राम के बिम्ब में अपने मन को बिद्ध कर लिया और बोले, श्रीराम। भइया! देवी को यहाँ ले आने का क्या काम था?"

रत्ना के नेत्रों से आँसू झड़कर उसके पैरों पर पड़ रहे थे। तुलसी ने देखा और मन पुनः राम में केन्द्रित कर दिया। हे राम! आपने यहीं अपना श्यामल रूप इसी स्थान पर दिखा कर मुझे अपना लिया था। आज क्या आप मेरी परीक्षा ले रहे हैं। इस देवी को लाल बाबा हनुमान आपने क्यों भेजा?

रत्ना बोली, "स्वामी! नारी के पास केवल उसका पातिव्रत है और मैंने सारा जीवन उसी तरह आपकी साधना में लगा दिया जैसे आपने रामजी में। क्या रामजी आपसे विमुख होंगे, नहीं होंगे। अब मेरी तपस्या देखकर आप मुझे अपने से विमुख न करें। जैसे आपके थैले में खड़िया, चन्दन, कपूर पड़े रहते हैं और आपकी रामभक्ति में इनसे मदद मिलती है, मैं भी रामजी के लिए आपकी सहायिका बनी रहूँगी। प्रिय! मुझे ग्रहण करें। मेरा साथ उचित है" और फिर, हिचकी और आँसुओं की बौछारें निकलने लगीं।

तुलसी राममय बिम्ब में मन केन्द्रित किए हुए बोले, "देवि! मेरे गुरु ने मुझे राम के हाथों बेच दिया है। अब तो मैं राम का दास हूँ। आठों याम उनके सामने हाथ जोड़े खड़ा रहता हूँ। स्वामी का धर्म ही दास का धर्म है, स्वामी का आदेश ही दास का करणीय कर्त्तव्य है। तुम मेरे स्वामी रामजी से बात करो, वे जैसा आदेश करें, वही करूँगा।"

"देवि, मैं तो रामजी का खरीदा गया दास हूँ। इस देह पर मेरा कोई अधिकार नहीं है।" रत्ना पुनः बोली, "स्वामी! कौन से हैं आपके गुरु? मैं भी उन्हीं से दीक्षा लेकर श्रीराम के हाथ बिककर आपको माँग लूँगी।"

तुलसी एक क्षण चुप रहे, फिर हनुमान जी का स्मरण करते हुए बोले, "देवि! तुम मोह और भ्रमवश भूल चुकी हो। तुम्हीं मेरी गुरु हो। तुम्हीं ने मुझे राम के हाथों बेच दिया है, जाओ तुम उन्हीं की साधना में लीन हो। वही जो देंगे, तुम्हारे लिए सर्वस्व होगा।"

मैं ही गुरु हूँ, रत्नावली को अपना वह अतीत मन में कौंध गया और एक क्षण के लिए वहीं चकराई और मूर्च्छित होकर गिर गयी।

तुलसी ने झोला-झंडी, खड़िया, कपूर, चन्दन सबको एक साथ समेटा और ले जाकर पयस्विनी नदी में फेंक कर वह एकदम एकाकी कुटी में घुस गए। रामू द्विवेदी वहीं पास में बैठा सबकुछ देख-सुन रहा था। तुलसी के अन्दर घुसते ही, उसने दरवाजे पर टटरी लगा दी और बाहर पहरेदार की तरह बैठ गया।

तुलसी अपनी राम समाधि में लीन हो चुके थे। रामू द्विवेदी देख रहा था। होश में आने के बाद रत्नावली अन्यमनस्क तखत के नीचे बैठी रही। बाद में, राजा साहू और रविव्रत उसे समझाकर वहाँ से लेकर चले गए।

आग बुझ जाने पर भी चूल्हा काफी देर तक गर्म रहता है। वासनाएँ विसर्जित होकर भी अपना तत्काल प्रभाव कुछ देर तक बनाये रखती हैं। तुलसी के मन में रत्ना का बिम्ब आते ही राममय हो जाता था। इस अन्तर्द्वन्द्व में जूझते तुलसी के मन ने बड़े कष्ट से समाधि ली, प्रभु श्रीराम के सगुण विग्रह में। समाधि टूटने के बाद तुलसी प्रतिदिन की भाँति राम-राम कहने लगे। गुरु की समाधि टूट जाने से आश्वस्त रामू ने टटरे का दरवाजा उठाकर बाहर रखा। रामू चरण छूकर बैठ गया। तुलसी में न राग था न विराग, न जिज्ञासा की, न आश्चर्य। उन्हें लगा, यह भी प्रभु रामजी की ही माया थी। श्रीराम चित्रकूट में क्या-क्या चरित्र नहीं करते। रामू ने भोजन के बाद सूचना दी, "गुरुजी! सब लोग चले गए।" तुलसी ने उत्तर दिया, "प्रभु श्रीराम जी जानें।"

तुलसी प्रवचन में आज भरत का प्रसंग सुनाते रहे। पीड़ित और आहत भरत राम को लौटाने के लिए चित्रकूट आते हैं। मुनि वशिष्ठ, राजा जनक और उनकी पत्नियाँ, राम का सारा परिवार पत्नी सहित सबके बीच भरत राम से कहने आते हैं, भाई! आप अयोध्या जाएँ, मैं बारह वर्ष वन में रहूँगा। किन्तु जब सब साथ बैठते हैं तो रामजी! स्वयं प्रस्ताव रखते हैं, भाई भरत! आप स्वयं बताएँ मैं क्या करूँ, आपको स्वाधीनता है, जो कह देंगे, मैं वही करूँगा।

भरत का मन यहाँ व्यक्ति के मोह से आगे बढ़कर कर्त्तव्य के मोह में फँस गया और भरत ने भी वही कहा, जो दशरथ ने कहा था। कर्त्तव्य का पंथ व्यक्ति मोह से बड़ा है। रत्नावली एक कोने बैठी राजा साहू के पास पति तुलसी के वचनों को सुनकर बदल-सी रही थी, क्या राम के प्रति समर्पित व्यक्ति को पुनः गृहस्थधर्म में बाँधना उचित है? नहीं, कदापि नहीं, मेरे पति यदि मुझे स्वीकार करना भी चाहें तो मुझे उसकी स्वीकृति नहीं देनी चाहिए। परमार्थ को स्वार्थ से रौंदना ठीक नहीं। कथा समाप्ति के बाद वह कंटकित-सी राजा साहू के साथ अपने पति तुलसी के पास गयी। उनका चरण-स्पर्श किया। स्पर्श के संस्कार से तुलसी चौंके। यद्यपि वह चरण स्पर्श के समय किसी को देखते नहीं थे। रत्ना को देखा, रत्ना का चेहरा भावातिरेक से कंटकित था। वे संकुचित हुए, किन्तु रत्ना

बोली, "स्वामी! कल मैं धृष्टता कर बैठी थी, आज आपके प्रवचन से मुझे ज्ञान हुआ, लोकप्रीति से कर्त्तव्य का स्थान ऊँचा है। आप श्रीराम से विमुख न हों किन्तु मैं मृत्यु के पूर्व एक बार आपको देखना चाहूँगी।"

तुलसी बोले, "देवि, जाओ। श्रीराम की भक्ति में अपने को लीन रखो। वे सब कुछ करेंगे" और फिर तुलसी रामबिम्ब में अपने चित्त को लीन करके समाधिमय हो उठे।

उनकी समाधि जब टूटी तो सन्नाटा था। नीचे रामू और तखत पर टोडरमल बैठे थे। श्रीराम का स्मरण करते हुए उठ खड़े हुए और सीधे अपनी कुटी में चले गए।

दोपहर को भोजन के बाद टोडरमल और रामू द्विवेदी के पास जब तुलसी बैठे तो तुलसी ने अपना मौन तोड़ा, "टोडर जी! देखें, रामजी, कैसी-कैसी परीक्षा लेते हैं? काशी में शास्त्रकार विद्वानों तथा पंडों ने उधम मचाकर थका दिया और सबसे शान्त अरण्यस्थली चित्रकूट में आप लोगों ने देखी देवि रत्ना की दशा! मन थोड़ा अशान्त है, अब मैं इस समय चित्रकूट छोड़ना चाहता हूँ। आप लोग काशी चले जाएँ।" टोडरमल ने पूछा, "और स्वामीजी आप?" "मैं छः मास के लिए बदरिकाश्रम जाने के विचार में हूँ। चित्त शान्त हो फिर काशी लौट आऊँगा।" टोडर ने आपत्ति जतायी, स्वामी जहाँ-जहाँ जाएँगे विरोधी वहाँ-वहाँ मिलेंगे। मथुरा, द्वारिका, बद्रिकाश्रम, रामेश्वरम्, काँची, कन्याकुमारी जहाँ-जहाँ मनुष्य रहेंगे, शान्ति मुक्ति की युक्ति स्वयं मनुष्य को करनी पड़ेगी।" तुलसी ने उत्तर दिया, "टोडर जी, आप ठीक कहते हैं किन्तु मन तथा वासनाएँ ही आदमी को जोड़ती तथा तोड़ती हैं। इन वासनाओं को तोड़ देने पर सब अपना। मुझे बदरिकाश्रम जाने दीजिए। छः मास बाद मैं काशी ही आऊँगा।"

टोडर तथा रामू द्विवेदी ने साथ चलने के लिए बहुत आग्रह किया किन्तु तुलसी नहीं माने। झोला-झंडी पयस्विनी में फेंक कर मुक्त हो चुके थे, क्योंकि उनसे रत्नावली ने अपनी तुलना कर दी थी। टोडर मार्ग के लिए धन दे रहे थे। थोड़ा-सा लेकर तुलसी ने शेष अस्वीकार कर दिया।

तुलसी अकेले बदरिकाश्रम के लिए प्रस्थान कर गए तथा टोडर एवं रामू दोनों काशी लौट आए। इस प्रकरण से तुलसी का चित्रकूट से मोह भंग हो चुका था। सिद्धि और परीक्षा को राम का नाम लेकर तुलसी झेल तो गए थे किन्तु यह झेलना उन्हें कष्टकारी लगा। जिस उत्साह से भरे वे चित्रकूट में मनःशान्ति के लिए आए थे, वह बिखरने लगा था।

तुलसी छः सात मास बाद काशी के अस्सी घाट वाले अपने आश्रम पर लौटे। दूर से ही गुरु को देखकर रामू दौड़ा। निर्विकार तुलसी ने निश्च्छल हँसी हँसते हुए कुशलक्षेम पूछा। तुलसी के पास एक कम्बल के अतिरिक्त कुछ भी न था। उनकी चर्या कैसी बीती होगी। रामू को आश्चर्य हो रहा था। तुलसी विश्राम के लिए गुफा के रूप में बने अपने कमरे में चले गए। रामू पहले की भाँति बाहर बैठा।

सायंकाल टोडर भी आ गए थे और उनके आश्रम में स्थित दो-चार साधुवृत्ति के व्यक्तियों के बीच तुलसी भी निकलकर आ गए। टोडर ने स्वामी का समाचार पूछा। तुलसी ने बताया कि मैंने प्रभु से आते-जाते, रुकते, पूजा तथा विश्राम करते समय केवल अपने द्वारा अपना लिए जाने की प्रार्थना की है। वे एक क्षण के लिए उठे और एक हस्तलिखित प्रति ले आए। नाम रखा था 'रामगीतावली'। टोडर ने गीतावली हाथ में लेकर उसे प्रणाम किया। स्वामी तुलसीदास की एक सौ छिहत्तर छन्दों वाली यह कृति सांसारिक वासना से मुक्ति दिलाकर प्रभु द्वारा अपनाए जाने की आत्म पीड़ा भरी गाथा थी। छन्दों को पढ़कर टोडरमल को लगा कि चित्रकूट के रत्नावली प्रसंग के अन्तर्द्वन्द्व को राम के साक्ष्य में कवि के अन्तर्मन ने बड़े गहरे ढंग से झेला है।

तुलसी में अब सांसारिक विरक्ति का भाव अधिक भर उठा था और वे क्षण-क्षण में संन्यास की बात करते। वे संसार की कुछ अब ऐसी व्याख्या कर रहे थे, जैसे सारा-का-सारा दृश्य जगत एक तमाशा हो, और वे उस तमाशे के दर्शक, जो तमाशबीन, केवल कौतूहल भरे मन से दृश्यों को देखता है। उसमें न उसकी संसक्ति है और न उससे उत्पन्न सुख-दुःख के भोग की सहानुभूति।

शाम तक सब चले गए और तब तुलसी भी स्नान करके श्रीराम के ध्यान में बैठ गए। एक सप्ताह तक उन्होंने न प्रवचन की चर्चा की और न किसी ने उनसे आग्रह किया।

धीरे-धीरे लोगों को ज्ञात होने लगा कि तुलसीदास जी काशी आ गए है।

तुलसी लगभग ६५ वर्ष के हो रहे थे और अब उनकी दिनचर्या में केवल श्रीराम बचे थे। हनुमान तथा शिव-पार्वती का वे समय-समय पर स्मरण करते लेकिन सारा समय वे राम की बिम्ब समाधि में डूबे रहते। वे राम और अपने बीच किसी गहरे रिश्ते-नाते की तलाश में रहते थे। 'राम गीतावली' को अब विनय पत्रिका का रूप देना चाहते थे और प्रायः समापन पर पहुँच चुके थे—

'मोहिं तोहिं बीच नाते अनेक मानिये जो भावै।'

और इसी रिश्ते के स्वीकरण की लालसा में बार-बार राम में तन्मय बाहर आते। अब वे श्रीराम की कृपादृष्टि की प्यास से व्याकुल उन्हीं में तन्मय थे। माता

सीता को, भाई लक्ष्मण, शत्रुघ्न को, हनुमान को बार-बार सम्बोधित करते, अपनी ओर श्रीराम को आकर्षित करने का उनसे अनुनय करते, वे प्रार्थना करते कि एक बार कृपा दृष्टि पड़ जाए, इतनी ही कृपा मेरे लिए सब कुछ होगी—

कृपा कोप सतभायेहु, धोखेहु तिरीछिहु राम तिहारे हेरे।
जौ चितवनि सौंधी लगै चितइये सबेरे।
तुलसी अब अपनाइये न दीजै ढील।
अब जीवन अवधि अति नेरे।

तुलसी अब समझने लगे हैं उनके जीव की अवधि समीप आती जा रही है। श्रीराम अब देखकर मुझे न अपनायेंगे, तो कब अपनायेंगे।

तुलसी को उनकी अन्तरात्मा ने समझाया, निश्चिन्त रहो। तुलसी! तुम्हें श्रीराम जी ने स्वीकार कर लिया है—वे स्वयं ही कहते हैं—

'बिहँसि राम कह्यो सत्य है सुधि हौं हू लही है।'

तुलसी की 'विनय-पत्रिका' और श्रीराम द्वारा तुलसी को अपना दास स्वीकार कर लिया जाना—दोनों कार्य एक साथ सम्पादित हो उठे। 'राम मेरे हैं, मैं राम का हूँ' उनका जीवन इस अनुभूति का अंग होकर सार्थक हो गया। रामचरित मानस तक तुलसी राम की कामना करते रहे, कामी पुरुष की युवती संसक्ति की भाँति, लोभी की धनासक्ति की कामना की भाँति। किन्तु राम तुलसी को जानते भी थे कि नहीं, चाहते भी थे वे कि नहीं—इसका कोई साक्ष्य नहीं है। किन्तु 'विनय-पत्रिका' के इस साक्ष्य से तुलसी आनन्दमग्न हैं, अपने आराध्य की स्वीकृति तथा कृपाभरी आत्मीयता के प्रति विभोर एवं विह्वल हैं—

मुदित माथ नावत बनी तुलसी अनाथ की
परी रघुनाथ हाथ सही है।

तुलसी के राम के प्रति स्नेह निर्वाह की स्वीकृति स्वयं उनके आराध्य राम द्वारा मिल गई, और क्या चाहिए?

एक दिन असी घाट पर कुश काँथरी बिछाए तुलसी कवित्त लेखन में रमे थे कि एक व्यक्ति ने उनको आकर प्रणाम किया। मुख उठाकर प्रश्नवाचक मुद्रा की भंगिमा उत्पन्न की, जिसके उत्तर में आने वाले ने उत्तर दिया, "महात्मा जी! मैं सूबा जौनपुर के सूबेदार मालिक अब्दुल रहीम खानखाना का खितमदगार हूँ।" तुलसी भौंचक्के से बोले, "आओ इसी चटाई के आधे हिस्से में बैठो। हम सन्तों से सूबेदार साहब का क्या काम?" उसने एक कपड़े में बँधी छोटी काठ की पेटी थमा दी। तुलसीदास ने पेटी लेकर खोली, उसमें एक पुस्तक के पन्ने तथा एक खत था। यह खत निहायत अदब से लिखा गया था और याचना की गई थी कि

आप जैसे महात्मा इसे देखकर सुधार दें। तुलसी रहीम के बरवै छन्दों को पढ़कर उनकी शैली और अभिव्यक्ति भंगिमा से बहुत प्रभावित हुए और उसकी प्रशंसा में केवल आधा वाक्य लिखा—

'सुरतिय, नरतिय नागतिय जानत हैं अस होय'

देवता, मानव एवं नाग भी नारियों की समवेत् शृंगारिक अवस्था ऐसी ही होती है, जैसा आपने लिखा है। तुलसी ने रहीम के बरवै छन्दों को अपने पास रख लिखा और वह अपना चुटका उस हरकारे को थमाकर कहा, "जाकर अपने सूबेदार साहब को यह पन्ना दे देना।"

अब तुलसी जिस व्यथित हृदय छन्द को पूरा कर रहे थे, उसका अन्तर्मन उसको पूरा करने के लिए आगे ही नहीं बढ़ रहा था। रहीम का बरवै उनके चित्त में चुभ-सा गया था और दूसरे दिन 'बरवै रामायण' लिखनी शुरू की। उसे लिखकर उसकी एक प्रति और इसलिए कर ली कि रहीम को सूचित करेंगे कि तुम्हारे बरवै से 'राम-सीता' का भी लीला शृंगार लिखा जा सकता है। इस बरवै छन्द की शैली का प्रभाव उनके ऊपर बड़ा ही गहरा पड़ा था। एक सप्ताह बाद वह हरकारा फिर आया। तुलसी सायंकाल अपना भजन कार्यक्रम समाप्त करके निकल रहे थे, तभी उसने आदाब किया। तुलसी उसे पहचान कर मुस्कराए और बोले, "तुम्हारे सूबेदार जी कुशल से तो हैं?" उसने हामी भरी और कागज का बेठन थम्हा दिया तुलसी ने लपेटे गए कागज में से एक पन्ना निकाला। बड़ी उत्सुकता से उस पन्ने को लेकर पढ़ना शुरू किया।

"सुरतिय नरतिय नागतिय जानत हैं सब कोय।
गोद लिए हुलसी फिरैं तुलसी सो सुत होय।"

तुलसी एकटक उस पत्र को देखते रहे, जैसे रहीम ने उनका अतीत और वर्तमान दोनों को उकेर कर एक पन्ने कागज पर रख दिया है। भावावेश के क्षणों में तुलसी अपने स्वभाव के अनुसार 'राम-राम' का जप करते हुए श्रीराम के ध्यान रस में दो क्षणों के लिए लीन हो गए और फिर लीनता को भंग करते हुए मन को ध्यान समाधि से बाहर करके बोले, "भाई! तुम रहीम और हमारे बीच उसी प्रकार आए हो, जैसे—सुग्रीव और राम के बीच हनुमान।" और अपनी बरवै की एक प्रति उसी मोटे कागज के वेष्ठन में लपेट कर हरकारे को थम्हाते हुए कहा, "ये अपने साहब को श्रीराम जी का प्रसाद दे देना।" वह उसे लेकर झुककर सलाम करके चला गया। तुलसी ने पुनः वह रहीम का कागज निकाला—

'गोद लिए हुलसी फिरैं तुलसी सो सुत होय'

और वे अपनी क्षणमयी मातृवत्सला भरी भावुकता को निरुद्ध करते हुए पुनः श्रीराम के ध्यान में डूब गए।

अब्दुर्रहीम खानखाना तुलसी के बरवै छन्दों को पढ़कर मुग्ध हो गए और तुलसी द्वारा अपनी ग्राह्यता तथा तुलसीकृत बरवै के राम की कथा के साथ आलंकारिक वक्रताप्रियता से—उनके ऊपर आत्मीयता का प्रभाव बना और उन्होंने तुलसीदास को अपने यहाँ बुलाने का निश्चय टाल कर स्वयं उनसे मिलने का फैसला किया। बाबर के समय से ही जौनपुर की स्थिति प्रतिष्ठा से जुड़ी थी और हुमायूँ के पराजित होने के बाद वह 'शेरशाह सूरी' की राजधानी बनी। उन्होंने बनारस के सूबेदार तरस्सुम मुहम्मद से मिलने के बहाने तुलसीदास को भी खबर करा दी कि वे शीघ्र ही काशी आकर उनसे भेंट करेंगे। तुलसी ने टोडर को बुलाकर सारी बात बता दी और कहा कि उनके आने पर थोड़ा-बहुत सम्भव व्यवस्था करा दें। टोडर को जब अब्दुर्रहीम खानखाना के आने की खबर मिली तो उन्हें बड़ी खुशी हुई और इसकी मुनादी करा दी कि अगले मंगलवार को अपराह्न के बाद दूसरे पहर शाहंशाह अकबर के सूबेदार जौनपुर महाला तुलसीदास के दर्शन के लिए आ रहे हैं। इस मुनादी की खबर कानोकान काशी तक फैल गई और तुलसी के विरोधी कुछ तो जले-भुने और कुछ डरे कि कहीं हमारी शिकायत हो गई तो यहाँ रहना मुश्किल हो जायेगा।

दोपहर को शाहंशाह अकबर के खास सूबेदार खानखाना की सवारी निकली। आगे हाथी के सुनहरे कामदार फूल तथा बेलबूट कढ़े कपड़े के ऊपर सजे हाथी के चाँदी के हौदे पर खानखाना बैठे थे। चँवरधारी चँवर डुला रहा था। शांहशाह अकबर के नवरत्न की रेशमी जड़ाऊ भेषभूषा, गले में मोतियों की माला, तुर्रे की हीरे लगी कलँगी, चाँदी की मूठ वाली तलवार और सुनहले लाल रेशमी चादर से सजी हाथी पीछे पाँच हाथियों एवं घोड़ों पर सजे मनसबदार तथा पैदल सैनिक। घर से निकलकर स्वागत करने वालों की भीड़ सड़कों पर लग गई। ऊपर छज्जों पर चढ़ी युवतियाँ और प्रौढ़ महिलाएँ दृश्य को देखकर मुग्ध थीं। खानखाना का हाथी असी घाट से थोड़ी दूर पहले रुका तब तक पूरे शहर में शोर हो गया कि सूबेदार बहादुर स्वामी से भेंट करने के लिए आए हैं। समर्थकों ने तुलसी की जयजयकार करा दी और तुलसी का इतना बड़ा सम्मान देखकर विरोधियों के होश उड़ गए और उन्हें भय भी लगा कि उनकी शिकायत न हो।

हाथी बैठने पर खानखाना उतरे और अत्यन्त मुग्ध भाव से आत्मीयता में डूबे तुलसीदास के पास पहुँचे। तुलसी से भी ऊँचा शरीर, गौरवर्ण तथा सामन्ती तेज से दीप्त खानखाना की आत्मीयता देखते ही बनती थी। तुलसी अभ्यागत अतिथि के स्वागत में ज्यों ही बढ़े—खानखाना ने उन्हें चलने नहीं दिया और दूसरे क्षण तुलसी खानखाना के अंक में थे। चारों तरफ भीड़ देख रही थी। बाहर खड़े तुलसी के विरोधी आपस में फब्ती भी कस रहे थे कि यह कैसा सनातनी

ब्राह्मण है कि म्लेच्छ के शरीर से चिपटा खड़ा है, किन्तु तुलसी और रहीम का मिलन एक हम-पेशेवर का आत्मीय अंक मिलन था। भरत एवं निषादराज जैसा मिलन था। तखत पर दोनों बैठ गए और खानखाना ने तुलसी का समाचार पूछा तथा कहा, "महाराज, काशी का भाग्य है कि आप चित्रकूट छोड़कर यहाँ हैं। जब तक मैं जौनपुर काशी में हूँ, कुशल क्षेम लेता रहूँगा।"

खानखाना के लिए टोडर ने श्रीरामचरितमानस की एक हस्तलिखित प्रति तैयार करवाई थी। रेशमी लाल वेष्टन में लिपटी उस प्रति को तुलसी ने भेंट की। खानखाना ने आदरभाव से उसे ग्रहण किया।

खानखाना तुलसी साहित्य से ही प्रभावित नहीं थे उनकी रामभक्ति और सत्यनिष्ठा के भी कायल थे।

खानखाना ने टोडर से कहा, "आप महात्मा जी के रहने का अच्छा-सा इन्तजाम करें। मैं सारा खर्च दूँगा।" उन्होंने असी घाट पर 'तुलसी आश्रम और मंदिर निर्माण' की घोषणा की।

असी घाट पर तुलसी कुटीर का संकल्प टोडर पहले ही ले चुके थे। उन्होंने उसकी जानकारी खानखाना को दी। तुलसी को श्रद्धया विनत भाव से प्रणाम करके अब्दुर्रहीम खानखाना के जाने से टोडर के विरोधियों का हौंसला पस्त-सा दिखाई पड़ रहा था।

× × ×

खानखाना के मिलन प्रसंग से तुलसी का महत्त्व बढ़ चुका था और विशेष रूप से उनके विरोधियों में थोड़ा-बहुत भय भी समा चुका था। मुगल बादशाह के नौ रत्न तथा जौनपुर-बनारस सूबे के हाकिम के चहेते तुलसी का अब पूर्व की भाँति विरोध सम्भव न था। शास्त्रकार पंडितों तथा अद्वैत वेदान्त के समर्थक पंडितों ने मिलकर मधुसूदन सरस्वती से मुलाकात की और तुलसीदास से उत्पन्न हो रही कठिनाइयों को सामने रखा। तुलसीदास के कारण रामभक्ति का इतना प्रचार-प्रसार बढ़ा कि समान्य जनता रामकथा के तरंगों में डूबने उतराने में अधिक आनन्द का अनुभव करने लगी थी। स्वामी मधुसूदन सरस्वती जी तुलसी से मिल चुके थे और भक्ति के विषय में तुलसी की चर्या के सहभागी भी बन चुके थे। पंडितों के आग्रह पर, उन्होंने अपनी प्रतिक्रिया न व्यक्त करते हुए उनके साथ स्वामी तुलसीदास के आश्रम पर चलने का निश्चय किया। उन्होंने श्री रामचरितमानस की चर्चा सुन रखी थी लेकिन पढ़ा न था और तुलसी के साथ हुई चर्चा में वे इस मत के थे कि तुलसी का समन्वयवाद लोक के लिए हितकारी है।

तुलसी के आश्रम के पास पहुँचने पर रामू द्विवेदी ने पंडितों का चरण छूकर स्वागत किया। अपराह्न के बाद तुलसी भोजन के बाद विश्राम करते थे। रामू ने

सभी को बैठाकर बताया कि स्वामी जी भोजन के बाद अभी विश्राम कर रहे हैं और स्वामी मधुसूदन के सामने हाथ जोड़कर खड़ा हो गया।

मधुसूदन सरस्वती ने रामू को पुचकारते हुए बोले, "देख लो, अगर जग रहे हो तो कह देना मधुसूदन सरस्वती आए हुए हैं और सो रहे हों तो जगाना मत।"

रामू चला गया तो मधुसूदन सरस्वती ने कहा, "भाई! आप लोग शास्त्रकार विद्वान हैं, आप वेद-वेदांत, स्मृति एवं शास्त्र के परम ज्ञाता, तुलसी से जो चाहें, या जहाँ उन्होंने त्रुटि की हो, उसे पूछें, आज सारी शंकाओं का निवारण कर लें। बाद में, मैं बोलूँगा।"

रामू ने जाने पर देखा तो तुलसी साधना गुफा के दरवाजे खुले है, वह भीतर चला गया। तुलसी हनुमान जी की मूर्ति में ध्यान लगाए बैठे थे, रामू को देखते ही उसे अन्दर आने के लिए कहा।

रामू ने गुरुदेव का चरण स्पर्श करके बताया कि काशी के छः-सात पडितों के साथ स्वामी मधुसूदन सरस्वती जी पधारे हुए हैं।

मधुसूदन सरस्वती का नाम सुनते ही तुलसी हनुमान को प्रणाम करके तुरन्त आ गए। अकुलाहट भरे डग रखते तुरन्त स्वामी जी पास पहुँचे और स्वामी जी ने उठकर उन्हें हृदय से लगा लिया। तुलसी को अपने पास बैठाया और शास्त्रकार पंडित बगल पड़े तख्त पर जा विराजे।

स्वामी जी ने तुलसी का सामचार पूछा तो तुलसी ने बताया कि प्रभु श्रीराम रूपी वृक्ष की छाया में विश्राम के अतिरिक्त मेरे लिए और क्या समाचार हो सकता है। स्वामी जी ने कहा, "भाई तुलसी! विश्राम ही मुक्ति है।" तुलसी ने मानस की पंक्ति दुहरा दी—

'पायो परम विश्राम राम समान प्रभु नाँही कहूँ'

पंडितों की ओर देखकर तथा उन्हें प्रणाम करके रामू से कहा कि महाराज लोगों के लिए जलपान लाओ। हनुमान को चढ़े प्रसाद लड्डू को एक पतरी में लेकर रामू रख गया, पानी पीने के लिए केवल घड़ा तथा लोटा था। तुलसी के आग्रह पर पंडितों ने लड्डू खाए और काशी के ब्राह्मणों को लड्डू नितान्त प्रिय थे। तुलसी के विधर्मी तथा कुजात होने का सम्बन्ध अब उनकी दृष्टि में प्रसाद से नहीं जुड़ रहा था।

स्वस्थचित्त सभी के आसनस्थ होने पर मधुसूदन सरस्वती ने समस्या रखी, "ये पंडित आपसे कुछ प्रश्न करना चाहते हैं, जहाँ तक हो सके, आप इनका समाधान करें।"

तुलसी बोले, "राम जी जाने, मुझे तो रामजी में ही सब समाहित दिखता है, राम जी को छोड़कर मैं और कुछ नहीं जानता।"

एक शास्त्रज्ञ पंडित ने पूछा, "क्या आपको मालूम है कि भक्ति वैदिक धर्म नहीं है, ब्रह्मसूत्र में वासुदेव धर्म को नास्तिक धर्म बताया गया है?"

तुलसी ने उत्तर दिया, "भैया, आप यह कैसे कहते हैं, स्वामी शंकराचार्य उसे फिर क्यों आस्तिक धर्म मानकर व्याख्या करते हैं? लोकजन के लिए जो कल्याणकारी तथा ग्राह्य हो वही वैदिक धर्म है। वासुदेव भक्ति को ही नहीं शंकराचार्य भक्ति को अस्वीकार कहाँ करते हैं, भले ही ज्ञान की तुलना में हीन हो। उनकी आनन्द लहरी लता की तरह चेतना के ऊपर छा जाती है।

मधुसूदन सरस्वती ने सहमति दी, "तुलसी ठीक कहते हैं। अद्वैतवेदान्त में भी भक्ति है और मैं भी उसी 'भक्तिरस' की अपनी व्याख्या कर चुका हूँ।"

तुलसी ने अपने ढंग से स्पष्ट किया, "जैसे अंधकार के न रहने पर प्रकाश की समझ नहीं आ सकती, वैसे द्वैत को जाने बिना अद्वैत कैसे समझा जा सकता हैं? दोनों विरोधी नहीं, परस्पर पूरक तथा एक दूसरे के अनुभव की ग्राह्यता से सम्बद्ध और सार्थक हैं।"

दूसरे पंडित ने पूछा, "वह जो ज्ञान के प्रतिबिम्ब सत्य द्वारा एहसास कर लिया जाता है और निर्विकल्पक समाधि द्वारा चेतना का विषय बनता है— भावमयी भक्ति से उसे कैसे जोड़ा जा सकता है?"

तुलसी ने कहा, "मैंने बदरी आश्रम में जाकर जिस अद्वैत ब्रह्म राम के भावात्मक सत्ता का अनुभव किया है, उसे इस छन्द में सुने—

केसव! कहि न जाइ का कहिए।
देखत तव रचना विचित्र अति समुझि मनहिं मन रहिए।"

तुलसी ने अद्वैत ब्रह्म की चैतन्य समाधि में चित्त को स्थित करते हुए पूरे पद का समापन किया—

कोउ कह सत्य झूठ कह कोऊ जुगल प्रबल करि जानै।
तुलसीदास हरै तीनि भ्रम सो ताकौ पहिचाने।।

तुलसी की अद्वैत वेदान्त की इस भक्तिमयी वासना की कविता पर मुग्ध होकर मधुसूदन सरस्वती ने हृदय से लगा लिया।

तुलसी ने बताया, "अभी विनयपत्रिका लिखी है, उसी का पद है—राममय होने के लिए राम कृपा चाहिए। मैं तो चाहता हूँ कि राम जी मुझे देखकर अपना, अपने आनन्दमयी आवेग से मेरे चित्त की तरंगों का एहसास भर कर लें। मैं उनका हो गया—तन्मय-तन्मय।"

तुलसी के इस दृष्टान्त पर चुप्पी सध गई। मधुसूदन सरस्वती ने पूछा, "भाई तुलसी से और कुछ पूछना है? पंडितों ने कर्म योग के बारे में जानना चाहा।

तुलसी ने भरत के शील निरुपण से सिद्ध उनकी भक्ति विषयक अद्वैतता का दृष्टान्त सामने रख दिया। कर्म के द्वारा भी प्रभु की अनन्दमयता मिलती है, जैसे भरत को।

एक ने वर्णाश्रम व्यवस्था के विषय में प्रश्न रखा और कहा कि सनातन धर्म की बात आप क्यों नहीं करते?

तुलसी ने कहा, "भैया पण्डित जी, राम जी स्वयं सनातन धर्म रूप हैं। ब्राह्मण यदि वशिष्ठ रूप होकर उनसे अपनी मुक्ति माँगेगा तो अवश्य देंगे। राम वर्णाश्रम धर्म की रक्षा के लिए ही उपजते हैं। वर्णाश्रम धर्म से च्युत ब्राह्मण रावण को राक्षस मानकर कुल सहित उसका विनाश किया और फिर उसके बाद मुक्ति दी। विभीषण को छोड़ दिया ब्रह्मणत्व के ही कारण। भैया पण्डित जी! मेरे राम ब्रह्म हैं इसीलिए वे कहते हैं कि—

'सब मम प्रिय सब मम उपजाए'

सभी उनसे जुड़कर अपनापन प्राप्त करते हैं।"

अन्त में, शास्त्रज्ञ पंडित शास्त्र छोड़कर अपनी व्यावहारिक बात पर उतर आए—

"अच्छा स्वामी जी, आप जानते हैं कि हम सब गृहस्थ पंडित हैं। काशी में आपके प्रवचन का इतना प्रचार है कि हमारी जीविका बन्द जैसी हो गई है। आप बताएँ, हम क्या करें?"

इसे सुनकर, श्रीराम कहते हुए उठ खड़े हुए और बोले, "महाराज! मुझे यह नहीं मालूम था। रामजी, यह क्या हुआ। अब आप निश्चिन्त रहें, बंदिछोर हनुमान आपका घर सम्पत्ति से भर दें। हम अब सप्ताह में एक दिन ही रामकथा का प्रवचन करेंगे।"

आवेग से उफनते तुलसी का हाथ पकड़कर मधुसूदन सरस्वती ने पुनः बैठाया।

मधुसूदन सरस्वती ने आग्रह किया कि वह रामचरित मानस पढ़ना चाहते हैं। बेष्टन में बँधी सद्यः हस्तलिखित कराई गई प्रति तुलसी के आदेश पर रामू द्विवेदी ने मधुसूदन सरस्वती जी को अर्पित की।

पंडितों का समाज मौन तथा शान्त मन से मधुसूदन सरस्वती के साथ चला गया।

तुलसीदास जी ने असी घाट पर ही अपनी रामायण कथा सप्ताह में एक दिन कहनी शुरू की। भक्तों का उन पर बड़ा दबाव पड़ रहा था। एक दिन शाम को टोडर, गंगाराम शास्त्री तथा अन्य दो चार घनिष्ठ बैठने वाले मित्रों के साथ विचार-विमर्श हुआ। तुलसी की ख्याति अब तक इतनी बढ़ चुकी थी कि उनके

दर्शनार्थ प्रातः सायं कोई-न-कोई सम्मानित व्यक्ति आता रहता था। दक्षिणा के रूप में कुछ न कुछ दे जाता था, वैसे एक दिन का प्रवचन उनके भोजन भर के लिए पर्याप्त था। काशी में तुलसी की रामकथा का जो गम्भीर तथा व्यापक प्रभाव पड़ा था, उसका असर दिनों दिन बढ़ता जा रहा था। एक दिन का प्रवचन विपक्षियों के लिए कोई अधिक लाभकारी नहीं बन पा रहा था और ऐसे में विरोध तात्कालिक रूप से तो शान्त था किन्तु भक्तों के दबाव का जो असर था उसके लिए किसी विकल्प की आवश्यकता थी। तुलसी स्वयं और उनके मित्रगण इस विकल्प की खोज में तत्पर थे। टोडरमल ने प्रस्ताव रखा कि असी घाट से दूर हटकर रामकथा का प्रवचन करें। तुलसी ने कहा कि यह सम्भव नहीं है। राम जी, जहाँ जहाँ जाएँगे, जनता वहाँ-वहाँ आएगी और आँधी तूफान की तरह प्रभाव पैदा होगा। गंगाराम प्रहलाद घाट का प्रस्ताव नहीं दे पा रहे थे। पिछली बार प्रस्ताव देकर भुगत चुके थे।

अन्त में, तुलसी ने एक प्रस्ताव रखा, लेकिन प्रस्ताव टेढ़ा था, वह यह कि राम कथा प्रवचन के स्थान पर क्वार के शुक्ल पक्ष में रामलीला क्यों न कराई जाए। तुलसी वृन्दावन में श्री कृष्णा की लीला देख चुके थे। इस राम जी की लीला से राम का जो प्रचार होगा—सब भौंचक रह जाएँगे। यह तो केवल पन्द्रह दिनों की होगी।

कैसे राम लीला हो, और कहाँ से शुरू हो—इस पर सोचना पड़ेगा। रामजी के प्रचार के लिए मथुरा की भाँति जन-जन रंजक राम जी की लीला भी हो उसी के साथ कृष्णा जी की भी लीला हो सकती है।

सबकी सहमति पर तुलसी ने रामलीला के प्रश्न पर गम्भीरता से विचार किया। लीला के लिए मुकुट एवं कपड़े अधिक खर्चीले थे, पात्रों की व्यवस्था करनी थी। रामजी का दल असी घाट से निकलकर चल सकता था। कम से कम एक राम दल के लिए बीस पात्र और रावण दल निकला तो उसका खर्च अलग होगा।

तय हुआ, प्रयोग के लिये अभी एक महीने है। तैयारी शुरू हो गई। किसी तरह से उनके मित्रों ने मिलकर एक दल तैयार किया चारों तरफ शोर मचा कि इस बार श्रीकृष्ण जी की नाग नथैया लीला और श्रीराम जी की स्वयंम्बर लीला होगी।

साधनों के अभाव में इतना ही सम्भव था।

नाग नथैया लीला का आधार भगवत पुराण बना। इस भागवत पुराण के बाद तुलसी ने सूरदास एवं अपने कृष्ण भक्ति के गीतों को मिलाकर समाज को सम्बोधित तथा पात्रों के निर्देशन का आधार बनाया।

रामू द्विवेदी को श्रीकृष्ण बना दिया था। कई छोटे बालक बलराम तथा ग्वाल बाल बने थे। लोगों में उत्सुकता थी। मथुरा की कृष्ण लीला काशी में शुरु हो गई, धीरे-धीरे चर्चा चल पड़ी।

नाग नथैया की पहली लीला गोपाल जी के मन्दिर पर आयोजित की गई। खुला मंच। दो-चार तखत, आम की टहनियाँ बाँध कर गोपाल जी के मन्दिर के सामने वाले बगीचे में यमुना मैया के कालीदह का रूप निर्मित किया गया।

प्रचार करा दिया गया था। भीड़ काफी थी। तुलसी ने मंच पर खड़े होकर भागवत के मंगलाचरण श्लोक का स्तवन करके एकत्रित जन समुदाय को सम्बोधित किया, "हमारे आराध्य पुरुषों के जो आचरण हैं, हम हमारे बच्चे एवं गृहिणियाँ नहीं जानते। उनको सामने ले आकर हम आपको श्री कृष्णमय तथा राममय करना चाहते हैं। अब तक प्रवचन कानों से सुनते थे, अब आँखों से देखें और अनुभव करें। अपने महापुरुषों एवं भगवान के लोक आचरण को जीवन में उतारें!" और फिर तुलसी ने ललकार भरे स्वर में उद्घोष किया, बोलो—श्रीकृष्ण भगवान की जय, श्री बलराम जी की जय, जसोदा मैया की जय—नन्द बाबा की जय, राधा जी की जय, वसुदेव देवकी की जय।

भीड़ में जयकारे का उद्घोष इतना बढ़ा की चारों ओर का शून्य नादमय हो उठा—

तुलसी भी कृष्ण की स्तुति करने लगे, बड़े भावुक होकर गा उठे—

× × ×

माता लै उछंग गोविन्द मुख बार-बार निरखै—
पुलकित तनु आनन्दघन छन छन मन हरषे।

× × ×

तुलसी प्रभु प्रेम विवस अनुज रूप धारी।
बाल केलि लीला रस ब्रज जनहितकारी।।

इस स्तुति गायन के बाद वंशी लिए मोर मुकुट धारी श्री कृष्ण का प्राकट्य हुआ। कृष्ण पीली कछनी उबेने पाँव लय-गति से मुसकराते आकर तखत पर उछल कर अर्धांग मुद्रा में खड़े हो गए।

पहली बार कृष्ण को देख जनता आनन्दित हो उठी, धीरे-धीरे ग्वाल बाल आए और कन्दुक क्रीड़ा के बहाने गेंद जमुना के कालीदह में गिरी।

तुलसी ने भागवत के पुराण के श्लोक पढ़े। कृष्ण विषैले जल के कुंड की ओर बढ़ते जा रहे थे। ग्वाल बाल रोकते—बार-बार रोकते—पाँव पड़ते, भूमि पर सामने लोटकर अवरोध करते—कृष्ण उछल कर आगे चले जाते। बड़ा मोहक

दृश्य था। सभी समझा रहे थे—कि भयंकर नाग की फुफकार से शरीर जल जाएगा। यमुना कुंड का यमुना जल छूते विष से शरीर फट जाएगा। कृष्ण जैसे सुन ही नहीं रहे थे। आम के पत्तों को घेर कर बनाए गए कुंड के ऊपर कृष्ण उछल कर कूद पड़े। हाहाकर मच गया। ग्वाल बाल रोने लगे। थोड़ी-देर बाद सीढ़ियों में बाँधकर बाँधे गए नगाफनों पर नृत्य करते, वंशी बजाते कृष्ण अवतरित हुए। चारों ओर तालियाँ बज रही थीं। तुलसी सूरदास के स्तुति परक पद गाकर जनता को मुग्ध किए हुए थे।

नाग नथैया लीला के समाप्त होने के बाद भीड़ जाने लगी विदूषक—अहीर ने फटे बाँस का डंडा पटककर कहा, "अरे! अभी बाबा बोलेंगे।"

बाबा तुलसीदास ने सूचना दी, "क्वार शुक्ल पक्ष पंचमी को यहीं श्रीराम जी की 'स्वयंवर लीला' भी एक प्रहर के लिए होगी।"

"अभी कृष्णजी की आरती होगी। उन्हें प्रणाम करके आप लोग जाएँ।" टोडरमल ने थाल में मिट्टी के कसोटे में घी का दीपक जलाकर श्रीकृष्ण की आरती की और भीड़-उचक-उचक कर आरती लेती गायब हो गई। अगले कार्यक्रम के लिए सभी आमंत्रित थे।

तुलसी की इस श्रीकृष्ण लीला का प्रभाव काशी के लोगों पर अच्छा रहा। वाल्मीकि रामायण से रामलीला आयोजित करने वाले मेधा भगत का संदेश तुलसी को मिला कि रामलीला का आयोजन उनके सहयोग से हो—लेकिन दूसरे स्थल पर। तुलसीदास जी ने मेधा भगत से मिलने का संकल्प लिया और टोडर के साथ एक दिन उनके आवास पर गए। उनका आवास क्या था—भक्ति तथा आध्यात्म का निकुंज था। तुलसी का उठकर उन्होंने स्वागत किया और बैठाया। सत्कार की औपचारिकता के बाद मेधा भगत ने अपना प्रस्ताव तुलसी के समक्ष रखा। तुलसी ने उन्हें स्पष्ट किया, "देखिए, सारी जनता लोकभाषा जानती है। जब तक श्रीराम जी से घुल-मिलकर जनता कथारस का आस्वादन न ले, आनन्द कैसा? आप जो विचार रखना चाहते हैं, उसका मेल-मिलाप दर्शक का मन नहीं कर पाता। मेरा विचार है कि हमारे रामचरित मानस के आधार पर रामलीला हो। सीता स्वयंम्बर एक बार प्रयोग के रूप में देख लें। फिर जो आपका आदेश होगा, वह सिर-आँखों पर।" तुलसी की आत्मीयता भरी भंगिमा से मेधा भगत प्रभावित थे। उनके इस प्रस्ताव को स्पष्ट रूप से स्वीकार करते हुए मेधा भगत ने स्वयं एक प्रस्ताव रखा, "आप दिन में यहीं ठहरें। सायंकाल सीता स्वयम्बर का प्रसंग प्रवचन के रूप में यहाँ आने वाली जनता को सुनावें। आपका बड़ा नाम सुना है। आपकी भक्ति एवं आपके पाण्डित्य की चर्चा स्वयं मधुसूदन सरस्वती जी करते हैं। आज सायंकाल वे भी आ रहे हैं। आनन्द आ जाएगा।" तुलसी का

हफ्ते में एक बार कथा व्रत भंग हो रहा था। उसके साक्षी भी मधुसूदन सरस्वती ही थे और आज भी होंगे, किन्तु तुलसी राम जी के लिए सब कुछ तोड़ने के लिए तत्पर रहते थे।

मध्याह्न के दूसरे प्रहर में मेधा भगत के कुंज में तखत लग गई। तखत पर गद्दे एवं मसलन्द लगा दी गई, केवल कथा वाचक के लिए। जाजिम और दरी बिछा दी गई। धीरे-धीरे श्रोता समाज एकत्रित होता गया। मधुसूदन सरस्वती जी आए। ससम्मान उन्हें तुलसी की दाहिनी ओर बैठाया गया और बाईं और मेधा भगत बैठे। तुलसी ने अनुभव किया, आज जीवन में पहली बार राम जी ने मसलन्द पर बैठा दिया। प्रभु देखें कहाँ कहाँ बैठाते हैं। तुलसी को सम्पूर्ण काशी जानती थी, अतः उनके परिचय की विशेष आवश्यकता न पड़ी। उन्होंने जनक के स्वयंवर की मखशाला में श्रीराम के पदार्पण से अपनी कथा का प्रारम्भ करने के पूर्व श्री राम का स्तवन किया। तुलसी को ऐसा लगा जैसे स्वयं श्रीराम जी आज तन्मय होकर कथाश्रवण कर रहे हैं और वे उन्हीं की कथा सुना रहे हैं। मानस की स्वर लहरियों से श्रीरामचरितमानस की काव्य भावना की स्वर लहरियाँ में स्पन्दन की तरह जुड़ कर ध्वनि बैखरी बन गईं। जैसे राम को देखकर जनकपुरवासी हस्तलिखे से हो गए थे वही दशा श्रोता समाज की थी। मधुसूदन सरस्वती निर्विकल्पक समाधि सुख में डूबे थे और मेधा भगत जड़वत् प्रस्तर प्रतिमा बन चुके थे। ढाई प्रहर के बाद कथा समाप्त हुई और तब श्रोताओं का ध्यान भंग हुआ—अरे सूर्यास्त हो रहा है। तन्द्राभंग मधुसूदन सरस्वती ने तुलसी को कंठ से लगाकर कहा, "तुम्हीं सच्चे राम भक्त हो। तुम्हीं श्रीराममय होकर उनकी भाव समाधि में तन्त्रीभूत हो। तुम्हीं वाल्मीकि के दूसरे अवतार हो" और एक श्लोक तुलसी की प्रशस्ति में भरे समाज के बीच गाकर कहा—

आनन्दकाननेह्यस्मिन् जंगमतुलसीतरुः।
कवितामंजरी यस्य रामभ्रमरभूषिता।।

और यह भी बताया कि इनके मानस को पढ़कर मैं लिखित रूप से अपनी यह प्रतिक्रिया भेज चुका हूँ। मेधा भगत ने अपनी स्वीकृति दे दी, "अब काशी में वाल्मीकि रामायण के स्थान पर तुलसी के 'श्रीरामचरितमानस' की रामलीला खेली जाएगी और 'सीतास्वयंवर' की लीला इस वर्ष असी घाट पर होगी।" तुलसी की लीला को उनके विरोधियों ने चित्रकूट लीला कहा और तबसे चित्रकूट लीला चली आ रही है तथा असी घाट को अब तुलसी घाट के नाम से भी पुकारा जाने लगा।

कथा के समापन की घोषणा हुई। श्रोता तुलसी के कथारस में उतराते उनकी बातों की पुनरावृत्ति करते अपने-अपने घर लौट आए।

मेधा भगत ने तुलसी से आग्रह किया कि आप जब तक काशी में रहें तो माह में एक दिन कथा मेरे आश्रम पर कराएँ। तुलसी ने स्वीकृति दे दी।

× × ×

तुलसी के भक्तों तथा मित्रों की एक लम्बी तालिका बन चुकी थी, काशी में और काशी अब उनको अपना निवास स्थली जैसी लगती थी। पण्डित काशीनाथ शास्त्री, ठाकुर समर सिंह, कवि कैलाश, हरिवंश गोप, जयराम सेठ आदि प्रायः सभी जाति के व्यक्ति तुलसी के पास आकर बैठने लगे, आत्मीयता से भरे पूरे भाव से।

एक दिन उनका समाज बैठा था। टोडरमल सामने थे, रामू तुलसी का पैर दबा रहा था। तुलसी राम के ध्यान को तोड़कर बात करते फिर उसी में रम जाते। आज उनको जाने कहाँ से प्रेरणा मिली एक विशाल राम मन्दिर की। टोडर से प्रस्ताव रखा, "भाई टोडर जी, हमारे हनुमान जी ने अपने स्थान पर हमारी रक्षा के लिए आपको भेज दिया है, और आपको मुक्तिदाता हनुमान जी का प्रतिनिधि समझ कर हम एक प्रस्ताव रख रहे हैं। थोड़ा-सा जटिल है किन्तु सत्कर्म जटिलता के बिना सम्भव कैसे है?" टोडरमल को थोड़ी उत्सुकता हुई और बोले, "महाराज! बतावैं, क्या हुक्म है?" तुलसी ने अपना सुविचारित प्रस्ताव रखा, "कैलास भाई! देखो, काशी धर्म की नगरी है। यहाँ सभी देवी-देवताओं के स्थिर निवास हैं। बिन्दु माधव जी हैं किन्तु राम का कोई मन्दिर नहीं है। क्यों न यहीं कहीं गंगाजी के घाट पर श्री राम जी का मन्दिर बने और रामनवमी को उनका मेला भी लगे। दिनभर रामायण प्रवचन एवं कीर्तन भजन हो।"

सभी को यह प्रस्ताव अच्छा लगा लेकिन ठाकुर समर सिंह ने अपनी एक आशंका सामने रखी, "यह काशी विश्वनाथ जी की नगरी है। कहीं विश्वनाथ जी पूजक पंडे और पण्डित विरोध न करें।"

टोडरमल ने उत्तर देते हुए कहा, "अगर विरोध करेंगे तो लठैतों को टिका दूँगा। जब स्वामी जी की इच्छा है, तो गंगा घाट पर मैं जमीन खरीद कर श्री राम जी के मन्दिर बनवाने का यत्न करूँगा।"

कार्यक्रम तैयार हो गया और इसका सारा दायित्व टोडरमल ने अपने ऊपर स्वयं उठाया, क्योंकि इसके पूर्व अभी तुलसी घाट पर रामलीला 'सीता स्वयम्बर' का आयोजन समीप था।

तुलसी अब ६८ वर्ष के ऊपर के हो रहे थे, उनके मन में श्रीराम के प्रचार की एक अद्‌भुत लगन-सी बैठ गयी थी। वे चाहते थे कि श्रीराम की कथा, श्रीराम की लीला, श्रीराम का जीवन और श्रीराम जी का चरित्र प्रत्येक भारतीय के लिए आदर्श बने। उनके गुरु नरहरिदास जी का भी यही स्वप्न था।

× × ×

क्वार, शुक्ल पक्ष, पंचमी के दिन तुलसी घाट के सामने सीता स्वयम्बर के आयोजन की चर्चा पूरे काशी भर में फैल चुकी थी। सारा प्रबन्ध मेधा भगत का था। शान्ति व्यवस्था टोडरमल ने अपने और तुलसी के साथियों की सहायता से सम्हाली। तुलसी तथा कैलास कवि ने मिलकर रामायण पाठ निर्देशन की तैयारी सम्हाल रखी थी। खुली मंच रचना, जनक तथा पूरे नगरवासियों का मंच एक स्थान पर था, मैदान के मध्य में प्रतिज्ञा पूर्ति का मानदण्ड शिव धनुष एक ऊँचे तख्त पर था, जिसे सब देख सकें। 'सीता जी' अपनी सखियों के मध्य ऊँचे आसन पर बैठाई गई थीं। स्वयम्बर में आए राजा अलग बैठे थे, राम-लक्ष्मण विश्वामित्र का आसन था। सारी झाँकी सजी हुई मुग्धकारी थी।

तुलसी ने 'रामचरित मानस' के बालकांड का स्तवन किया और धनुर्भंग लीला की मूल समस्या से सब को अवगत कराया। सीता स्वयम्बर लीला शुरू हुई। सर्वप्रथम दो 'चारण-बन्दी' आए और एक-एक करके राजाओं का परिचय दिया। उस परिचय में भारतीय संस्कृति के राज वैभव तथा पराक्रम का इतिहास दुहराया जा रहा था। जनता अपने अतीत के राज वैभव एवं स्वयम्बर परम्परा के इतिहास का श्रवण सुख ले रही थी। सारा परिचय जनक और सीता की ओर संकेत करके दिया जा रहा था।

तुलसी ने विह्वल मन से मानस का संकेत स्थल पढ़ा। वे खुले मंच की रामलीला के सूत्रधार बने थे। अब जनक ने सीता विवाह की अपनी प्रतिज्ञा सुनाई। जनक की प्रतिज्ञा के बाद राजागण धनुष अजमाने पर पराजित भाव से लौटने लगे। जनक समूचे छायांकन में तन्मय थे। मानस की कथा, लोगों को लग रहा था, कोई काव्य न होकर नाटक है। सारी नाटकीय गुरुता कवि की काव्य कल्पना के साथ जुड़ी चल रही थी। राजाओं के पराजय की निराशा तथा जनक एवं उनके परिवार की हताशा के बीच लक्ष्मण की ओजभरी वाणी से मन्त्रमुग्ध दर्शक उत्साहित हो उठे। राम ने विश्वामित्र की आज्ञा लेकर धनुष उठाना चाहा। शिव धनुष स्वयं खिंचकर खण्ड-खण्ड हो उठा। तालियाँ बजने लगी। सीता स्वयम्बर के बाद परशुराम का क्रोध और श्रीराम की सान्त्वना के बाद दर्शकों को भर पेट आनन्द मिला।

कथा विसर्जन के बाद आरती हुई। श्रीराम तथा सीता की आरती में आने वाला सिक्का थैलियों में रखा गया। मेधा भगत ने पूछा, "स्वामी जी इसे क्या किया जाए?" तुलसी ने उत्तर दिया, "एक राम मन्दिर काशी में बनवा दें।" राम मन्दिर के नाम पर मेधा भगत प्रसन्न और विह्वल हो उठे, "महाराज तुलसीदास जी राम मन्दिर अवश्य बनेगा!" टोडरमल ने सूचित किया कि रामघाट पर पाँच बीघे भूमि मैंने खरीद ली है, राम मन्दिर के नाम। चैत्र, राम नवमी को शिलान्यास

और यज्ञ का आयोजन होगा। श्रीराम जी का मेला लगेगा। मेधा भगत को सारा प्रस्ताव ऐसा लगा जैसे शिव तथा श्रीराम अब मिलकर इस पुण्य नगरी को पुनः धर्म मार्ग पर ला रहे हों।

मेधा भगत ने अपना निश्चय सुना दिया कि काशी में अब तुलसी की स्थापना की कथा की लीला पूरे शहर के भिन्न-भिन्न स्थानों पर होगी। लंका काण्ड की कथा—लंका में तथा भरत विलाप काशी नगरी में होगा और वह सब मैं कराऊँगा। तुलसी केवल मंच पर बैठकर उसे देखेंगे।

श्रीराम का यह प्रचार-प्रसार जैसे तुलसी की नियति का अनिवार्य अंग बन चुका हो।

तुलसी के राम मन्दिर की चर्चा धीरे-धीरे पूरे बनारस में चल पड़ी और उनके प्रति बड़ा ही उत्साह था। तुलसी से मिलने, दर्शन करने एवं आशीर्वाद के लिए जो आता, उससे उसकी अवश्य चर्चा करते और अपने प्रवचनों में भी लोगों को राम मन्दिर की सूचना देते। तुलसी जिस राम मन्दिर की चर्चा करते वह बहुत सामान्य मन्दिर नहीं था। अकबर के शासन काल में मन्दिरों के पुनर्निर्माण का कार्य जोर-शोर से हुआ था और काशी में ढहाये गए अनेक मन्दिर बनाये गये। अकबर के नवरत्नों में टोडरमल खत्री एवं उनके लड़के गोबरधनधारी ने बनारस में धर्म के विकास की दिशा में जो कार्य किया था, उससे वहाँ का जन सामान्य प्रेरित होकर आगे आ रहा था। ध्वस्त किया हुआ, विश्वानाथ जी का मन्दिर बन चुका था। इस शिव नगरी में अनेक नए-पुराने शिव मन्दिर भी बन चुके थे और जनता शिव के पूजन पाठ के प्रति प्रतिबद्ध एवं संकल्पबद्ध हो चुकी थी। महात्मा तुलसीदास जी का जबसे श्रीराम कथा का प्रवचन शुरू हुआ, उसका प्रभाव पहले कर्मकाण्डी पण्डितों, पुजारियों तथा पण्डों पर पड़ा। धीरे-धीरे तुलसी की राम कथा तथा राम पूजा का और अधिक प्रभाव बढ़ा, परिणाम यह हुआ कि शिव मन्दिरों पर लोगों ने पूजा के निमित्त जाना कम कर दिया। यह प्रभाव धीरे-धीरे और बढ़ता गया। शिव मन्दिर के पुजारियों में तुलसी के प्रति उग्रता बढ़ती गई और तुलसी मठ में आए दिन उत्पात होने लगे। टोडर से तुलसी ने कहा कि मैंने सोचा था कि अपना पूरा जीवन काशी में व्यतीत करके काशी में ही मृत्यु प्राप्त करूँगा, किन्तु ये उपद्रवी मुझे काशी में रहने नहीं देंगे। टोडर ने समझाया कि आप शान्त रहें, मैं आज दिनभर घूम-घूमकर यही पता लगाऊँगा कि ऐसा करने वाले कौन लोग हैं?

टोडरमल आज इस उपद्रव का पता लगाने का निश्चय करके तुलसी आश्रम से निकले और पहले विश्वनाथ जी के मन्दिर पहुँचे। मन्दिर में सन्नाटा था। एकाध-दो भक्त अवश्य दिखाई पड़े। संयोग से उनके परिचित शिव मन्दिर

के महन्त के छोटे भाई मिल गए, मुँह में पान भरे टोडर ने हाथ जोड़कर प्रणाम किया और पूछा कि आज सन्नाटा क्यों है? उन्होंने बताया कि ओ! एक ढोंगी तुलसी आ गया है जो है तो रामभक्त किन्तु शिव जी की भक्ति बहाने के लिए करता है। बड़ा दगाबाज है, ठग, लोभी और लबार है। टोडर तुलसी और उनके नये विशेषणों को सुनकर आश्चर्यचकित रह गए। फिर उसे फुसलाते हुए बोले, "पण्डित जी! तुलसी का इस सन्नाटे से क्या मतलब है? मैंने तो सुना है कि वे शिव जी को राम जी के ऊपर स्थापित करते हैं।" पण्डा-पण्डित ने उत्तर दिया, "सो तो ठीक सुना है, लेकिन यह उसका ढोंग है। शुरू में प्रवचन करता था, फिर रामलीला शुरू कर दिया और राम मन्दिर बनवाना चाहता है। आज सारे शिव मन्दिर के पुजारियों की सभा है और कोशिश यह की जाएगी कि तुलसी को काशी से निकाल दिया जाए तभी शिव भक्त एवं शिव मन्दिर का महत्त्व तथा प्रभाव बना रहेगा।"

इस समाचार को सुनने के बाद भी टोडर अन्यमनस्क जैसे बनकर तुलसीदास जी के पास आए और शैव पुजारियों तथा पण्डों के षड्यन्त्र की सूचना दी। सूचना सुनकर तुलसी दुखी हुए और बोले, "भाई टोडर जी, मैं कुछ दिनों के लिए अयोध्या चला जा रहा हूँ, जब स्थिति शान्त होगी तो फिर शिव की इस नगरी में आएँगे। वैसे तो मैं यहाँ मृत्यु पर्यन्त रहना चाहता था। तुलसी यह कहकर ध्यान में लीन हो गए और एक छन्द उनके हृदय से स्फुरित होना शुरू हुआ। रामू द्विवेदी उसे लिखने लगे—

देवसरि सेवौं वामदेव गाँउ रावरे ही,
नाम राम ही के माँगि उदर भरत हौं।
दीबे जोग तुलसी न लेत काहू सो कछुक,
लिखी न भलाई भाल पोच न करत हौं।
एते पर हूँ जो कोऊ रावरे है, जोर करै
वाके जोर देव दीन द्वारे गुदरत हौं।
पाइके उराहनो उराहना न दीजै-मोहिं
काल कला कासीवास कहे निबरत हौं।

हे स्वामी शिव जी! मैं यहाँ आपके गाँव में रहकर केवल गंगाजल का सेवन करता श्रीराम का नाम लेकर अपना पेट पालता हूँ। यह तुलसी न किसी का कुछ ले रहा है और न दे रहा है। न मैं किसी का उपकार कर सकता हूँ न किसी की हानि। आपके इस नगर में यदि इतने पर भी आपका कोई भक्त (पुजारी) मुझ पर रुष्ट होकर तथा बल प्रयोग करके उत्पीड़ित करता है—तो मैं दीन बनकर आपको

पुकार रहा हूँ कि जब श्रीराम जी को मैं इस बात का उलाहना दूँगा तो वे आपसे इसकी चर्चा करेंगे, तब हे नाथ! आप मुझे कुछ न कहिएगा। मैं आपसे आपके पुजारियों की करनी कहकर निवृत्त (निबरत) होता हूँ।

काशी के पण्डितों एवं कर्मकाण्डियों को वे झेल चुके थे। अब शैवों को झेलना उन्हें सम्भव नहीं लगता था।

अत्यन्त दुखी मन से वे अपनी कक्ष-गुफा में जाकर श्रीराम के ध्यान में लीन हो गए। अन्दर से दरवाजा बन्द कर लिया। बाहर रामू द्विवेदी और मित्रगण बैठे थे। दोपहर को वे भोजन के लिए भी नहीं निकले, तीसरे पहर आज कथा-प्रवचन का दिन होने पर भीड़ एकत्रित हो रही थी। कथा रसिक समाज एकत्रित हो चुका था। रामू द्विवेदी, कैलास पण्डित एवं टोडरमल ने सबको सही स्थिति बताई तो सब एकत्रित हो उठे। लोग राम जी की जय का नारा देने लगे। शोरगुल सुनकर उदास खिन्न तुलसी चारों ओर जयकारा शुरू होने पर अपना क्लेश भूलकर बाहर आए और मंच पर बैठ गए। सारी जनता प्रवचन के स्थान पर उनका दुःख सुनना चाह रही थी। तुलसीदास ने जनता को वह छन्द सुनाया और उसकी व्याख्या की। जनता भड़क उठी। शिवजी पर अतिशय श्रद्धा रखने वाले तुलसी पर शिव पुजारियों का यह रोष? जनता ने तुलसी के पक्ष में वातावरण शुरू किया और थोड़ी देर बाद, वातावरण बना कि तुलसी की पुजारियों के षड्यन्त्रों से रक्षा की जाएगी। तुलसी ने उन्हें बहुतेरा समझाया, किन्तु कोई तैयार नहीं हुआ। उत्तेजित भीड़ धीरे-धीरे चली गई किन्तु इस प्रसंग की चर्चा काशी भर में फैल चुकी थी।

× × ×

आधी रात के बाद तुलसी ने अपने शिष्य रामू द्विवेदी को जगाया, श्रीराम-श्रीराम करता उठा और गुरु के चरणों को छूकर हाथ जोड़कर सामने खड़ा हो गया।

तुलसी 'राम-राम' के उच्चारण में अपने को समाए गम्भीर स्वर में बोले, "बेटा! मैं अयोध्या जाना चाहता हूँ। तू यहाँ देखना। शान्तिपूर्वक श्रीराम के प्रति समर्पित होकर बिना किसी मोह के।" रामू ने उत्तर दिया, "गुरुदेव, मेरे माता-पिता आपको मेरा हाथ पकड़ा कर सौंप चुके हैं। आपका आदेश सर्वोपरि है, किन्तु मेरा बाल हठ है कि मैं तो आपके साथ ही रहूँगा। मेरा जन्म ही, आपकी सेवा के लिए हुआ है।" मैं आपको कैसे छोड़ दूँ। तुलसी ने हर्षपूर्वक कहा, "चलो वत्स! कुछ दिन अयोध्या रहेंगे। फिर, विचार किया जाएगा। मेरी सारी पुस्तकें रख लों और कल वाला छन्द मुझे दे दो।" तुलसी ने शिव की उराहना वाला भोजपत्र पर लिखा छन्द ले लिया और चल पड़े। काफी अँधेरा था। तुलसी

रामू को लिए विश्वनाथ जी के शिव मन्दिर पर आए और उस छन्द को मुख्य द्वार के कपाट पर चिपका दिया।

उनका जैसे दायित्व पूरा हो गया और वे अयोध्या चले आए और रामचौरा (बाद में जिसका नाम तुलसीचौरा हो गया) पर अपने शिष्य रामू द्विवेदी के साथ ठहरे।

× × ×

एक दिन पहले ही शोर हो चुका था, कि तुलसीदास को शिव के पुजारीगण आतंकित करके काशी से भगाना चाहते हैं। इसके विरोध में तुलसी भक्तों ने अपनी एक पंचायत बनाई और प्रातः ब्रह्म मुहुर्त में विश्वनाथ जी के मन्दिर पर जा पहुँचे। वहाँ पहुँच कर उन सबने 'बाबा तुलसीदास' का चिपका हुआ वह 'उराहना छन्द' पढ़ा और समझ गए—बाबा काशी छोड़ चुके हैं। एकत्रित लोगों ने तय किया आज शिव मन्दिर का यह फाटक भी नहीं खुलेगा और कुछ तुलसी भक्तों को एकत्रित करने के लिए बाहर निकल गए और कुछ पिछले दरवाजे से घुस कर पीछे तथा आगे दोनों द्वारों की अन्दर की सिकड़ी लगाकर वहीं अन्दर बैठ गए।

सूर्योदय होने के पूर्व पुजारी एकत्रित होने लगे, सामने का द्वार नहीं खुला था। पीछे गए, देखा, पीछे का भी द्वार बन्द था। पुजारी चौकन्ने हो उठे तब तक बड़ी संख्या में तुलसी के रामकथा प्रेमी एकत्रित होने लगे। तुलसी का छन्द फाड़कर फेंकने नहीं दे रहे थे, अपितु जनता को पढ़-पढ़कर सुना रहे थे, और कह रहे थे, तुलसीदास जी के काशी त्याग देने के संकल्प से शिवजी नाराज हैं क्योंकि शिवजी तथा तुलसी के राम एक-दूसरे के पुजारी हैं। शिव के भक्त तुलसी को काशी से निकालना चाहते थे, इसलिए शिवजी ने अपना द्वार बन्द कर लिया है, शिव के पुजारी अलग परेशान थे, तुलसी भक्त चिल्ला-चिल्लाकर तुलसी का छन्द पढ़कर 'शिव-शिव—बम-बम' कह रहे थे।

दोपहर हो गई। अन्त में शिव पुजारियों के श्रेष्ठ विद्वानों एवं वयोवृद्ध पण्डितों एवं तुलसी भक्तों के बीच पंचायत बैठी। दोनों के बीच यह तय हुआ कि दोनों पक्ष तुलसीदास जी को खोज कर काशी ले आएँ और तुलसीदास सप्ताह में एक दिन 'शिवजी' को अपनी रामकथा विश्वनाथ जी के पीछे खुले स्थान पर सुनाया करें।

पंचायत हो रही थी कि तुलसी की कुटी से निराश टोडरमल कहीं से खबर पाकर पहुँचे। तुलसी भक्तों का टोडर को देखकर उत्साह बढ़ गया किन्तु टोडर बड़े ही सन्त तथा अभिमानी क्षत्रिय थे। दोनों पक्षों ने उन्हें भी अपने साथ में रख लिया और उनके द्वारा ही ज्ञात हुआ कि तुलसीदास जी अयोध्या गए हैं। जय

जयकार मची—'शिवजी की जय, रामजी की जय'। दोनों पक्ष शिवजी की प्रार्थना करने लगे कि मुख्य द्वार खुले। अन्त में, अन्दर से कपाट खुल गए, भीतर स्थित सैकड़ों तुलसी भक्त निकल पड़े।

विवाद शान्त हुआ और दोनों पक्षों का एक समूह तुलसीदास को अयोध्या से मनाकर काशी लिवाने के लिए टोडर के साथ प्रस्थान कर गया। काशी के शिव मंदिर का कोलाहल शान्त हुआ।

तुलसी सायंकाल अपनी रामकथा प्रवचन समाप्त करने ही वाले थे। आज प्रवचन का पहला दिन था, अधिक भीड़ नहीं थी। तब तक टोडरमल की अगुवाई में छः व्यक्तियों का एक जत्था वहाँ पहुँच गया। तुलसी ने अपनी ही तखत पर उन्हें बैठने के लिए हाथ दिया। उसमें से टोडर सहित कुछ उनका चरण छूकर बैठ गए। धीरे-धीरे करके भीड़ चली गई तब तुलसी ने टोडर से भगवान शिव की नगरी का समाचार पूछा। नमस्कार करके पास ही रामू द्विवेदी भी खड़ा हो गया। गुरु ने उसे जलपान लाने का संकेत दिया। वह आश्रम के अन्दर चला गया और थोड़ी बाद एक परात लड्डू तथा कुल्हड़-पानी लेकर लौटा। इधर टोडर जी शिव पुजारियों का तुलसी से परिचय करा रहे थे। तुलसी ने उठकर हाथ जोड़ा, और अपने से श्रेष्ठ आसन पर बैठाया। टोडर ने बताया कि आपके आने पर दुखी होकर आपके चले आने से दुखी जन समाज ने निर्णय किया कि आप काशी में ही रहें और सप्ताह में एक दिन की कथा शिवजी को भी सुनाएँ। ये शिव पुजारियों के प्रतिनिधि हैं, और सब काशी लौट चलने के लिए आपके पास प्रार्थना तथा आग्रह करने के लिए आए हैं।

तुलसी ने उत्तर दिया, "भैया, रामकथा तो शिवजी की बनाई हुई कथा है—

रचि महेस निज मानस राखा। पाइ सुसमय सिवा सन भाषा।
ताते रामचरित मानस बर। धरेउ नाम हिम हेरि हरषि हर।।

मैं तो शिव जी का ही प्रतिनिधि हूँ। उन्हें तो अवश्य सुनाऊँगा, उन्हीं की चीज है—'निज कवित्त केहिं त्याग न नीका' उन्हें तो बड़ा भला लगेगा।"

सब हँसने लगे और तुलसी ने प्रसन्न मन से रामू को आदेश दिया, "इनके लिए भोजन शयन की व्यवस्था कराओ। कल प्रातः काशी चलेंगे।" तुलसी का निर्णय सुनकर सभी में हर्ष व्याप्त हों उठा।

तुलसी काशी लौटे और पहला काम किया—सभी के साथ विश्वनाथ जी का दर्शन। शैवागम के पुजारियों के मन में अब उनके प्रति मनोमालिन्य उतना नहीं था और विशेष रूप में शिवजी से शिकायती पत्र के रूप में चिपकाया गया वह छन्द सभी के लिए एक उदाहरण बन गया था। विश्वनाथ मन्दिर के तीन पुजारी भी उन्हें लौटाने के लिए गए थे। यह उनके लिए संतोष का कारण था।

तुलसी ने शिव की पूजा करके शिव के स्तवन में एक पूरा छप्पय पढ़ना शुरू किया। रामू द्विवेदी ने बाद में उसे लिख लिया—

भस्म अंग मर्दन अनंग, संतत असंग हर।
सीस गंग गिरजा अधंग भूषन भुजंगबर।
मुंड मात्म बिधुबाल लाल डमरू कलापकर।
विविध वृन्द नव कुमुद चंद मुख कंद सूत्रधर।
त्रिपुरारि त्रिलोचन दिग्वसन विष भोजन भवभयहरन।
कह तुलसिदास सेवत सुलभ सिव सिव सिव संकर सरन।।

चार छप्पयों की स्वयं स्फुरित तालिका के पाठ में तुलसी तन्मयीभूत थे। जितने भी शिव के पुजारी थे, अब तक उन्होंने इतनी प्रवाहपूर्ण स्वर भंगिमा तथा स्तोत्रवाचन की इतनी घनीभूत तन्यमता नहीं देखी थी। शिवजी का पुजारी-दरबार मुग्ध था।

पूजन समाप्ति के बाद पुजारियों ने तुलसी को बैठाकर आग्रह किया कि शिव के दरबार में भी सप्ताह में एक दिन प्रवचन किया करें। तुलसी ने उत्तर दिया, "इसके लिए तो मैं स्वीकृति दे चुका हूँ। मेरी रामायण तो उन्हीं भगवान भूतभावन की मानस-रचना है। यही नहीं, जहाँ ऋषियों के द्वारा रामकथा कही जाती है, स्वयं मराल मेष धारण करके वे स्वयं कथा श्रवण करते हैं, यहाँ तो साक्षात् वे पीठासीन हैं। इनसे बढ़कर उसका श्रोता कौन है। माँ पार्वती जी एक बार इस रामायण के श्रवण से कृतकृत्य हो चुकी हैं, अब बराबर होती रहेंगी।"

शिव की जय-जयकार करके एकत्रित समाज तथा पुजारीगण हर्षित हो उठे और उन्हें लगा कि तुलसी की कथा से जन समाज अब यहाँ आने लगेगा। अयोध्या से तुलसी का काशी लौटना इन पुजारियों के लिए ही नहीं, काशी वासियों के लिए हर्ष का समाचार था और तुलसी की स्वयं की इच्छा थी, जगत पिता शिव एवं माता पार्वती की सेवा में अपना जीवन व्यतीत करने की। काशी सेवन की उनकी अन्तिम आकांक्षा को इस घटना से बड़ा-ही बल मिला।

× × ×

तुलसी अपने प्रवचनों में गंगाघाट पर राम मन्दिर तथा राम मेले की चर्चा करते थे। चैत्र में नवरात्र आई। तुलसी के साथी टोडर जी ने चारों ओर रामघाट पर रामनवमी मेले की खबर फैलवा दी। मन्दिर के लिए एक विशाल चबूतरा भी बनवा दिया। काशी में रामलीला चल रही थी, अब 'राम' का दूसरा आयोजन था। गोस्वामी तुलसीदास उस विशाल चबूतरे पर विराजमान हुए। नई व्यवस्था थी। हाट आदि की भी व्यवस्था कर दी गई थी। श्रीराम पूजन एवं प्रवचन की

जिम्मेदारी स्वयं तुलसीदास के ऊपर थी। भीड़ रुकने का नाम नहीं लेती थी। इस नवरात्रि की रामनवमी के मेले के धार्मिक आयोजन का पहले अच्छा विरोध था परन्तु आज इस कार्यक्रम का किसी ने कहीं से कोई विरोध नहीं किया। प्रवचन कार्य में तुलसी ने स्थानीय विद्वानों को बोलने का अवसर दिया और जो भी बोला, उसने इस कार्य के लिए तुलसी की प्रशंसा अवश्य की।

टोडर जी ने प्रसाद वितरण की व्यवस्था में सिंघाड़े के आटे की पँजीरी बनवाई थी और चबूतरे के एक किनारे पर बैठे हुए रामू द्विवेदी के साथ प्रसाद वितरण की व्यवस्था सम्हाले थे। तुलसी के सामने मन्दिर निर्माण के दानपत्र में लोग पैसे डालकर तुलसी का चरण छूकर आशीर्वाद लेने में हर्षित थे। तुलसी बाबा दोनों हाथ उठाकर हँस-हँस कर आशीर्वाद दे रहे थे। बाबा राम नाम का प्रचार देख रहे थे, जनता के हृदय में राम को देख रहे थे। उनका स्वप्न जैसे पूरा हो रहा था। देश का सारा गृहस्थ चाहे जिस जाति का हो, राम नाम बोलता जा रहा था। 'राम मेला' जितने उत्साह से शुरू हुआ, अन्त तक चलता रहा। रात्रि के दो प्रहारों तक भीड़भाड़ तथा राम नाम के प्रचार ने आज पूरे काशी समाज को उद्वेलित कर दिया था। प्रसन्न तुलसी बाबा को देखकर टोडर ने सबसे अन्त में उनसे कहा कि चले विश्राम करें, महाराज जी! तुलसी ने प्रसन्न मन से उत्तर दिया, "आज की पूजा वन्दना तथा फलाहार सब कुछ यही है। टोडर जी आपने इस रामसेवक की एक इच्छा पूरी करके उसके अपने बन गए। अपने तो थे ही, राम जी के सच्चे दास हो गए।" टोडर ने हाथ जोड़कर कहा, "म्लेच्छों के अत्याचार से दुःखी हम भारतीयों का जगाने के आपके इस मन्त्र से सारे देश का हित हो रहा है, हम सब आपके साथ रह कर आपके इन कार्यों के सहभागी बनकर धन्य हो चुके हैं।

× × ×

आज तुलसी मण्डली उन्हें घेर कर बैठी थी। टोडरमल, कैलास कवि पण्डित काशीनाथ, बाबू समर सिंह, सेठ जयराम, गंगाराम ज्योतिषी, रामू द्विवेदी आदि के बीच तुलसीदास बैठे हुए मौन थे। दूसरी ओर लोलार्क मठ के तीन चार गोसाई मेघा भगत को साथ लेकर तुलसी से बार-बार आग्रह कर रहे थे।

देखिए, बाबा तुलसीदास जी! आपको श्रीराम जी ने अपने प्रचार के लिए इस धरती पर भेजा है, और वे चाहते हैं कि आप जितने बड़े धर्म के पद पर रहेंगे, उतना ही अधिक धर्म और भक्ति के कार्य का फैलाव होगा।

तुलसी इन्कार करते हुए कह रहे थे, "नहीं, उच्च पद पर बैठने से पाप की प्रतिष्ठा बढ़ती है। अहम् की मोह पिपासा आदमी को मार डालती है। आदमी को ऊँचा कार्य दीजिए, पद तो गौरव और अहम् से जुड़ा है।"

लोलार्क मठ के गोस्वामियों ने अस्वीकारते हुए कहा, "नहीं स्वामी जी! आपके राम मेले की बात से सभी वर्ग प्रसन्न हैं और गोसाईं—राधावल्लभ जी मरते समय हम तीन लोगों से कहकर गए हैं कि मेघा भगत को साथ में लेकर तुम लोग तुलसीदास जी के पास जाना और कहना वे लोलार्क मठ के गोस्वामी पद को स्वीकार करके कृष्ण जी का भी प्रचार प्रसार करें ताकि यह धर्म की नगरी काशी डूबने से बच जाए। कृष्णार्पण और रामार्पण दोनों साथ चले, और इस मठ का गुसाईं पद उन्हीं को सौंपा जाए।"

तुलसीदास ने इन्कार से गर्दन हिलाते हुए टोडर की ओर देखा और कहा, मेरा मोह तो राम जी ने अपनी ओर खींच लिया है, रोने, गाने, हँसने सभी मुखों में एक केवल राम हैं। मठ का स्वामी बनकर मठाधीशी कैसे सम्भव है, एक स्वामी के सामने मालिक का आसन नहीं ग्रहण कर सकते, मेधा जी।"

मेधा भगत ने टोडर को आँख के इशारे से इंगित करते हुए उन्हें बात मनवाने के लिए आग्रह किया किन्तु टोडर के उधर मुँह फेर लेने पर स्वयं बोले,

"बाबा जी! अज्ञानी में ज्ञानी, ज्ञानियों में चतुर और चतुरों में समाज को आगे ले चलने में समर्थ नायक आप हैं और लोकनायक रामजी ने आपको इस दायित्व के लिए दिवंगत बाबा जी को स्वप्न दिया था। अब वहाँ के गोस्वामी पद या तो खाली रहेगा, या आप रहेंगे।"

"आपको पद न चाहिए, धन न चाहिए, भोग न चाहिए। केवल आपको राम भक्ति में लवलीनता चाहिए। कोई वहाँ आपके लिए बाधक तो होगा नहीं, आप अपने कक्ष में आसन पर बैठकर भरत की भाँति राम ध्यान में रहेंगे। काम काज तो बाकी सब करेंगे।"

तुलसीदास जी ने उत्तर दिया, "भगत जी दिक्कत तो यही है। वासना का धागा, बाँधता है, लेकिन दिखता नहीं, और दिन-दिन ऐसा कसता जाता है कि फिर टूटना मुश्किल है। मुझे केवल राम के होने का अहं है। मुझे मठाधीश नहीं होना है।"

तुलसी की इस इन्कार को देखकर गंगाराम ज्योतिषी ने बल देकर कहा, "भैया तुलसी जी, मैंने कहा था न कि एक बहुत बड़ा स्वामी का पद आपको मिलेगा, और बाद में छूट जाएगा। समझ लेना राम जी ही तुम्हारी परीक्षा ले रहे हैं। कितनी देर से सभी हाथ जोड़ रहे हैं। देख लेने में क्या हानि है? क्यों टोडर जी!

टोडर ने इस बार सहमति दी, "स्वामी जी इस मठ में हम ठाकुर परिवारों का भी दान आता हैं, और जिस दिन आप इस पद को स्वीकार करके मठ में बैठेंगे, हम लोग सब आपके शिष्य हो उठेंगे। धन सम्पत्ति की वहाँ तो कमी ही नहीं रहेगी। सारा कार्य तो वहाँ मठ के परिचर करते है—आप इसे ध्यान में रखे रहें।"

"नहीं समझते भाई टोडर! एक बार तृष्णा सर्पिणी यदि डसती है, तो जीवन भर उसका विष नहीं उतरता। मुझे यहाँ न फँसाओं, टोडर।" तुलसी अधीर हो उठे किन्तु मित्र मण्डली कटिबद्ध थी। वह तुलसी का न विनय सुन रही थी और न आग्रह मान रही थी। मेधा भगत पूरी तरह से सजग थे। तुलसी पर अपने तर्कों का दबाव डालते हुए वे बोले, "तुलसी बाबा! सोलह सौ चौवन शिव मन्दिरों के बीच केवल यही एक लोलार्क मठ बचा था—जहाँ द्वादश आदित्यों की पूजा होती है और इसीलिए यही अकेला वैष्णव मठ है। इस वैष्णव मठ के आराध्य भगवान कृष्ण हैं और आपके लिए तो राम और कृष्ण की लीलाभक्ति के प्रचार के लिए एक और अवसर मिल रहा है।

तुलसीदास मठ स्वामी बनने के लिए बहुत आनाकानी करते रहे किन्तु सबके दवाब ने असहज ढंग से इसे स्वीकार करवा लिया।

वृहस्पतिवार को प्रातः ब्रह्म मुहूर्त में तुलसी का महन्त के रूप में अभिषेक का कार्य हुआ और विधिवत् वे लोलार्क कुण्ड के महन्त पद पर बैठाए गए। उन्हें 'गोस्वामी' की उपाधि दी गई और अब वे गोस्वामी तुलसीदास के नाम से पुकारे जाने लगे।

× × ×

मठ लगभग १०० वर्ष पुराना रहा होगा। यहाँ के गोस्वामी साधुओं पर शैवों का अधिक प्रभाव था। तुलसी निरे वैष्णव सन्त ठहरे और एक सधी हुई जीवन चर्चा से जीवन बिताते थे। वे प्रातः भी कृष्ण की आरती करके उनका भोग लगवाते। प्रसाद वितरण की जिम्मेदारी एक पुजारी की बँधी हुई थी। वह प्रसाद सबको वितरित करता।

दोपहर को छप्पन भोग बनता, गोस्वामी तुलसीदास श्रीकृष्ण का स्तवन करके भोग लगाते और फिर उनके प्रसाद को भण्डारे के भोजन में मिलाया जाता। सारे गोस्वामी मध्याह्न का भोजन करके तीसरे प्रहर आरती करते। आरती के समय तुलसी स्वयं बैठते और भागवत के श्लोकों के मधुर पाठ से श्रीकृष्ण का स्तवन करते। शाम को भोजन के पूर्व श्रीकृष्ण का भोग लगता। यही उनका प्रतिदिन का कार्यक्रम था। उनका पकवान भोग उनके कमरे में भोजन की चौकी पर पहुँचाया जाता। गोस्वामी तुलसीदास के ठाट अब बदल चुके थे। एक बड़े से कक्ष में राजोचित पलंग पर तोषक और रेशमी चद्दर, मसलन्द मखमली-मुलायम रूई मढ़ी थी। पैर के नीचे रखने के लिए पाँवड़े और चार-चार खड़ाऊँ। सिर के बाल तथा दाढ़ी एवं मूछें घुट चुकी थीं, वृद्धावस्था में भी तुलसी का श्वेत वर्ण स्वर्ण जैसा दमक उठा था। तुलसी ने रामू के लिए पास

में चौकी और बिस्तर लगवा दिया था। सुबह शाम केवल कोठारी जी बही ले आकर हिसाब-किताब सुनाते और भोजन के लिए क्या दिया जाए, इसके लिए गोस्वामी तुलसीदास जी से आज्ञा लेते। बड़े महन्त के रूप में यह नितान्त आवश्यक था।

तुलसीदास अपनी व्यथा रामू को सुनाते। प्रतिदिन पूर्ववत् स्नान करके वे राम के ध्यान में बैठ जाते और थोड़ी ही देर बाद उन्हें मन्दिर की आरती के लिए उठना पड़ता, यद्यपि लौटकर पुनः ध्यान में लगना चाहते थे फिर भी, एक-न-एक विघ्न आ टपकता। बेचारा रामू बाबा की फजीहत देख रहा था, बाबा विवश थे। अपने मित्रों को बैठने के लिए आसन लगवा दिया था और प्रायः प्रतिदिन अपराह्न आरती के बाद गोस्वामी जी के मित्रगण इकट्ठा होते थे।

× × ×

तुलसी शाम को अपने मित्रों के साथ बैठे मठ की स्थिति से जुड़ी अपनी परेशानियों को अपने मित्रों से उल्लेख कर रहे थे। उसी समय चाँदी की कटोरियों में दूध की मलाई के ऊपर इत्र छिड़की हुई थाली आई। महन्त तुलसी के सामने रखकर सेवक हाथ जोड़कर खड़ा हो गया। तुलसी ने उसे आदेश दिया और वह सबके सामने कटोरी रखकर पानी लाने के लिए चला गया।

तुलसी टोडर को सम्बोन्धित करते हुए बोले, "टोडर जी, राम की माया देखें। कभी रोटी के टुकड़े के लिए हम लालायित दरवाजे-दरवाजे टहलते थे और विधर्मी मानकर मुझे दरवाजे से लोग भगा देते थे। आज चाँदी की कटोरी में मलाई खाते खुन्नस लगती है। तुलसी ने कटोरी उठा ली, और वह अनिच्छापूर्वक खाने लगे ताकि साथियों को कोई शिकायत न रहे। सभी ने हँसते हुए उसे ग्रहण किया और खा लेने के बाद कैलास कवि ने टिप्पणी दी, "गोस्वामी जी! मनुष्य को अपने पुण्य का फल जो इसी जन्म में मिलता है, स्वर्ग को किसने देखा है।"

तुलसी हँसते हुए बोले, "ठीक तो है लेकिन राजा नहुष की भाँति लोभ इतना न बढ़ जाए कि पुनः स्वर्ग लोक से मृत्यु लोक में न ढकेल दिए जाए।

टोडर ने टिप्पणी दी—"गोस्वामी जी! मलाई खाने की खुन्नस इसलिए खुन्नस नहीं लगती है, खाते-खाते पेट भर गया है, वरना इसलिए कि इसी के पीछे जीवन का किया धरा स्वाहा न हो उठे।"

प्रायः इसको स्वीकार करते हुए तुलसी ने टिप्पणी दी, "मधुकरी खाकर राम रस में डूबे रहने वालों के लिए यही सब विघ्न है। जब से आया हूँ, राम जी का ध्यान लगने को होता है कि कोई विघ्न आकर चित्त से टकरा जाता है।"

"प्रभु मुक्त करो, देखो, यहाँ से मेरी असी के संगम की कुटिया दिखाई पड़ती है, वह आग्रह करती है कि स्वामी जी मठ छोड़कर यहाँ आ जाएँ! मठ आपके वश का नहीं है।"

× × ×

कृष्णाष्टमी समीप आ गई थी। लोलार्क मठ में कृष्णाष्टमी पूजन के दिन विशेष आयोजन होता था। दिनभर व्रत, रात को कीर्तन एवं मध्यरात्रि को श्रीकृष्ण का जन्मोत्सव और दूसरे दिन दोपहर बाद घंटा-घड़ियाली के साथ हाथी पर महन्त लोलर्क मठ का जुलूस निकलता था। एक चाँदी के मन्दिर में श्रीकृष्ण की खुली प्रतिमा महन्त के आगे हाथी पर रहती और श्रीकृष्ण की जय, और महन्त का भी जयकारा लगता चलता था।

'हाथी-यात्रा उत्सव' के प्रारम्भ के पूर्व सभी एक ऊँचे आसन पर स्थित महन्त का पैर धोकर उस पवित्र जल को सबके ऊपर छिड़कते थे। क्षेत्र के ठाकुरों के सम्मानित गण्यमान व्यक्तियों द्वारा महन्त के चरण छुए जाने की परिपाटी थी।

उत्सव का प्रारम्भ हुआ। गंगा जल स्नान के बाद तुलसी का अभिषेक तथा अलंकरण हुआ। इस अभिषेक और अलंकरण से उनका चित्त वितृष्णा से भर उठा। कहाँ काशी में श्रीराम एवं जगत्पिता शिव के अर्चन में जीवन के अन्तिम दिनों को पूरी सार्थकता से जीने का संकल्प लेकर आए थे, कहाँ पड़ गया उनके गले में यह मठ। गले में पड़े, इस मठ के मनके को तो वे तोड़ देना चाहते थे—किन्तु यह सम्भव नहीं हो पा रहा था।

तुलसी एक उच्च सिंहासन पर राजा की भाँति विराजमान थे। चॅवर डुल रहा था। चरण के नीचे पदासन पर पादुका रखी थी। एक-एक करके चढ़ावे लेकर आए हुए बड़े-बड़े जमींदार तथा छोटे-छोटे राजा उनके चरणों की वन्दना करते और भेंट बगल के तखत पर रख देते। धनराशि खजांची लेकर नाम लिखता और थैले में डाल देता। एक प्रहर तक यह कार्यक्रम चलता रहा। तुलसी का चित्त अपने राम तथा पवन-पुत्र हनुमान को बुलाता जैसे दोनों आराध्य नायकों के बिम्ब उनके चित्त से टूट चुके हों। तुलसी पश्चाताप भरी मुद्रा में मन को धिक्कारते, "हे राम! हे पवन सुवन! हे माता सीता—कहाँ हो। मेरे चित्त का आश्रय त्याग कर क्यों चली गई!" फिर मुरछल वालों की हवा से उनका ध्यान भंग हो गया। उन्हें हटा भी नहीं सकते थे। बोल भी नहीं सकते थे। तब तक जयकारा उठा—श्री राधेकृष्ण की जय, महन्त गोस्वामी तुलसीदास की जय।

साधु हरकारों ने निवेदन किया, "महाराज! दल तैयार है, हाथी सजकर खड़ा है, आप पधारें।"

तुलसी महाराजाधिराज की मुद्रा में जैसे उठ रहे हों। सामने से भीड़ हटाई जा रही थी। स्वामियों का सजा हुआ दल तथा उसके पीछे अलग-बगल खड़ा जनता का दल जै जैकार कर रहा था। तुलसी को सजे हुए हाथी के चाँदी के हौदे में बैठाया गया। आगे, चाँदी का छोटा-सा मन्दिर—श्रीकृष्ण भगवान स्थापित हुए। हाथी की आरती, उसे केले खिलाये गए तथा एक चाँदी की मुद्रा दी गई जिसे उसने उठाकर महावत को थम्हा दिया।

तुलसी राम को सुनाकर अपने को धिक्कार रहे थे—कौन-सी-परीक्षा ले रहे हैं, प्रभु! **'हौं तो सदा खर के असवार तिहारे हि नाम गयंद चढ़ायो।'** अब प्रभु इस ऐश्वर्य भोग से मुक्त करिए। बिना आपके मुझे इन्द्र का पद भी नहीं चाहिए।

दल चला जा रहा था। हाथी आगे-आगे, पीछे-गोस्वामियों का झुण्ड और उसके पीछे जन समूह।

पूरे काशी भर में तुलसीदास अब गोस्वामी महन्त तुलसीदास हो चुके थे।

सूर्यास्त के बाद दल लौटकर पुनः लोलार्क मठ आया। तुलसी उतार कर सिहांसन पर बैठाये गए। उन्होंने उसके बाद बाल कृष्ण का भोग लगाया। व्यापक मिष्ठान वितरण हुआ।

तुलसी अपने कक्ष में रामू द्विवेदी के साथ लौट आए। रामू ने देखा, गुरु जी के चेहरे पर उल्लास के स्थान पर खिन्नता व्याप्त थी।

आठ महीने बीत गए, वह मठ के वित्त, व्यवस्था एवं भावी योजनाओं से अपने को दूर रखते। धीरे-धीरे उन्हें गोस्वामियों के आचरण एवं रहन-सहन के तौर तरीकों की जानकारी होती गई।

एक दिन रामू तथा एक सेवक को साथ लेकर प्रातः आरती के बाद मठ को देखने के लिए निकल पड़े। जैसे ही दो तीन कमरे के बाद बढ़े, एक नारी स्वर सुनाई पड़ा, "गोस्वामी जी, जै श्रीकृष्ण महाराज! हमारे यहाँ पधारें।" तब तक उस कक्ष से उसका पति भी निकल कर उनके चरणों पर शीश पर रख दिया। उसने परिचय दिया, "महन्त जी! हम दोनों प्राणी गोस्वामी हैं। यहाँ नारी अकेले, अपने पति के साथ किसी भी रूप में गोस्वामी हो सकती है।"

तुलसीदास आशीर्वाद देते आगे बढ़ गए, भाँग घोंटी जा रही थी। तीन चार महन्त दौड़कर उनके पैर पर पड़े और बोले, हमे मालूम होता तो साथ चले आइत। महाराज, थोड़ी-सी विलम्ब है शिवबूटी के तैयार होने में, अभी दरबार में हाजिर करते हैं। तुलसी और आगे बढ़े, खजांची अपने आसन से उठकर आए पैर छुआ और अपने कमरे में ले गए। तुलसी ने वहाँ चार-पाँच आदमियों को देखा, वे उठकर महन्त जी का पाँव छू रहे थे। तुलसी ने खजांची साहब से उनके विषय में जानना चाहा, पता लगा, ये मठ से ब्याज पर कर्ज लिए हैं, ब्याज अदा

करने के लिए बुलाए गए हैं। तुलसी राम-राम करते हुए रामू द्विवेदी एवं सेवक के साथ दुःखी मन से आकर अपने पलँग पर बैठ गए। जीवन भर श्रीराम को छोड़कर तुलसी ने जो नहीं चाहा, वह सब असत्कर्म उनके साथ जुड़ता जा रहा था। इसी बीच, दुधिया भाँग लेकर तीन गोस्वामी एक पात्र में रखे आए और प्रसाद के रूप में सामने रखकर बोले, "गोस्वामी जी! शिवपुरी का यही जीवन है। यही प्रसाद भी। आप शिव के प्रसाद को ग्रहण करें" और पात्र रखकर वे चले गए। जलेभुने तुलसी उसे बाहर फिंकवाने का विचार कर रहे थे किन्तु सद्भाव सूझा। हरकारों को देकर कहा, "इसे ले जाओ, और अब कल आना। आज मैं साधना में जा रहा हूँ।"

× × ×

तुलसी की विरक्ति तथा राम संसक्ति पराकाष्ठा पर थी। प्रातः ब्रह्म मुहुर्त के स्नान काल में रामू को जगाया। वह हकबकाकर उठा। बोले, "रामू कपड़ा लपेट हमसे यहाँ नहीं रहा जाएगा।" रामू गोस्वामी जी को देखता रहा और फिर उनकी मुद्रा की कठोरता देखकर अपने पुराने वस्त्रों की पोटरी बना ली। तुलसी ने अपनी पुरानी धोती निकाली। आधे में अधः वस्त्र और आधे में ऊर्ध्व वस्त्र। धीरे-धीरे निकल कर मठ के मुख्य द्वार पर आए। दरबान पहचानता था, दरवाजा खोल दिया। गोस्वामी तुलसीदास तथा रामू दोनों गंगा स्नान करके असी घाट की कुटी में लौटे तथा अपने गुफा कक्ष में जाकर हाथ जोड़कर श्रीराम सहित हनुमान की प्रतिमा के सामने खड़े हो गए—और बोले, "अब परीक्षा न लें स्वामी! तुलसी राम के बिना नहीं रह सकता। मुझे मुक्ति दिला दें, उस मठ से।"

रामू अब अपने गुरु के समान ही खुश था। वह तखत पर उनके सेवक-शिष्य की भाँति बैठ गया।

तुलसी ने लोलार्क मठ छोड़ दिया।

× × ×

मठ में प्रातः श्रीकृष्ण की आरती के समय गोस्वामी तुलसीदास की खोज होने लगी। कोई पता नहीं चला। केवल दरबान ने बताया कि प्रातः की रात्रि के अन्तिम प्रहर में वे अपने शिष्य को साथ ले कहीं निकले हैं। उनके कमरे को खोला गया तो उनका सारा-सामान जस का तस था। पुजारी को संदेह हो गया कि बाबा गए। सत्तर वर्ष की उम्र में राम की धुन में लीन रहने वाले को यह मठ अच्छा नहीं लगा होगा। पुजारी ने अपने मन का निष्कर्ष सामने रखा और सबकी राय से पुजारी ने स्वयं प्रातः की आरती की।

टोडर आदि को खबर मिली। तुलसी को मनाने के लिए वे असी घाट पर पहुँचे। रामू ने सबको बता दिया कि अब बाबा न मठ में जाएँगे, न महन्त रहेंगे—

बल्कि यहीं श्रीरामार्चन करेंगे। उन्होंने मना किया है कि वे आज किसी से नहीं मिलेंगे और अपने सभी पुराने कृत्यों के लिए एकान्त में व्रत रहकर प्रायश्चित करेंगे।

रामू द्विवेदी की बात सुनकर सभी एक तरह से निराश हो गए और इस बात के लिए दुःखी भी हो गए कि हम लोगों ने बाबा पर दबाव डालकर क्यों महन्त का पद दिलवाया था। तुलसी के साथी-संगी दूसरे दिन शाम को आने के लिए कहकर चले गए।

तुलसी ने स्थायी रूप से अब असी घाट को अपनी निवास स्थली बना ली और वहाँ से हटकर अयोध्या या चित्रकूट जाने के लिए जब कभी चर्चा आयी तो उन्होंने स्पष्ट कर दिया, "अब काशी में ही मैं अपनी वृद्धावस्था व्यतीत करूँगा। मृत्युवरण के लिए, शिव के तारक राम मन्त्र द्वारा मुक्ति के लिए।"

गोस्वामी मठ से आने पर तुलसी में पर्याप्त बदलाव आ चुका था। वे अब अधिक मित्र मण्डली के बीच नहीं बैठते थे। हनुमान को बार-बार पुकारते और श्रीराम तथा हनुमान में डूबे रहते। प्रवचन भी छोड़ दिया था। उनके भोजन की स्थायी व्यवस्था टोडर के यहाँ से हो चुकी थी। वे अब तिहत्तर वर्ष के आस-पास के हो चुके थे।

× × ×

पूजार्चन एवं ध्यान के बाद मिले समय में तुलसी श्रीराम के विनय के पद एवं कलियुग से मुक्ति की प्रार्थना करते। वे सर्वप्रथम लिखी 'राम गीतावली' में छन्दों को जोड़ देते। राम गीतावली जो शुरू में १७६ छन्दों की थी, उसके कुछ छन्दों को गीतावली में डाल दिया और नए छन्द जोड़कर दो सौ उन्यासी गीतों को बनाकर नया स्वरूप दे दिया। भक्ति, अद्वैत ब्रह्मनिष्ठा, स्वयं की मुक्ति आदि को एक पत्र जैसा रूप देकर उसके कलेवर को चमत्कारपूर्ण बना दिया।

आज सायंकाल मेधा भगत तथा ठाकुर टोडर आए थे। तुलसी मठ के निचले आश्रम से निकल कर ऊपर आये। मेधा भगत तथा टोडर दोनों ने देखा कि तुलसी आज कुछ प्रकृतिस्थ नहीं हैं। श्रीराम की चर्चा के बाद मेधा भगत ने प्रश्न किया, "बाबा! स्वास्थ्य तो ठीक है न?" तुलसी ने एक क्षण के लिए राम बिम्ब में अपना चित्त साधा और बोले, "प्रभु का आकर्षण एवं लोक के द्वन्द्व कभी-कभी एक साथ कष्ट देने लगते हैं।" टोडर चौंके, "आपके लोक का द्वन्द्व तो प्रभु को समर्पित है।" तुलसी ने उत्तर दिया, "हाँ! शायद वही, लोक के लिए प्रेरित कर रहा है। व्यक्ति के मैंपन का अभिमान कभी-कभी दूसरे की गहन रामभक्ति की निष्ठा के सामने छोटा-पड़ने लगता है। आज राम जी ने रात भर चित्त में रत्नावली को स्वप्न में मेरे पास भेज दिया था। लगता है, वह अब अन्तिम

साँस गिन रही है और चित्रकूट में मैंने उसे वचन दिया था कि मृत्यु की अन्तिम बेला में मैं तुझे विदाई देने आऊँगा। उसने मुझे वचनबद्ध कराया था कि मेरी मृत्यु आपकी आँखों के सामने हो।'' मेधा भगत को यह सब कौतुकपूर्ण लगा और टोडर से प्रस्ताव रखा कि किसी को भेजकर पता लगा लिया जाए भाभी रत्ना के विषय में। तुलसी एक क्षण के लिए ध्यान में लीन हो उठे और आँखें खुलते ही बोले, ''नहीं टोडर जी! उसकी आत्मा अब बेचैन है। राम जी मुझे बार-बार कह रहे हैं, तुलसी उठो, और राजापुर जाओ। इतना कहते ही तुलसी उद्विग्न होकर उठ खड़े हुए। मेधा भगत एवं टोडर उनके साथ मन से जाने को तैयार थे। रामू द्विवेदी ने सामान बाँधा। सब साथ राजापुर चल पड़े। तुलसी की काशी से राजापुर की राह परिचित थी। इस बार सीतामढ़ी पर विश्राम नहीं किया और भरत की भाँति निरन्तर राम-राम जपते प्रयाग पहुँचे। सन्ध्या हो आई थी। सभी लोग विश्राम के लिए रुके। मधुकरी लगी। खिन्न मन से सभी ने थोड़ा-बहुत भोजन किया। शेष तुलसी केवल गंगा जल पीकर रह गए। मार्ग के लिए कमण्डल में गंगा जल रखवा लिया। राम की प्रीति में राग भरी प्रीति झोंके मार रही थी। तुलसी इसे रत्ना के प्रति प्रभु कृपा मान रहे थे। सभी ने थोड़ा-सा विश्राम किया। तुलसी बैठे राम में अपना चित्त लगाए रहे। लगता था, रत्ना की पति प्रतीक्षा की लालसा अपनी तरंगों से उनकी चित्त दशा पर बार-बार आघात् मार रही थी। तुलसी राम में डूबे थे। एकाएक रत्ना फिर प्रगट हुई, उनके चित्त में ध्वनित हो उठी—आर्त्त करुणा भरी पुकार, स्वामी। हे मेरे आराध्य! अब चल रही हूँ। मेरे राम, मेरे नाथ! मेरी आँखों के सामने एक बार आकर खड़े हो जाएँ। तुलसी इस चित्त बिम्ब पर व्याकुल मन उठकर खड़े हो गए और मेधा भगत को सम्बोधित करके बोले, ''भइया भगत जी। चलो अर्धरात्रि समाप्त हो उठी है। रत्ना के प्राण मेरे लिए अभी अँटके हैं। मैं तो उसके प्राणों के लिए रोड़ा बन गया हूँ। टोडर जी, उसके प्राण निकलने के लिए छटपटा रहे हैं किन्तु मेरे बिना निकल नहीं पा रहे हैं।'' टोडर उठकर खड़े हो गए। उनकी समझ में नहीं आ रहा था कि यह तुलसी का कौन-सा मन बोल रहा है। रामू द्विवेदी को जगाया गया और प्रयाग से राजापुर के लिए प्रस्थान—उद्वेग भरी मनोदशा के बीच शुरू हुआ। अपराह्न के बाद सभी यमुना तट पर पहुँच गए। बूढ़े नाविक ने उन सबको यमुना के उस पार उतारा। तुलसी को जैसे अब भी, इतने लम्बे अरसे में हुए परिवर्तनों के बाद भी, राजापुर मार्ग का असमतल कोना-कोना भी उन्हें याद था।

वह जिस गति से चल रहे थे, उसी गति से रत्ना के प्राण निकलने के लिए आतुर थे। वृद्ध राजा सेठ अपनी पत्नी के साथ तुलसी के छप्पर के दरवाजे पर चटाई बिछाये बैठे थे। बरामदे में बूढ़ी, जवान औरतें तथा आस-पास कुछ लोग

खड़े इन चारों को देखते, अनजान आगत व्यक्तियों के भाव से ठिठके चकित-से थे। तुलसी यद्यपि वृद्ध थे लेकिन उनका शरीर झुका नहीं था। राजा ने उन्हें पहचान कर बड़ी आर्त्त आवाज में पीड़ा प्रगट की, "भैया, बाबा तुलसी! बड़े मौके से आयो। भाभी के प्राण तीन दिन से अड़े हैं।" तुलसी ने दौड़कर राजा को छाती से भर लिया और बोले, "राम जी ने स्वप्न में आदेश दिया है कि तुलसी तू जा, वह अब मेरे पास आ रही है। लेकिन तुम्हें देखे बिना वह कहीं नहीं जा सकती है। कहाँ है? राजा तुलसी का हाथ पकड़कर छपरे में ले गए। चटाई पर विक्षिप्त उतान लेटी प्राण प्रस्थान के साथ अपने आराध्य पति के अन्तिम दर्शनों के लिए तड़पती ऊँची-सासें ले रही थी। मृत्यु के पूर्व की सांसें। तुलसी के चरणों की पृथ्वी पर ध्वनि पड़ते ही उसके शरीर का कम्पन तरंगित हो उठा। उसकी आँखें खुलने लगी। तुलसी खड़े होकर बोले, "रत्ना! आँखें खोलो।" रत्ना के शरीर में एक सिहरन हुई। पलकें निस्पन्द भाव से खुल गईं। उसने पूरी आँखें खोल दीं। मन के वितान खुल गए। चित्र के कपाट उन्मीलित हो उठे। अन्तरात्मा से स्वर फूटा—नाथ! प्रणाम के लिए हाथ उठाने की चेष्टा की, उठे नहीं। प्राण अनन्त में विलीन हो गए। चेतना तुलसी के साथ राममय हो उठी, केवल दोनों नेत्र खुले रहे। तुलसी उसके माथे का स्पर्श करके बाहर आ गए। जैसे उसको उन्होंने अन्तिम बिदाई दी हो।

× × ×

एकत्रित समुदाय के बीच हाहाकर मच गया—मैया गई, रत्ना मैया गई। तुलसी के साथ ही तुलसी के साथियों को राजा ने चटाई पर बैठाया। तुलसी बैठकर राम में लीन हो उठे। आँखें खुली और अपने हनुमान की ओर कनखियों से देखकर प्रणाम किया। फिर राजा से बोले, "भइया! मेरे सामने इसकी चिता का दाह संस्कार यमुना तट पर करा दो। उसे तो राम जी ने बुला लिया। देखो, मेरी बारी कब आती है।"

राजा उठे। अपने चाकरों को बुलाया। बाँस की अर्थी बनाई गई। पति के सामने सजा कर रत्ना का शव निकाला गया। रत्ना की अर्थी को तुलसी, राजा, मेधा भगत और टोडर ने मिलकर उठाया और दो कदम बढ़ने पर तुलसी का भार रामू द्विवेदी ने ले लिया। यमुना तट पर बाबा के आने के कारण खासी भीड़ इकट्ठी हो गई थी। दाह संस्कार समाप्त हुआ और तुलसी ने अंजलि में यमुना जल लेकर रत्ना के प्रति अपना श्राद्ध अर्पित करके उससे सांस्कारिक मुक्ति प्राप्त कर ली।

तुलसी श्री राम का स्मरण करते हुए राजा से बोले, "जो शेष कर्म होगा, उसे तुम पूरा करना। अब मैं चला। मैं तो राम जी का सेवक हूँ। उन्होंने इतने के

ही लिए आदेश दिया था। वह समाप्त हुआ, आज्ञा दें।'' आवाज देकर नाव वाले को बुलाया और इधर आँखों में आँसू भरकर राजा ने रुकने का बहुतेरा आग्रह किया किन्तु तुलसी रुके नहीं। राजापुर, जन्मभूमि तथा एकत्रित जनों को हाथ जोड़कर, प्रणाम करके वे नौका पर जा बैठे। नौका चल पड़ी। मेधा भगत ने नाव वाले को प्रयाग तक चलने को कहा, तुलसी अपनी अर्चना में बैठकर राम बिम्ब की समाधि में लीन हो गए।

सभी अवसाद भरे चित्त में खोये यमुना की लहरों की भाँति महाकाल की अनन्तता के क्षणिक स्पर्श का अनुभव कर रहे थे।

तुलसी लगभग सत्तर वर्ष के रहे होंगे। एक भीषण अकाल गंगा के तटवर्ती क्षेत्रों तथा आगरा आदि स्थानों पर पड़ा। यह अकाल काफी समय तक रहा और तुलसी के लिए यह भयंकर विभीषिका बड़ी कष्टकारी थी। तुलसी उन दिनों असी घाट पर रहकर अपना प्रवचन करते। भीड़ जुटती नहीं थी, जो भी दक्षिणा तथा सीधा आता अपने और रामू के खाने भर का रखकर वे उसे गरीबों में बँटवा देते। तुलसी के प्रवचन में श्रोतागणों के बीच याचक भिखमंगे भी आ बैठते थे। रामू द्विवेदी ने तुलसी से शिकायत की कि प्रवचन में भिखमंगे लोगों के बीच में बैठ जाते हैं। भले लोगों को आपका प्रवचन सुनने में विघ्न पड़ता है। तुलसी ने उत्तर दिया, ''भिखमंगों को सुनने दो। जहाँ बैठें बैठने दो। श्री राम जी की सत्संगति से उनकी बुभुक्षा कुछ देर के लिए शान्त ही नहीं रहेगी, उनकी पापकर्म की ओर प्रवृत्ति भी नहीं होगी। भूखा व्यक्ति क्या पाप नहीं कर डालता? उन्हें जैसे भी आना चाहें, श्रीराम जी के सम्पर्क में आने दो।''

आज तुलसी ने अपने प्रवचन में माँ भवानी अन्नपूर्णा से भीषण दुकाल की समाप्ति होने की तथा दुखियों की समृद्धि की कामना की—

लालची ललात बिललात द्वार द्वार दीन
बदन मलीन मन मिटै न बिसूरना।
ताकत सराध के विवाह के उछाह कहूँ,
डोलै लोल बूझत सबद ढोल तूरना।
प्यासे हूँ न पावै बारि भूखे न चनक चारि
चाहत अहारन पहार दारि घूरना।
सोच को अगार दुख मार तौ लौं जन,
जौ लौं देवी द्रवौं न भवानी अन्नपूरना।।

उनकी दीनताभरी वाणी से, कष्ट की बौछार ने सभी को अपने से जोड़ दिया और शिव से, राम से, हनुमान से, पार्वती से यही स्तुति करते रहे कि

बेचारे वे जो आजीविका की खोज में परेशान हैं, आगे-पीछे जिनके पास कोई शरणस्थली नहीं है, जो गृहविहीन भूखे-प्यासे टहल रहे हैं, उन्हें कम-से-कम भोजन दें—

खेती न किसान को भिखारी को न भीख बलि,
बनिक को बनिज न चाकर को चाकरी।
जीविका विहीन लोग सीद्यमान सोच बस
एक कहैं एकन सो कहाँ जाई का करी।

एक तो अकाल की विभीषिका, दूसरे पेट की समस्या से ग्रस्त सारे जन। आज तुलसी को सुनकर सभी श्रीराम की शरण में आने के लिए कटिबद्ध से हो गए।

इस प्रवचन के बाद जो सीधा और दक्षिणा चढ़ी तुलसी ने उसे अपने भोजन के लिए भी नहीं रखा। रामू ने तुलसी को प्रश्न वाचक दृष्टि से देखा तो तुलसी समझ गए, आखिरकार वह क्या चाहता है। सान्त्वना देते हुए बोले, "बच्चा! चिन्ता न कर। राम जी देंगे।" रामू द्विवेदी ने उत्तर दिया, "आज की मधुकरी भर के लिए सामान है।"

× × ×

आज की मधुकरी में केवल छः रोटियाँ बनी थीं। गुड़ के साथ अग्नि देवता का हवन करके बैठे तो किसी की आवाज आई। स्वामी जी! पेट के आग की भूख से मर रहे हैं।" स्वामी जी अपनी असनी छोड़कर उठ गए और उसे ले आए। एक भिखारी तथा उसका एक बालक था। आसन पर बैठा दिया। तुलसी अपना हिस्सा भिखारी को देने लगे तो रामू ने आपत्ति की। "नहीं बच्चा! तुम खाओ। ये राम जी के सेवक आए हैं। इन्हें खिलाकर ही जो प्रसाद बचेगा ले लेंगे।" भूखे भिखारी ने दो रोटी और बालक ने एक रोटी और गुड़ खाकर पानी पिया, डकार ली। वे स्वामी को आशीर्वाद देते हुए चले गए। रामू आग्रह करता रहा किन्तु तुलसी गुड़ का एक रोड़ा खाकर एक लोटा पानी पीकर अपने साधना कक्ष में चले गए। रामू द्विवेदी ने बड़े संकोच से भोग लगाया।

तुलसी रातभर शान्त चित्त और सन्तोषपूर्वक श्रीराम के ध्यान में डूबे रहे। उनका चित्त श्रीराम में लीन था और जब वे अपने लोक चैतन्य में लौटते तो प्रार्थना करते, "हे प्रभु! इस दुर्भिक्ष का संकट दूर करें। हे अन्नपूर्णा! सबको पेट भर भोजन दें।" प्रातः प्रथम मुहुर्त में उठे और बाहर निकल आए। रामू भी जग गया। तुलसी का चरण स्पर्श करके प्रणाम किया। तुलसी ने कहा, "बच्चा! चलो आज विश्वनाथ जी का दर्शन करेंगे उनसे प्रार्थना करेंगे कि अपनी इस भ्रूभंगिमा का कोप जन समाज पर से हटा लें। उनकी बीसी चल रही है।"

रामू साथ में चल पड़ा, वह तुलसी के साथ जब चलता, अपना कागज-पत्र तथा दवात कलम का झोला नहीं भूलता। स्वामी जी की कब अभिभूत दशा में कौन-सा छन्द प्रकट हो जाए। वह स्मृति में कितनी देर रखा जा सकता है। तुलसी जैसे ही चले, अभिभूतता के क्षणों में एक छन्द उनके कंठ से फूट पड़ा—

मंगल की राशि परमारथ की खानि जानि
बिरचि बनाई बिधि केसव बसाई है।
प्रलय हूँ के काल राखी सूलपानि सूल पर
मीचु बस नीच सोऊ चहत खसाई है।
छाँड़ि छितिपाल जो परीक्षित गये कृपालु
भली कियो खाल को निकाई सो नसाई है।
पाहि हनुमान करूणानिधान राम पाहि
कासी कामधेनु कलि रुहत कसाई है।

तुलसी ने स्नान करके गंगा की आराधना की और वह जाकर विश्वनाथ जी के समक्ष आसन लगाकर बैठ गये। भीषण अकाल की बुमुक्षा की मुक्ति की बार-बार भगवान भूतभावन से प्रार्थना करते रहे। रामू द्विवेदी भी उन्हीं के साथ बैठा रहा। लोक की भूख की पीड़ा की मुक्ति के संकट के अनुभव में कितनी देर उनके नेत्रों से अश्रु गिरते रहे, इसका अनुभव तुलसी को नहीं, रामू द्विवेदी को ही हो रहा था।

तुलसी शिवसाधना के बाद उठे, भगवान भोलेनाथ को प्रणाम किया और बिना कुछ बोले चल पड़े। रामू द्विवेदी उनके पीछे-पीछे छाया की भाँति लगा था।

आश्रम पर पहुँचते ही तुलसी चुपचाप भूमि के अन्दर बने अपने आराधना कक्ष में चले गए। रामू बाहर कुटिया में बैठा रहा।

× × ×

तुलसी अब केवल एक समय सायंकाल भोजन करते। क्रम एक वर्ष तक चला और यह इस दुर्भिक्ष का समापन काल था। इस समापन काल में कुछ भी नहीं बच रहा। आदमी-आदमी को मार कर खा रहे थे। कैसा धर्म और कैसा प्रवचन। पेट की खातिर बेटे-बेटी बेचकर किसी तरह लोग गुजर-बसर कर रहे थे—

ऊँच नीच करम-धरम अकरम करि
पेट ही को पचत बेंचत बेटा बेटकी।

बड़ा दारिद्र्यपूर्ण समाज था। संकट की पराकाष्ठा थी—

खेती न किसान को भिखारी को न भीख बलि,
बनिक को बनिज न चाकर को चाकरी।
जीविकाविहीन लोग सीद्यमान सोच बस
कहें एक एकन सों कहाँ जाई का करी।
वेदहू पुरान कही लोकहू विलोकियत
साँकरे सबै पै राम रावरे कृपा करी।
दारिद दसानन दबाई दुनी दीनबन्धु
दुरित दहन देखि तुलसी हहा करी।

कई वर्षों के बाद प्रभु कृपा से यह संकट समाप्त हुआ। तुलसी का उद्विग्न चित्त शान्त होकर पुनः अपने प्रवचन में लौटा। वे समय-समय पर कभी-कभी दोहे-कवित्त और सवैये भावावेश में कह देते थे, रामू द्विवेदी उन्हें संकलित कर लेता था, कवितावली या दोहावली जैसा नामकरण नहीं किया गया था।

× × ×

आज तुलसी सायंकाल बाहरी आश्रम पर बैठे अपने विशिष्ट मित्रों के बीच श्री राम कथा के रहस्यों की चर्चा कर रहे थे। रामू द्विवेदी धीरे-धीरे बाबा को पंखा से हवा कर रहा था। एकाएक तुलसी का ध्यान भंग हुआ और बोले, "अरे भाई! आज टोडर ठाकुर नहीं आए। क्या बात है? पण्डित काशीनाथ ने बताया, "बाबा जी! कल से ही वे अस्वस्थ्य हैं।" तुलसी ने अनभिज्ञता प्रगट करते हुए कहा, "मुझे तो मालूम नहीं था। यहीं असी के पास तो उनका घर है। चलो! देखते हैं क्या हुआ? कवि कैलास, गंगाराम ज्योतिषी, समर सिंह राजपूत, सेठ जयराम आदि सभी बाबा के पीछे-पीछे चल पड़े। दरवाजे पर टोडर का नाती मिला। उसके पिता का देहावसन हो चुका था और टोडर को ही वह अपना सब कुछ मानता था। बाबा को देखकर वह दौड़ा और उनके चरणों पर गिर पड़ा। बाबा ने उसे उठा लिया। सुबकते हुए टोडर के नाती ने उत्तर दिया, "बाबू (टोडर जी) को तिजरा हो गया है। आज कल दो दिनों टोटका हुआ। आँखें खुलती हैं, बन्द हो जाती हैं।" तुलसी ने उसके साथ जाकर टोडर के पास खड़े होकर आवाज दी, "ठाकुर-ठाकुर!" टोडर ने आँखें बड़े श्रम से खोलीं और फिर वे बन्द हो गईं, तुलसी ने उनका हाथ छूकर देखा। चूल्हे पर रखे तवा की तरह गरम था। कैलास कवि की ओर उन्मुख होकर उन्होंने कहा, "भाई कैलास जी! किसी वैद्य जी को लाइये।" तब तक टोडर का पुत्र भी आ गया और उसने बताया कि आयुर्वेदाचार्य शिवरत्न वैद्य दो दिनों से आकर औषधि दे रहे हैं। टोटका तथा बलि भी दी गई है लेकिन बाबू की दशा में कोई

सुधार नहीं हो रहा है। दो प्रहर बाद व्यथित तुलसी अपने साथियों के साथ चले आए। तुलसी के मित्र टोडर के लिए अब औषधि श्रीराम और हनुमान कृपा ही बच रही थी। वे रातभर अपने साधना कक्ष में बैठे राम जी को, हुनमान जी को, शिव तथा पार्वती जी को पुकारते रहे। टोडर के स्वस्थ होने की कामना करते हुए रातभर जगते रहे। लेकिन प्रातः रामू द्विवेदी ने बाहर से आवाज दी, ''स्वामी जी! स्वामी जी! बाबू टोडर जी नहीं रहे।'' तुलसी निकल कर बाहर आए और एकाएक उनके मुँह से छन्द फूट पड़ा—

पाँच गाँव को ठाकुरो मन को महामहीप।
तुलसी या कलिकाल में अथये टोडर भूप।।

रामू द्विवेदी को महसूस हुआ—बाबा के मन को टोडर की मृत्यु से गहरा धक्का लगा है। पत्नी की मृत्यु, महामारी और परममित्र टोडर की मृत्यु ये तीन घटनाएँ तुलसी के जीवन में सत्तर वर्ष पूरे होने के बाद घट चुकी थीं। तुलसी अब अपने शरीर को देखते और कभी-कभी निराश हो उठते। एक दिन रामू द्विवेदी से अपनी इस शारीरिक नश्वरता का उल्लेख कर रहे थे कि एकाएक एक छन्द उनके कंठ से फूट पड़ा—

जीव जहान में जायो जहाँ सो तहाँ तुलसी तिहूँ दाह दह्यो है
दोस न काहू कियो अपनो सपनेहूँ नहीं सुख लेस लह्यो है।
राम के नाम से होड सो होड न सोऊ हिये रसना ही कह्यो है
कियो न कहू करिबो न कहू कहिबो न कहू मरिबोई रह्यो है।।

तुलसी की इस वेदना को रामू ने मांड पत्र पर तुरन्त लिपिबद्ध कर लिया।

× × ×

आज तुलसी प्रातः उठे। अपना कमण्डल उठाया तो उन्हें भारी लगा। उसे छोड़कर लोटा उठा लिया। दाहिनी बाहु में पीड़ा थी। खाली लोटा भी उनके दाहिने हाथ के लिए भारी पड़ रहा था। उन्होंने बाएँ हाथ से पकड़ा। बाएँ हाथ में दर्द कम था। किसी तरह से गंगा स्नान करके ऊपर आए। अपने अर्चन-कक्ष में जाकर बैठ गए। पूजा की हर मुद्रा में बाहु पीड़ा के धक्के उन्हें लग रहे थे। एकाएक क्या हो गया उन्हें समझ में नहीं आया। किसी प्रकार अर्चन करके बाहर आ गए। रामू द्विवेदी भी स्नान करके आ चुका था। उसने स्वामी की पीड़ा-अवसाद भरी मुद्रा इस रूप में कभी भी नहीं देखी थी। उसने चरण छूने के बाद पूछा, ''स्वामी जी! किसी प्रकार का कष्ट है क्या?'' बाबा अपनी बाहु पीड़ा बताकर तखत पर लेट गए। रामू उनकी बाहुओं को धीरे-धीरे दबाने लगा। दबाने से यह बाहुपीड़ा और बढ़ती जा रही थी। इसी बीच कवि कैलास आ गए और

उनकी दशा देखकर वैद्य जी को बुला लाए। वैद्य जी ने नाड़ी देखकर बताया, "बाबा को वातरोग है।" अपनी औषधि देकर वे चले गए। बाबा औषधि खाकर तखत पर सो गए और रामू द्विवेदी उनका शरीर दबा रहा था। धीरे-धीरे तुलसी के साथी भी आ पहुँचे और उनकी आँखें खुल गईं। बाहुपीड़ा थी, किन्तु कुछ कम। रामू द्विवेदी बाबा और उनके साथियों के लिए जलपान लाया। तुलसी जलपान करके लेटे रहे। राम, राम जपते, और एकाएक एक छन्द फूट पड़ा—

जानत जहान हनुमान को निवाज्यो जन
मन अनुमानि बलि बाल न बिसारिये।
सेवा जोग तुलसी कबहुँ कहा चूक परी
साहब सुभाय कपि साहेब सँभारिये।
अपराधी जानि कीजै साँसति सहस भाँति
मोदक मरै जो ताहि माहुर न मारिये।
साहसी समीर के दुलारे रघुबीर के
बाँहपीर महावीर बेगि ही निवारिये।।

उनकी बाहुपीड़ा देखते-देखते शाम तक दूर हो गई। शाम को भोजन करने के बाद उन्होंने रामू द्विवेदी से पूछा, "उस छन्द को लिख लिया था न!" रामू द्विवेदी ने सहमति दी। बाबा ने पुनः उत्कंठा भरे स्वर से कहा, "बच्चा देख, मेरी तरह कितने लोग बुढ़ौती में बाहुपीड़ा से त्रस्त रहते हैं। कितना कष्ट था रामू मुझे इस बाहुपीड़ा से और स्वामी महावीर हनुमान के एक छन्द से वह पीड़ा कहाँ की कहाँ चली गई। अब मैं 'हनुमान बाहुक' लिखूँगा। अपनी और लोक की पीड़ा-मुक्ति के लिए।" हनुमान की प्रार्थना की फिर दो छन्द और बोले। रामू ने उन छन्दों को लिख लिया। हनुमान बाहुक का प्रारम्भ हो गया।

× × ×

कहने के लिए तुलसी की बाहुपीड़ा शान्त हो चुकी थी, किन्तु कुछ ही दिन बाद भयंकर महामारी ने काशी और उसके आस-पास के स्थानों पर जन्म ले लिया। इस महामारी में काशीवासी त्रस्त थे। गंगाराम ज्योतिषी बीमार थे, तुलसी सुनते ही उनके आवास पर चल पड़े। तुलसी ने पहरेदार से पूछा, "भइया! गंगाराम कैसे हैं?" वह बाबा को जानता था। दौड़ कर पैर छुआ और बोला, "महाराज! चलें जल्दी चलें। हमारे ज्योतिषी महाराज के प्राण निकल रहे हैं।" तुलसी ने अन्दर पहुँच कर गंगाराम को देखा और शरीर छुआ। एकदम ठण्डा लगा। कौन-सी बीमारी थी, समझ में नहीं आया। वैद्य ने दवा दी थी। उनकी पत्नी ने कहा, "उससे कोई लाभ नहीं है।" तुलसी की आहट पर गंगाराम ज्योतिषी की

आँख खुली। उन्होंने हाथ बढ़ाना चाहा। तुलसी ने थाम्ह लिया। मन्द स्वर से बोले, "भइया, अब प्रस्थान का समय हो गया है।" तुलसी ने हाथ जोड़कर शिव से प्रार्थना की—

पाहि हनुमान करुना निधान राम पाहि
कासी कामधेनु कलि कुहत कसाई है।

अस्फुट शब्दों में गंगाराम ने बताया, "रूद्रबीसी तथा मीन की सनीचरी दोनों एक साथ आई हैं। काशी नहीं बचेगी—तुलसी!" और वे कहकर हाँफने लगे। तुलसी गंगाराम ज्योतिषी को उनके परिवार के बीच छोड़कर चले आए थे—और अपनी आराधना की कुटी में बैठकर शिव-पार्वती से, हनुमान-राम से उनके मंगल कामना की प्रार्थना करते रहे। प्रातः रामू द्विवेदी को बन्धु गंगाराम ज्योतिषी का कुशल क्षेम जानने के लिए भेजा। उसने लौटकर उनके गोलोकवास का समाचार दिया। गंगाराम ज्योतिषी तथा टोडर भूप तुलसी की दो भुजाएँ थीं। दोनों टूट चुकी थीं। अत्यन्त हताश स्वर में तुलसी क्रन्दन करते हुए कहने लगे—

ठाकुर महेस ठकुराइन उमा जी जहाँ
लोक वेद हूँ विदित महिमा ठहर की।
भट रुद्रगन भूत गनपति सेनापति
कलिकाल की कुचाल काहू तो न हर की।
बीसी विश्वनाथ की विषाद बड़ो वाराणसी
बूझिये न ऐसी गति संकर सहर की।
कैसे कहैं तुलसी वृषासुर कै बरदानि
बानि जानि सुधा तजि पियनि जहर की।।

बाबा अपने बालसखा सहपाठी गंगाराम की याद करते-करते भूमि पर दो प्रहर लेटे रहे। काशी में आज वे अपने को एकदम अकेले समझने लगे।

तुलसी अब अपनी कोठरी में ही रहा करते थे। जर्जर देह कवि कैलास पण्डित कभी-कभी आ जाते, अन्यथा शाम को रामू द्विवेदी को अपना अतीत बताते। रामू द्विवेदी गुरु चर्चा को मन्त्र की भाँति सुनता और गुनता तथा कभी-कभी उनके मुँह से फूटे छन्दों को लिपिबद्ध कर लेता। अब स्वामी जी कवित्त, सैवेये तथा दोहे की ही रचना करते। उसको लगता, अब स्वामी जी का लेखन इन्हीं तक सीमित रह जाएगा।

तुलसी जैसे-जैसे वृद्ध होते जा रहे थे, समाज में अब उनका सम्मान बढ़ता जा रहा था। उन्हें नगरवासी सिद्ध रामभक्त के रूप में स्वीकार करते थे, कवि के रूप में नहीं और सायंकाल दर्शन के लिए आते-जाते रहते थे। तुलसी अपने

रामनाम की बिम्ब समाधि में डूबते-उतराते जागृत होते पुनः उसी में खो जाते। तुलसी की वृद्धावस्था बढ़ती जा रही थी।

इधर काशी में कई बार पड़े दुर्भिक्ष के बाद समय-समय पर हैजा, प्लेग, खसरा जैसी महामारियों का प्रकोप चल पड़ता था।

एक बार भयंकर प्लेग की बीमारी में शंकर-शहर डूब गया। घर-घर से शवों के अम्बार निकलने लगे और लोग उन्हें नदी तटों पर खुला फेंक देते या नदी में प्रवाहित कर देते थे। सारी काशी नगरी इस भयंकर तांडव के चपेट में कराह उठी। उस समय लोगों के लिए यह कोई नई बीमारी थी। काशी का दृश्य देखकर तुलसी करुणा एवं पीड़ा से आर्त्त हो गए। शिव, पार्वती, हनुमान, श्रीराम की बन्दना में लगे-लगे अपनी रातें जग कर ही व्यतीत कर दिया करते थे। गंगा तट पर शवों के ढेर को देखकर तुलसी का अन्तर्मन कराह उठा—

संकर सहर सर नर नारी वारिचर
विकल सकल महामारी माँजा गई है।
उछरत उतरात हहरात मरि जात
भभरि भगात जल थल मीचु गई है।
देव न दयालु महिपाल न कृपालु चित
वारानसी बाढ़ति अनीति नित नई है।
पाहि रघुराज पाहि कपिराज रामदूत
राम हूँ की बिगरी तु हीं सुधारि लई है।।

रामू द्विवेदी ने छन्द लिख लिया। तब तुलसी आर्त्तभाव से बोले, "पुत्र रामू इस विपत्ति को कैसे कहा जाए। हृदय पीड़ा से भरा हुआ है। लेकिन विश्वास रखो—हनुमान जी, इसे शीघ्र ही ठीक करेंगे।"

तुलसी प्रतिदिन शिव, पार्वती, श्रीराम तथा हनुमान से इस महमारी की शान्ति की प्रार्थना करते रहे। धीरे-धीरे महामारी शान्त हुई और उसकी समाप्ति के बाद हनुमान की स्तुति में उनके कंठ से एक छन्द फूट पड़ा—

लोगन के पाप केधौं सिद्ध सुर साप केधौं
काल के प्रताप कासी तिहूँ ताप तई है।
ऊँचे नीचे बीच के धनिक रंक राजा राय
हटनि बजाय करि दीनि पीठि दई है।
देवता निहोरे महामारिन्ह सो कर जोरे
भोलानाथ जानि भोरे आपनी सी ठई है।
करुनानिधान हनुमान बीर बलवान
जस रासि जहाँ तहाँ तैंही लूटि लई है।।

हनुमान की कृपा से तुलसी ने इस महामारी की समाप्ति पर प्रातः नहा धोकर अपनी भक्त मण्डली के साथ संकट मोचन गए और विधिवत उनकी स्तुति तथा अराधना की।

महामारी की समाप्ति के बाद आज उनका मन निश्चिन्त हुआ।

× × ×

अकाल और महामारी के फलस्वरूप काशी की आर्थिक दशा बड़ी ही दयनीय हो गई थी। रामू द्विवेदी चिन्तित रहता था कि आज बाबा के लिए कहाँ से और कैसे भोजन की व्यवस्था करें। वैसे तुलसीदास एक समय ही दो टिकरी खाकर समय बिता रहे थे। टोडरमल रहे नहीं, तुलसीदास जी ने टोडर के पुत्र एवं नाती के बीच जो बँटवारा कर रखा था, उसे दोनों ने शान्तिपूर्वक स्वीकार कर लिया था और दोनों परिवार उन्हें कुल गुरु जैसा सम्मान देते थे। रामू द्विवेदी टोडर के नाती के यहाँ पहुँचा और आज की रोटी की व्यथा बताई। उनके नाती ने एक गठरी में आटा-दाल बाँध कर उसे थम्हा दिया। तुलसी के असी मठ से यह निवास थोड़ी-ही दूर पर था और रामू ज्यों ही थोड़ी दूर चला, पेड़ की ओट से दो आदमी निकले और औचक उसकी गठरी छीन कर भागे। वह भौंचक रह गया। उसे काशी में अन्न के लूटे जाने की कोई आशा नहीं की थी। लेकिन काल की विडम्बना समझ पर उसने मन को समझाया। रामू द्विवेदी तुलसीदास के साथ रहकर समझदार हो चुका था। यदि खाली हाथ लौटता तो स्वयं वह और बाबा भूखे रह जाते। वह पुनः लौटा और टोडर के नाती के यहाँ जाकर सारा समाचार बताया। संयोगवाश अब आटा नहीं था। आटा पीसने वाली अभी तक आई नहीं थीं। संकोच में बोले, ‘‘बाबा आश्रम में चलौ, हम लेकर थोड़ी देर बाद स्वयं आएँगे। हाँ, यदि जल्दी हो तो जाकर चाचा के यहाँ कहो। व्यवस्था हो जाएगी।’’ यह विकल्प रामू को अच्छा लगा। टोडर के पुत्र ने रामू को देखकर अपने पास बैठाया और बाबा का समाचार पूछा। बाबा के समाचार के साथ-ही-साथ रामू ने अपना सारा घटित समाचार सुनाया। टोडर के पुत्र ने फिर एक गठरी आटा तथा दाल की बँधवा कर भेजी। लाठी वाले चौकीदार को साथ में भेजा। लोगों की दृष्टि बचाते रामू आश्रम पर लौटे। उन्हें देखकर तुलसी बोले, ‘‘बच्चा! कहाँ रह गया था? उसने संकेत किया टोडर के घर से आ रहे हैं। तुलसी के विलम्ब का कारण पूछने पर उसने सारा हाल कह सुनाया। इस समाचार से तुलसी बड़े दुःखी हुए, काशी के पतन के विषय में। भीख की लूट उनके लिए एक नई कहानी थी—

बासर वासनि के ढका रजनी चहुँ दिसि चोर।
संकर निज पुर राखिए चितै सुलोचन कोर।।

जिस पुण्यनगरी काशी में तुलसी मृत्यु मुक्ति की आकांक्षा से अपना शेष जीवन जीने के लिए आए थे, वह स्वयं दुःख से भरी थी। उनके दुःखी मन को देखकर रामू द्विवेदी बोला, "बाबा, इसमें काशी और काशी के बाबा विश्वनाथ क्या करें? भूखा आदमी कौन-सा पाप नहीं कर डालता। आज आदमी काशी ही नहीं, सभी जगह दाने-दाने के लिए ललचाया भटक रहा है?" बाबा ने समझाया, "रामू यह संस्कारों की शिव नगरी है। चिन्ता न करो। सब समय पर ठीक हो जाएगा—

मारग मारि महीसुर मारि कुमारग कौटिक कै धन लीयो।
संकर कोप सों पाप को दान परीच्छित जाहिगो जारि कै हीयो।
कासी के कंटक जेते भये ते गे पार अघाइ के आपनो कीयो।
आजु कि काल्हि परौं कि नरौं जड़ जाहिंगे चाटि दिवारी को दीयो।।

यह दुर्भिक्ष संकट शीघ्र ही समाप्त होगा, वत्स! और सब कुछ ठीक हो जाएगा। 'प्रभु कृपा केवलम्' बच्चा रामू।"

रामू एकाग्र चित्त से मधुकरी की व्यवस्था में लगा बाबा की मानसिक पीड़ा का साझीदार जैसा बना रहा। हाँ में हाँ मिलाता जा रहा था। बाबा का गौर वर्ण धुँधलाता जा रहा था तथा उनके सुगठित शरीर को जर्जरता ढँकती जा रही थी।

बाबा आज राम ध्यान से मुक्त होकर असी घाट की ऊपर वाली कुटिया पर बिछे तखत पर लेट गए। उन्हें राम के स्थान पर उनका अतीत एक क्षण के लिए याद हो उठा, राजापुर, हनुमान चौरा, दीनबन्धु पाठक का गाँव महेवा, रत्नावली अल्पायु का पुत्र, राजा सेठ, उनकी माता, चित्रकूट, नरहरिदास जी का आश्रम आदि-आदि। वे उठकर बैठ गए। उन्हें समझ में नहीं आ रहा था कि उनके चित्त ने पूरे अतीत का इतना व्यापक वितान क्यों तान दिया। अब तो लोक में उनकी कोई निष्ठा नहीं थी। श्रीराम उन्हें याद आ गए। वह मन-ही-मन बतियाने लगे, 'प्रभु यह सब क्या है?' उनका मन बेचैन हो उठा। वे श्रीराम के बिम्ब में अपना मन साधने लगे। सध ही नहीं पा रहा था। तब तक रामू द्विवेदी आ गया। तुलसी रामू से बोले, "बेटा श्रीराम की कृपा विलक्षण है। आओ बैठो।" वह गुरु के चरणों के पास बैठकर उनका पैर दबाने लगा। आज उनको पैर दबाने से राहत नहीं मिल रही थी। जोड़-जोड़ जैसे दर्द से कड़क रहे हों। तुलसी ने रामू को रोका, "बेटा! पाँव दबाने से आराम के स्थान पर कष्ट हो रहा है।" हाथ और पाँव के जोड़-जोड़ दुःख रहे थे। रामू द्विवेदी ने हाथ दबाने का आग्रह किया किन्तु तुलसी उसे टाल गए और बोले, "बेटा! रहने दो, दबाने से दर्द बढ़ता जा रहा है।" इसी बीच बाबा का मित्र नाथूराम आ पहुँचा। बाबा का पैर छूकर भूमि पर बैठ गया। बाबा ने आशीर्वाद देते हुए पूछा, "नाथू भइया कहो, बाबा की नगरी का

समाचार ठीक है? नाथू ने उत्तर दिया, "महाराज! यह भूतनाथ की नगरी है। यहाँ सब कुछ शंकर जी की कृपा दृष्टि पर आधारित है। भोलेनाथ की कृपा भँगेड़ी पर भी है, ब्रह्मचारी पण्डित पर भी। आज आपका चेहरा अनमना क्यों हो लग रहा है?" तुलसी ने उत्तर दिया, "हाथ-पाँव की गाँठों में दर्द है!" नाथू राम ने कहा, "महाराज! आप बुरा न मानें तो कहैं?" तुलसी ने कहा, "हाँ-हाँ कहो। तुम अहित कौन-सा कहोगे। मैं तो अहित भी बुरा नहीं मानता।" उसने राय दी, "गरम कड़वा तेल मँगवा लें। मैं अभी आपके शरीर में लेप करके दबा देता हूँ। सब ठीक हो जाएगा।" तुलसी ने रामू की ओर देखा। रामू नीचे कड़ुवा गरम तेल के लिए चला गया। बाबा केवल कमर के नीचे अपना शरीर ढकते थे, शेष अंग खुला रहता था। नाथू नाई ने कच्छा लपेटवा कर उनका हाथ पकड़ कर खींचा। बाबा दर्द से छटपटा उठे—लेकिन बोले नहीं। धीरे-धीरे वह जोड़ों को मलता रहा। तब तक गर्म कड़वा तेल आ गया। नाथू ने तुलसी की पहलवान जैसी देह की रगड़ाई की किन्तु धीरे-धीरे गर्म तेल से राहत मिल रही थी। किन्तु दबाव से पीड़ा बढ़ती थी। थोड़ी देर के बाद तुलसी ने उसे रोक दिया और बोले, "प्रिय रामू 'हनुमान बाहुक' के कितने छन्द पूरे हो चुके हैं। उसने उत्तर दिया, "स्वामी जी केवल, सात।" "ले आओ, अब बाहुपीड़ा, देहपीड़ा, सन्धिपीड़ा सब कुछ हनुमान के भरोसे ही दूर हो जाएगी।" रामू एकाग्र चित्त कागज और लेखनी-मसि लेकर बैठ गया। तुलसी आठवें छन्द से हनुमान स्तुति प्रारम्भ कर दी। तुलसी ज्यों-ज्यों बाहुक के छन्द बढ़ाते—उनका शरीर और संकटापन्न होता जाता था। रामू द्विवेदी को लेखन में भी कष्ट हो रहा था। इस बाहुक के साथ उनके मुख से अनियन्त्रित छन्द और दोहे भी निकल पड़ते थे। श्रीराम कृपा के लिए बाबा ने एक दोहा कहा—

रोग निकर तनु जरठ पनु तुलसी संग कुलोग।
राम कृपा तैं पालियै दीन पालिवे जोग।।

रामू द्विवेदी ने समझ लिया, स्वामी जी पीड़ा से अनियन्त्रित होते जा रहे हैं। तुलसी ने इसी बीच फिर हनुमान बाहुक की शुरूआत की। बीस छन्द हो गए। एकाएक असी घाट के सामने स्थित आम के पेड़ पर तुलसी की दृष्टि गई। बाबा हँस पड़े। पीड़ा भूल गई। समझ गए, श्रीराम की यह दासी अब संसार छोड़ने का समय बताने आ गई। रामू को बाबा ने बुलाया नहीं। आनन्दित भाव से मृत्यु को जैसे अंगीकार करते हुए छन्द की रचना करने लगे—

कुंकम रंग सुअंग जितो मुख चंद सो चंद की होड़ परी है।
बोलत बोल समृद्ध चुवै अवलोकित सोच विषाद हरी है।
गौरी कि गंग बिहंगिनि बेष की मंजुल मूरति मोद भरी है।
पेखि सप्रेम पयान समै सब सोच बिमोचन छेमकरी है।

छन्द को, बाबा उस पीड़ा में भी गाकर दुहराते रहे—रामू ने इस छन्द को लिखकर कवितावली में डाल दिया।

× × ×

तुलसी के मित्रों में बोधी गौड़, कवि कैलास तथा नाथू बचे थे। ये शाम को बाबा का समाचार लेने आए। बोधी गौड़ के साथी हरदेव तान्त्रिक साथ में था। तुलसी ने तान्त्रिक के विषय में सुना कि वह झाड़-फूँक करता है, तो थोड़ी नाक भौं सिकोड़ी—बोले, "राम के अनुचर के लिए अन्य की क्या आवश्यकता?" कैलास पण्डित बोले, "बाबा, आप लेटे रहें। गंगा का घाट भूत-प्रेतों का घाट है। आपके पास कोई भटक नहीं सकता। किन्तु दूर से अपनी छाया तो डाल सकता है।" तुलसी चुप। बाहु एवं शरीर के सारे अंगों तथा जोड़ों पर उठी पीड़ा को झेल रहे थे। तान्त्रिक ने तुलसी की कुटिया को काले तार से लकीर बनाकर बाँध दिया और उसके अन्दर बैठकर तन्त्रोपचार शुरू किया। तुलसी पर उसका कोई असर नहीं रहा। 'महा पिशाच बाधा' का उल्लेख करता हुआ वह चला गया। तुलसी रात में हनुमान की स्तुति के छन्द पढ़ने लगे। रामू द्विवेदी ने बहुत संयत भाव से उन्हें लिपिबद्ध कर लिया—

जानत जहान हनुमान को निवाज्यो जन
मन अनुमानि बलि बाल न बिसारिये।
सेवा जोग तुलसी कबहूँ कहा चूक परी
साहब सुभाय कपि साहेब सँभारिये।।
अपराधी जानि कीजै साँसति सहस भाँति
मोदक मरै जो ताहि माहुर न मारियै।
साहसी समीर के दुलारे रघुबीरजू के
बाँहपीर महाबीर बेगि ही निवारिये।।

तुलसी सारी रात करवटें बदलते रहे। पीड़ा ने उनके श्रीराम में समर्पित चित्त को अशान्त कर रखा था।

प्रातः किसी प्रकार उठकर धीरे-धीरे गंगा के तट पर गए। जलस्पर्श करके प्रणाम किया और शरीर पर जल छिड़ककर चले आये। पुनः अपनी नीचे की कुटी में अन्दर से दरवाजा बन्द करके हनुमान के चरणों में धीरे-धीरे लेट गए। राम की धनुर्धर बिम्ब छवि को चित्त में उतारते रहे। दर्द बढ़ता जा रहा था। कराहते-कराहते सो गए। स्वप्न देखा, श्रीराम सिंहासन पर बैठे हैं, चरणों के पास हनुमान बैठे हैं। दोनों तुलसी को देख रहे हैं। तुलसी श्रीराम के स्वप्न बिम्ब में निहाल पड़े सोए थे। हनुमान ने उनके सिर पर हाथ रख कर कहा, "तुलसी, इस

शरीर का मोह छोड़ो।'' तुलसी की आँखें खुल गईं। उन्हें लगा, अब भूलोक छोड़ने की प्रभु की आज्ञा मिल गई है। इस शरीर की पीड़ा, यह तो देह का प्रपंचात्मक व्यापार है।

× × ×

तुलसी किसी प्रकार किवाड़े खोलकर बाहर आए और उन्हें बाहर निकलते देखकर रामू द्विवेदी उन्हें सहारा देकर ऊपर लाया। तुलसी तखत पर बैठ गए। रामू ने गुड़ तथा एक लोटा जल रखा। तुलसी जलपान करके लेट गए। रामू द्विवेदी ने देखा, उनके पूरे शरीर पर छोटे-छोटे दाने पड़ गए हैं। तुलसी ने हल्की खुजली का अनुभव किया और शरीर पर उनकी दृष्टि गई तो बोल उठे, ''रामू वत्स! देख! मेरे देह पर कितने चकत्ते निकल आए हैं। रामू ने बताया, ''चकत्ते नहीं, ये तो छोटे-छोटे दाने हैं, अपने आप सूख जाएँगे।'' तुलसी शान्त रहे। रामू ने बाबा के लिए आज खिचड़ी डाली थी। थाली में निकाल कर ले आया और तखत पर बैठाकर कहा, ''स्वामी जी! आज खिचड़ी ही खा लें। हल्का भोजन है!'' स्वामी जी बैठकर खिचड़ी खाते रहे और शरीर में खुजली का अनुभव करते रहे।

तुलसी खाना खा कर लेटे ही थे, कि कैलास कवि शिव नारायण शास्त्री कविराज को लिवा कर आ धमके। तुलसी उठ बैठे और कविराज ने उनकी नाड़ी का परीक्षण किया। प्रबल वातरोग का प्रकोप कहकर गरिष्ठ अन्नादि के वहिष्कार के बाद अति सामान्य भोजन का निर्देश देकर 'वातान्तक चूर्ण' दिया। कविराज आश्वासन देते हुए कि इस औषधि से शीघ्र ही ठीक हो जाएँगे, चले गए। कैलास कवि शहद लेते आए थे। वातान्तक चूर्ण मधु में लपेट कर बाबा को खिलाया। बाबा हँसे, ''अरे कवि कैलास! कविराज की दवा छोड़ो। आज चलने के लिए श्रीराम का आदेश हो गया है। उसकी तैयारी करो।'' कवि कैलास ने गम्भीर मुद्रा में उत्तर दिया—

''नहीं बाबा! जेठ-आषाढ़ बातसूल के माह हैं। कविराज की औषधि से आप स्वस्थ हो जाएँगे। हनुमान की स्तुति में उनका बाहुक आपकी रक्षा करेगा। कल देखिएगा, औषधि का प्रभाव।'' सायंकाल भोजन करके तुलसी ने वातरोग चूर्ण खाया। उन्हें लगा, कुछ आराम हो रहा है, सो गए। कई दिनों से जगे थे, प्रातः जगे तो उन्हें लगा कि जगह-जगह उनके शरीर में फफोले पड़ गए हैं। ''रामू-रामू कह कर आवाज लगाई।'' रामू दौड़कर आया और जब बाबा के शरीर पर उसकी दृष्टि गई तो वह भौंचक रह गया। कल के छोटे-छोटे दाने फोड़ों में बदल चुके थे। शायद यह दवा का कुप्रभाव था। अंग की पीड़ा कम थी किन्तु फफोलों की

पीड़ा धीरे-धीरे बढ़ती जा रही थी। तुलसी हाय-हाय कर रहे थे। प्रातः उनका समाचार लेने कैलास पण्डित आए और मवाद भरे फोड़ों से भरा तुलसी का शरीर देखकर वे भी घबरा गये। कुछ फोड़े बह रहे थे। अपनी रूमाल से रामू मवाद साफ कर रहा था। कैलास पण्डित ने पूछा, "दवा का प्रभाव उलट गया क्या स्वामी जी! अभी कविराज को बुला लाते हैं।" तुलसी ने रोका, "कैलास भाई! रहने दें।" सुनें—

असन बसन हीन विषम विषाद लीन
देखि दीन दूबरो करै न हाय हाय को।
तुलसी अनाथ को सनाथ रघुनाथ कियो
दियो फल सील सिन्धु आपने सुभाय को।
नीच यहिं बीच पति पाइ भरुआइगो
विहाय प्रभु भजन वचन मन काय को।
ताते तन पेखियत घोर बरतोर मिस
फूटि फूटि निकसत है लोनों राम राय को।।

तुलसी की इस उक्ति पर कवि कैलास पण्डित मुग्ध हो उठे। रामू ने यह छन्द लिपिबद्ध कर लिया। कैलास पण्डित बोले, "बाबा! आपकी कविताई और रामभक्ति दोनों एक ही अंकुर के दो दल हैं। जीवन भर साथ दोनों बढ़े हैं और साथ-साथ रहे हैं और दोनों साथ-साथ महाप्रयाण करेंगे।"

तुलसी अपने इस मूल्यांकन पर पूर्ण सन्तुष्ट हुए और उत्तर दिया, "मैं क्या करूँ? पण्डित! यह श्रीराम जी की इच्छा है।" 'प्रभु कृपा केवलम्' कहकर शान्त हो उठे।

× × ×

अपराह्न बाबा ने रामू को पुकारा, वह आकर चरणों के पास बैठ गया और बोला, 'स्वामी जी!'

बाबा ने पूछा, "कुछ खाना-पीना किया।" वह कैसे कहता? बाबा की इस दशा के बाद कैसा खाना-पीना। उसका संकोच देखकर तुलसी ने कहा, "आज अपने हाथ की मधुकरी बनाओ। तुम्हारे साथ ही मैं भी कुछ खा लूँ।" रामू ने देखा, बाबा के जोड़ों के पास बड़ी-बड़ी गिल्टियाँ निकल आई हैं। फफोले कहीं-कहीं पककर घाव बन चुके हैं, कहीं-कहीं फूट रहे हैं। वह बाबा का शरीर देखकर रो पड़ा। उसे रोते देखकर बाबा बोले, "वत्स! तुम जानते हो, काशी में मैं स्वेच्छया मृत्यु मुक्ति के लिए निवास करता हूँ? तुम मेरे लिए मत रो।' मधुकरी—एक मेरे लिए और अपने लिए। घृत लगाकर ले आ—आज जीवन का रहस्य

मेरी समझ में आ चुका है, सुनो। इस छन्द को भी हनुमानबाहुक में डाल देना। यह अन्तिम छन्द होगा मेरा भी, हनुमान बाहुक का भी—

कहौं हनुमान सों सुजान राम राय सों
कृपानिधान संकर सो, सावधान सुनिये।
हरष विषाद राग रोष गुन दोष मई
बिरची बिरंचि सब देखियत दुनिये।
माया जीव काल के करम के सुभाय के
करैया राम बेद कहै साँची मन गुनिये।
तुमते कहा न होय हा हा। तौ बुझैये मोहिं
हौं हूँ रह्यो मौन बयो सो जानि लुनिये।।

इस कवित्त को लिखने के बाद रामू एक क्षण मौन रहा। बाबा! ने समझाया, "यह मेरे जीवन का, मेरे सृजन का, मेरी समझ का, मेरी निष्ठा का अन्तिम छन्द है। वत्स रामू! बस अब जा, मेरा हनुमानबाहुक पूर्ण हो गया। आज तुलसी भी चुक गया।"

अश्रुपूरित रामू ने जल्दी उपले जलाए। पतली-पतली तीन मधुकरियाँ सेंकीं। बाबा के लिए मुलायम। दोने भरे घी में उन्हें भिगो दिया, अपना पत्तल पर रखकर ढँक दिया।

तुलसी आचमन करके अधलेटे तखत पर सिकुड़े बैठ गए। बाबा के आग्रह पर उसने तोड़-तोड़ कर आधे में श्रीराम तथा हनुमान का भोग लगाया। रामू को दिया। शेष वे खा गए। रामू ने आचमन कराया। मुँह हाथ धुला कर लिटा दिया। बाबा ने उसे जाकर भोजन कर लेने की आज्ञा दी।

तुलसी अब माला से ध्यान नहीं करते थे। चित्त की स्मृति बिम्ब में उनकी राम-बिम्बमयी मनका चला करती थी। वे उसी में खो गए। एक ओर गिल्टियाँ, दूसरी ओर फोड़े, तीसरी ओर बुखार सभी उन्हें दबाए थे किन्तु राम बिम्ब में खोकर तुलसी जैसे सारे कष्टों के ऊपर चले गए थे।

तुलसी के साथी धीर-धीरे इकट्ठे होने लगे। उनकी आँखें बन्द थीं। चित्त राम की समाधि में डूबा था।

शरीर भौतिक रोग पीड़ाओं से ग्रस्त था। प्राण पखेरू शरीर छोड़ने के लिए उद्यत थे। तुलसी ने एक बार अपनी आँखें खोलीं, रामू द्विवेदी की ओर संकेत किया। वह सरक कर पास सटकर खड़ा हो गया। तुलसी ने उसकी बाँह पकड़कर अत्यन्त धीमे अँटकते स्वर में कहा—वत्स! तुम्हीं मेरे शिष्य हो। तुम्हीं मेरे पुत्र हो। तुलसी की शिष्य परम्परा को तुम आगे और न बढ़ाना।" तुलसी की साँसें

तेज चलने लगीं। थोड़ा संयम से फिर कँहरे, "हाँ वत्स! बताओ, आज तिथिवार क्या है?" रामू द्विवेदी ने उत्तर दिया, "श्रावण, शुक्ल पक्ष, तृतीया, शनिवार, सम्वत् १६८०। "ठीक है, पुनः मध्य दिवस आ रहा है। मेरा जन्म भी मध्य दिवस में हुआ था। और मृत्यु भी उसी समय में होगी। मेरे सारे मित्रों तथा साथियों को बता दो।"

रामू ने सूचित किया, "गुरुजी, सभी जान गए हैं। सभी एकत्रित हैं, और जो सुन रहा है, वह दौड़ा-आ रहा है।"

तुलसी ने काँपते हुए रामू को पुनः पकड़कर कहा, "पुत्र! तुलसी तथा गंगाजल डालकर मुझे विदा करो।" रामू बिलख-सा पड़ा किन्तु दौड़कर गंगाजल और तुलसी ले आकर अपने पिता-गुरु तुलसी के मुँह में डालकर 'राम-राम' कहने लगा।

तुलसी की साँस से, उनके प्रत्येक चैतन्य स्पन्दन से, राम-राम निकल रहा था। दृष्टि-सृष्टि जैसे रामबिम्ब से अलंकृत हो उठी हो। उनकी समग्र चित्तासन्नता राममय होकर खिल उठी थी। तुलसीदल और गंगाजल के मुँह में जाते ही बाबा की चित्त चेतना राममय हो उठी और वे श्रीराम की बिम्ब समाधि में सदैव-सदैव के लिए विलीन हो उठे।

एकत्रित सारा समाज तुलसी के इस महाप्रस्थान को विगलित चित्त तथा अश्रुपूरित नेत्रों से विदाई दे रहा था—

ॐ राञ् रामाय नमः
ॐ राञ् रामाय नमः

●

गोस्वामी तुलसीदास के जीवनवृत्त विषयक विविध अन्तस्साक्ष्य

अन्तस्साक्ष्य

(क) जन्म और माता-पिता की मृत्यु तथा उनकी निर्धनता

१. जायो कुल मंगन बधावनो बजायो सुनि,
भयो परिताप पाप जननी जनक को।

—*कवितावली, ७/७३*

२. मातुपिता जग जाइ तजे विधिहूँ न लिखी कछु भाल भलाई।

—*वही, ७/५७*

३. जननी जनक तज्यो जनमि करम बिनु विधिहुं सुने अवडेरे।

—*विनय पत्रिका, २७७*

४. तनु तज्यो कुटिल कीट ज्यों मातु पिताहूँ।
काहे को रोस दोस काहिं धौं मेरे ही अभागे मोंसो सकुचत छुइ छाहूँ।।

—*विनय पत्रिका, २७५*

५. तुम जनि मन मैलो करो लोचन जनि फेर्‍यो।
स्वारथ के साथिन्ह तज्यो तिजरा को सो टोटक औचक उलटि न हेर्‍यो।

—*विनय पत्रिका, २७२*

(ख) बाल्यावस्था का जीवन पोषण

१. बारे ते ललात बिललात द्वार द्वार दीन
जानत हौं चारि फल चारि हूँ चनक को।

—*कवितावली, ७३*

२. नीच निरादर भाजन कादर कूकर टूकनि लागि ललाई।

—*कवितावली, ५७*

३. फिरयो ललात बिनु नाम उदर लगि दुखउ दुखित मोहिं हेरे।

—*विनय पत्रिका, २२७*

४. द्वार द्वार दीनता कही काढ़ि रद परि पाहूँ।

—*विनय पत्रिका, २७५*

५. टूकनि को घर घर डोलत कँगाल बोलि।

—*हनुमान बाहुक, २९*

६. असन बसन हीन विषम विषादलीन।
देखि दीन दूबरौ करै न हाय हाय को।।

—हनुमान बाहुक, ४१

नाम

१. नाम तुलसी पै भोड़े भांग ते कहायो दासु।
किये अंगीकार ऐसे बड़े दगाबाज को।।

—कवितावली उत्तरकांड, १३

२. नाम राम को कल्पतरु कलि कल्यान निवासु।
जो सुमिरत भयो भांग ते तुलसी तुलसीदास।।

—दोहावली, ११

३. केहिं गिनती महँ गिनती अस बनबास।
राम जपत भये तुलसी तुलसीदास।।

—बरवै रामायण उत्तरकांड, ५९

४. तुलसी गोसाईं भये भोंड़े दिन भूलि गयो।
ताको फल पावत निदान परिपाक हैं।।

—हनुमान बाहुक, ४०

५. राम को गुलाम नाम राम बोला राख्यो राम,
काम यहै नाम द्वै हौं कबहुँ कहत हौं।

—विनय पत्रिका, ७७

६. साहेब सुजान जिन्ह स्वानहू को पच्छु कियो।
रामबोला नामु हौं गुलामु रामसाहि को।।

—कवितावली उत्तरकांड, १००

(ग) बाल्यावस्था की विपन्नता पर साधुओं की कृपा
(हनुमान कृपा)

१. बालक बिलोकि बलि बारे तो अपनो कियो?

—हनुमान बाहुक, २१

२. मींजो गुरु पीठ अपनाई गहि बाँह बोलि।
३. दुखित देखि संतन कह्यो सोचै जनि मन माहूँ।

—विनय पत्रिका, २७५

(घ) हनुमान मंदिर का आश्रय

१. खायो खोंची खाय तेरो नाम लियो रे।

विनय पत्रिका, ३१

२. बालक बिलोकि बलि बारे ते आपनो कियो
दीनबंधु दया कीन्हीं निरुपाधि न्यारिये।

हनुमान बाहुक, २१

३. पालो तेरे टूक को परे हूँ चूक मूकिये न
कूर कौड़ी दू को हैं आपनी ओर हेरिये।

हनुमान बाहुक, ३४

४. कीन्हों है सँभार सार अंजनीकुमार वीर
आपनो बिसारि हैं न मेरे हूँ भरोसो है।

हनुमान बाहुक, २९

(ङ) राम की शारणागति

गुरु कहयो राम भजन नीको मोहि लगत राज डगरो सो।

विनय पत्रिका, १७६

(च) राम कथा के गुरु : नरहरिदास

१. "बंदउँ गुरु पद कंज कृपा सिंधु नर रूप हरि।"

मानस : बालकांड-बन्दना

(छ) सूकर खेत : गोंडा

१. मैं पुनि निज गुह सन सुनी कथा सों सूकर खेत।
समुझी नहिं तसि बालपन तब अति रह्यो अचेत।।

मानस : बालकांड ३०

(ज) श्रीराम की शरणागति

१. राम सुभाउ सुन्यो तुलसी प्रभु सो कह्यो बारक पेट खलाई।
स्वारथ को परमारथ को रघुनाथ सो साहब खोरि न लाई।।
२. मोहूँ से कोउ कोउ कहत रामहिं करे सो प्रसंग केहि केरो।
फिरयो ललात बिनु नाम उदर लगि दुखद दुखित मोहिं हेरे।।
नाम प्रसाद लहत रसाल फल अब हौं बबुर बहेरे।

विनय पत्रिका, २२७

३. सुनहूँ राम बिनु रावरे लोकहुँ परलोकहुँ कोउ न कहूँ हित मेरो।

विनय पत्रिका, २७२

४. बालेपन सूध मन राम सनमुख भयो
राम नाम लेत मांगि खात टूक टाक हौं।

हनुमान बाहुक, ४०

५. सखा न सुसेवक न सुतिय न प्रभु आप मायबाप तुही साँची तुलसी कहत।

विनय पत्रिका, २५६

प्रारम्भिक जीवन में काशीवास

१. सगुन प्रथम उनचास सुभ तुलसी अति अभिराम।
सब प्रसन्न सुर भूमिसुर गोगन गंगाराम।।

रामाज्ञा प्रश्न

इसकी रचना तिथि सं. १६२१ है और गोस्वामी तुलसीदास जी का जन्म तिथि १५८९ अर्थात् गोस्वामी तुलसीदास जी ने ३२ वर्ष की उम्र में रामाज्ञा प्रश्न की रचना काशी में रहकर की थी और उसके पूर्व वे काशी में पहुँच गए थे। (देखिए—तुलीसदास, डॉ. माता प्रसाद गुप्त)। ऐसा प्रतीत होता है कि उन्होंने ज्योतिष, वेदांग तथ अन्य विषयों का अध्ययन काशी में ही किया था।

वैवाहिक जीवन

१. खरिया खरिक कपूर ज्यों उचित न पिय तिय त्याग।
कै खरिया मोहिं मेलि कै बिमल बिवेक बिराग।।

दोहावली, २५५

२. पर्‌यो लोकरीति में पुनीत प्रीति रामराय।
मोह बस बैठो तोरि तरक तराक हौं।।

हनुमानबाहुक

चित्रकूट सेवा

१. तुलसी तोको कृपालु जो कियो कोसलपाल।
चित्रकूट को चरित्र चेत चित सो करि।।

विनय पत्रिका, २६४

२. पय नहाइ फल खाइ जपु राम नाग षट मास।
सगुन सुमंल सिद्धि सब करतल तुलसीदास।।

रामाज्ञा प्रश्न, ७.४.७

३. सगुन सकल संकट समन चित्रकूट चलि जाहु।
सीता राम प्रसाद सुभ लघु साधन बड़ लाहु।।

वही, २.६.३

अयोध्या निवास

१. सब विधि पुरी मनोहर जानी। सकल सिद्धि प्रद मंगल खानी।
विमल कथा कर कीन्ह अरंमा। सुनत नसाहिं काम मद दंभा।।

मानस, ३५-२३

२. नौमी भौमवार मधुमासा। अवधपुरी यह चरित प्रकासा।

मानस, ३४.३

सीतामढ़ी

१. बिटप महीप सुरसरित समीप सोहै
सीता बट पेखत पुनीत होत पातकी।
बारिपुर दिगपुर बीच विलसत भूमि
अंकित जो जानकी चरन जलजात की।

कवितावली, १३८, (उत्तर)

२. आयसु आदेश बाबा भलो भलो भाव सिद्ध
तुलसी विचार जोगी कहत पुकारि हैं।
रामभगतन को तो काम तरु तें अधिक
सियबट सेये करतल फल चारि हैं।

कवितावली : १४०, (उत्तर)

तीर्थराज प्रयाग

१. देव कहै अपनी अपनी अवलोकन तीरथराज चलो रे।
देखि मिटै अपराध अगाध निमज्जत साधु समाज भलो रे।
सोहैं सितासित को मिलिबो तुलसी हुलसैं हिय हेरि हिलोरैं।
मानो हरे तृन चारु चरैं बगरे सुरधेनु के धौल हिलोरें।।

कवितावली १४४, (उत्तर)

तुलसी के मित्र : गंगाराम ज्योतिषी तथा टोडरमल

१. सगुन प्रथम उनचास सुभ तुलसी अति अभिराम।
सब प्रसन्न सुर भूमिसुर, गोगन गंगाराम।।

—रामाज्ञा प्रश्न, १-७-७

२. चार गाँव के ठाकुरो मन को महा महीप।
तुलसी या कलिकाल में अथ ये टोडर भूप।।

कृतियों की रचना तिथि

श्रीरामचरितमानस

१. संवत सोरह सौ इकतीसा। करौं कथा धरि हरिपद सीसा।
नौमी भौमवार मधुमासा। अवध पुरी यह चरित प्रकासा।।

रामाज्ञा प्रश्न

२. सगुन सुफल ससिनयन गुन अवध अधिक नय वान।
होइ सुफल सुभ तासु जस प्रीति प्रतीति प्रमान।।
ससि = १, नेत्र = २, गुण = ६, नीति = ४, वाण = ५, नीति और वाण का अन्तर अर्थात् ४-५ = १ इस प्रकार १६२१ अर्थात्, संवत् १६२१ उसकी रचना तिथि है।[1]

पार्वती मंगल

३. जय संवत फागुन सुदि पांचइ गुरु दिनु।
अस्विनि विरचेउ मंगल सुनि सुख छिनु-छिनु।।

कवि के जीवन में एक ही बार जय संवत् संवत् १६४३ में लगा था इसलिए इसकी रचना संवत् १६४३, फाल्गुन, शुक्ल पक्ष, पंचमी, वृहस्पतिवार माननी चाहिए, ऐसा डॉ० माताप्रसाद गुप्त का मत है।

जीवन काल में कवि का सम्मान

१. घर घर मांगे टूक पुनि भूपति पूजे पाय।
जे तुलसी तब राम बिनु ते अब राम सहाय।।

—दोहावली, १०९

२. जाति के सुजाति के कुजाति के पेटागिबस
खाए टूक सबके बिदित बात दुनी सो।।

× × ×

रामनाम को प्रभाउ पाउ महिमा प्रताप
तुलसी सो जग मानियत महामुनी सो।।

कवितावली : उत्तरकांड, ६२

२. तुलसी सो साहिब समर्थ को सुसेवक हैं
सुनत सिहात सोच विधि हूँ के गनक को।।

कवितावली : उत्तरकांड, ७३

३. छार ते सँवारि के पहार हूँ ते भारी कियो
गारो भयो पंच में पुनीत पच्छ पाइके।

कवितावली : उत्तरकांड, ६१

४. नाम राम को कल्पतरु कलि कल्यान निवास।
जो सुमिरत भयो भांग ते तुलसी तुलसीदास।।

दोहावली, ११

तुलसी का विरोध

१. यह सुख सम्पत्ति देखि सुनि जरहिं जे जड़ बिनु आगि।
तुलसी तिनके भागते चलौ भलाई भागि।

दोहावली, ३८८

२. तुलसी जे कीरति चहैं पर कीरति को खोइ।
तिनके मँह मसि लागिहैं मिटिहिं न मरिहैं धोइ।।

दोहावली, ३८७

३. माँगि मधुकरी खात जे सोवत पाँव पसारि
पाप प्रतिष्ठ बढ़ि परी ताते बाढ़ी रारि।।

दोहावली, ४९४

४. कोऊ कहै करत कुसाज़ दगाबाज बड़ो
कोऊ कहै राम को गुलाम खरो खूब है।
साधु जानै महासाधु खल जानै महाखल
बानी झूठी साँची कोटि उठत हबूब है।

५. धूत कहौ अवधूत कहौ रजपूत कहौ जुलहा कहौ कोई।
काहू की बेटी सो बेटा न व्याहब काहू की जाति बिगार न सोऊ

कवितावली : उत्तरकांड, १०६

६. अति ही अयानो उपखानो नहि बूझै लोग
साह ही को गोत गोत होत है गुलाम को।

कवितावली : उत्तरकांड, १०७

७. जौ जगदीश तो अति भलो जों महीस तों भाग।
तुलसी चाहत जनम भरि रामचरन अनुराग।।

दोहावली, ९१

८. लोग कहैं पोच सो न सोच न संकोच मेरे
व्याह न बेरेखी जाति पाँति न चहत हौं।

विनय पत्रिका, ७६

९. घेरि लियो रोगनि कुजोगनि कुलोगनि
ज्यों बासर जलद घन घटा धुकि धाई है।।

हनुमान बाहुक, ३५

१०. राम के गुलामनि की रीति प्रीति सूधी सब
सबसो सनेह सबसो सनमानिये।

कवितावली : उत्तरकांड, १६८

युग संकट

१. वेद पुरान विहाइ सुपंथ कुमारग कोटि कुचल चली है।
काल कराल नृपाल कृपाल न राज समाज बड़ोई छली है।
बर्न विभाग न आश्रम धर्म दुनी सुख दोष दरिद्र दली है।

कवितावली : उत्तरकांड, ८५

काशी में शैवों का विरोध

देवसरि सेवौं वामदेव पाँव रावरेई,
नाम राम ही के माँगि उदर भर हौं।

दीबे जोग तुलसी न लेत काहू को कछू
लिखी न भलाई भाल पोंच न करत हौं।
एते पर हूँ जो कोऊ रावरे हैं, जोर करै
ताको जोर देवे दीन द्वारे गुदरत हौं।
पाइ के उराहनो उराहनो न दीजै मोहि
कालकला कासीनाथ कहे निबरत हौं।

कवितावली : उत्तरकांड, १६५

गाँव बसत बामदेव कबहूँ न निहोरे।
अधिभौतिक बाधा गई जे किंकर तोरे।
बेगि बोलि वरजिमे करतूति कठोरे।
तुलसी दलि रूँध्यो चहें सठ साखि निहोरे।।

विनय पत्रिका, ८

अकाल

खेती न किसान को, भिखारी को न भीख बलि
बनिक को बनिज न चाकर को चाकरी।
जीविका विहीन लोग सीधमान सोचबस
एक कहै एकन सो कहा जाई का करी।

× × ×

दरिद दसानन दबाई दुनी दीनबंधु
दुरित दहन देखि तुलसी हहा करी।।

कवितावली : उत्तरकांड, ९७

किसबी किसान कुल बनिक भिखारी भाँट
चाकर चपल नर चोर चार चेटकी।

× × ×

तुलसी बुआइ एक राम घनस्याम ही ते
आगि बड़वागि ते बड़ी है आगि पेट की।

कवितावली : उत्तर, ९६

रुद्रबीसी और काशी का संकट

ठाकुर महेश ठकुराइन उमा सी जहाँ
लोक वेद हू विदित महिमा ठहर की।
भट रुद्रगन भूतगनपति सेनापति
कलिकाल की कुचाल काहू तो न हरकी।

बीसी विश्वनाथ की विषाद बड़ो वारानसी
बूझिये न ऐसी गति संकर सहर की।
कैसे कहें तुलसी वृषासुर की बरदानि
बानि जानि सुधा तजि पियनि जहर की।।

कवितावली : उत्तर, १६०

अपनी बीसी आपुही पुरिहि लगाए हाथ।
केहिं बिधि बिनती विस्व की करौं विस्व के नाथ।

दोहावली, २४०

काशी का उपद्रव

१. बासर ढासनि के ढका रज़नी चहुँ दिसि चोर।
संकर निजपुर राखिये चितै सुलोचन कोर।।

दोहावली, २४०

२. मारग मारि महीसुर मरि कुमारग कोटिक कै धन लीयो।
संकर कोप सों पाप को दाम परीच्छित जाहिगो जारि कै हीयो।
कासी के कंटक जेते भये ते गे पाइ आघाइ कै आपनो कीयो।
आजु कि काल्हि परौं कि नरौं जड़ जाहिंगे चाटि दिवारी कै दीयो।

कवितावली, १७९

मीन की सनीचरी तथा कलियुग का उपद्रव

एक तो कराल कलिकाल सूल मूल तामें
कोढ़ में की खाज सी सनीचरी है मीन की।
वेदधर्म दूरि भये भूमि चोर भूप भये
साधु सीधमान जानि रीति पाप दीन की।
दूबरो को दूसरो न द्वार राम दयाधाम
रावरीई गति बल विभव विहीन की।
लागैगी पै लाज वा विराजमान विरुदहि
महाराज आजु जौं न देते दादि दीन की।।

कवितावली, १७७

देवी देव देवसरि सिद्ध मुनिवर बास
लोपति बिलोकत कुलिपि भोंडे भाल की।
हा हा करै तुलसी दयानिधान राम! ऐसी
काशी की कदर्थना कराल कलिकाल की।।

कवितावली, १८२

छांड़ि छितिपाल जो परीक्षित भये कृपालु
भलो कियो खल को निकाई सो नसाई है?
पाहि हनुमान करुनानिधान राम पाहि
कासी कामधेनु कलि कुहत कसाई है?

कवितावली, १८१

काशी की महामारी

दीजै अवलम्ब जगदम्ब न विलम्ब कीजै,
करुना तरंगिनी कृपातरंग मालिके।
रोष महामारी परितोष महतारी दुनी;
देखिए दुखारी मुनि मानस मरालिके।।

कवितावली, १७३

लोकरीति राखी राम साखी कामदेव जान
जन की विनति मानि मातु कहि मेरे हैं।
महामारी महेसानि महिमा की खानि मोद
मंगल की रासि दास कासी वासी तेरे हैं।

कवितावली, १७४

ऊँचे नीचे बीच के धनिक रंक राजा राय
हठनि बजाय करि दीठि पीठि दई है।
देवता निहोरे महामारिन्ह सों कर जोरे
भोरानाथ जानि भोर आपनी सों ठई है।

हनुमान तथा श्रीराम द्वरा महामारी का शमन

संकर सहर सर नर नारि वारिचर
बिकल सकल महामारी भांजा भई है।
उछरत उतरात हहरात मरि जात
भमरि भगात जल थल मीचु मयी है।
पाहि रघुनाथ पाहि कपिराज रामदूत
रामहू कि बिगरी तुही ँ सुधारि लई है।

कवितावली, १७६

करुनानिधान हनुमान वीर बलवान
जस रासि जहाँ तहाँ तेई लूटि लई है।

कवितावली, १७५

नारिनर आरत पुकारत सुनै न कोऊ
काहू देवतानि मिलि मोटी मूठि मार दी।

तुलसी सभीपपाल सुमिरै कृपालु राम
समय सुकरुना सराहि सनकार दी।।

कवितावली, १८३

वृद्धावस्था के कवि के वैयक्तिक संकट

बाहुपीड़ा

बाहुपीड़ा से मुक्ति के लिए कवि ने टोना, टोटका, मंत्र, झाड़फूँक तथा औषधि आदि के साथ-साथ हनुमान की कृपा याचना के निमित्त हुनमान बाहुक की रचना की। इस बाहुक में तीन-चार छन्द इस बाहुपीड़ा के नहीं प्रतीत होते। बाहुपीड़ा से जुड़े कुछ उद्धरण इस प्रकार हैं—

आपने ही पाप ते त्रितापते कि साप तें
बड़ी है बाहु बेदन कही न सहि जाति है।
औषध अनेक जंत्र मंत्र टोटकादि किए
बादि भए देवता मनाए अधिकाति है।
करतार भरतार हरतार कर्म काल
को है जगजाल जो न मानत इताति है।
चेरो तेरो तुलसी तू मेरो कहयो रामदूत
ढील तेरी वीर मोहिं पीर ते पिराति है।

हनुमान बाहुक, ३०

पालो तेरे टूक को परे हूँ चूक मूकिये न
कूर कौंडी दूर कौ हौं आपनी ओर हेरिये।
भोरानाथ भोरे ही सरोष होत थोरे दोष
पोषि तोषि थापि आपने न अबडेरियो।
अंबु तू हौ अबुंचर अंब तू हो डिंभ सो न
बूझिये विलबं अवलंब मेरे तेरिये।
बालक बिकल जानि पाहि प्रेम पहिचानि
तुलसी की बाँह पर लांबी लूम फेरिये।।

हनुमान बाहुक, ३४

रामकृपा से बाहुपीड़ा का सामायिक रूप में ठीक हो जाना

बाहुक सुबाहु नीच लीचर मरीच मिलि
मुँह पीर केतुजा कुरोग जातुधान है।
राम नाम जप जाग कियो चाहौ सानुराग
काल कैसे दूत भूत कहा मेरे मान हैं।

सुमिरे सहाइ राम लषन आखर दोइ
जिनके साकेसमूह जागत जहान है।
तुलसी सँभारि ताड़का सँहारि भारी भट
बेधे बरगद से बनाई बानवान है।

हनुमान बाहुक, ३९

बरतोड़ एवं फोड़े तथा राम से पीड़ा मुक्ति की प्रार्थना

१. तुलसी अनाथ सौ सनाथ रघुनाथ कियो
दियो फल सीलसिंधु आपने सुभाय को।
नीच यहिं बीच पति पाइ भरुआइ गो
विहाय प्रभु भजन बचन मन काय को।
ताते तन पेखियत घोर बरतोर मिस
फूटि फूटि निकसत लोन रामराय को।

हनुमान बाहुक, ४०

२. मोको झूठो साँचो लोग राम को कहत सच
मेरे मन मान है न हर को न हरि को।
भारी पीर दुसह सरीर तें बिहाल होत
सोऊ रघुबीर बिनु सकै दूरि करि को।

हनुमान बाहुक, ४२

३. पॉय पीर पेट पीर बाहु पीर मुँह पीर
जरजर सकल सरीर पीरमई है।
देव भूत पितर, करम खल काल ग्रह
मोहिं पर दवरि दमानक सी दई है।

हनुमान बाहुक, ३८

मृत्यु का उल्लास एवं महाप्रयाण की कामना

कहैं हनुमान सों सुजान रामराय सो
कृपानिधान संकर सो सावधान सुनिये।
हरष विषाद राग रोष गुन दोष गई
बिरची बिरंचि सब देखियतु दुनिये।
माया जीव काम के करम के सुभाय के
करैया राम बेद कहैं साँची भन गुनिये।

तुमसे कहा न होय हहा! सो बुझिमै मोंहि
हौं हूँ रहयौ मौन ही बयो सो जानि लुनिये।

हनुमान बाहक, ४४

कुंकुम रंग सुअंग जितो मुख चंद सो चंद की होड़ परी है।
बोलत बोल समृद्धि चुवै अवलोकत सोक विषाद हरी है।
गौरी कि गंग बिहंगिनि बेष कि मंजुल मूरति मोदभरी है।
पेखि सप्रेम पयान समै सब सोच बिमोचन छेमकरी है।

कवितावली, उत्तरकांड

८. तुलसीदास की जीवन कथा से जुड़ी उनकी पाँच कृतियाँ महत्त्वपूर्ण हैं—
   (क) श्रीरामचरितमानस
   (ख) विनयपत्रिका
   (ग) दोहावली
   (घ) कवितावली
   (ङ) हनुमान बाहुक

वर्हिसाक्ष्य

तुलसी के जीवन वृत्त सम्बन्धी अन्य वर्हिसाक्ष्य भी है। इनमें से कुछ महत्त्वपूर्ण ग्रंथ संदर्भ इस प्रकार हैं—

१. मूल गोसाई चरित —बाबा वेणीमाधवदास
२. घटरामायन —तुलसी साहब
३. गौतम चंद्रिका —कृष्णदास मिश्र
४. गोसाई चरित —भवानीदास
५. तुलसीदास —डॉ. माता प्रसाद गुप्त
६. तुलसी काव्य मीमांसा —डॉ. उदयभानु सिंह
७. तुलसी-विमर्श —डॉ. अयोध्या प्रसाद पाण्डेय
   सम्पादक : उमाशंकर शुक्ल 'उमेश'
८. तुलसी जीवन तर्क और तथ्य —आचार्य देवव्रत शास्त्री
९. काशी की सामग्री
१०. राजापुर की सामग्री
११. मानस के हंस (उपन्यास)